北宋临城王氏家族墓志

谢飞 张志忠 杨超 著

河北省文物研究所 临城县文物保管所 编

罗士澍 题

文物出版社

书名题签：苏士澍
摄　　影：张志忠
　　　　　张　慧
　　　　　刘小放
责任印制：陆　联
责任编辑：段书安
　　　　　李　莉

图书在版编目（CIP）数据

北宋临城王氏家族墓志/谢飞，张志忠，杨超著.
—北京：文物出版社，2009.11
ISBN 978-7-5010-2721-7

Ⅰ.北…　Ⅱ.①谢…②张…③杨…　Ⅲ.家族—史料—
临城县—北宋　Ⅳ.K820.9

中国版本图书馆CIP数据核字（2009）第034961号

北宋临城王氏家族墓志

河北省文物研究所
临城县文物保管所　编

谢飞　张志忠　杨超　著

文物出版社出版发行

北京东直门内北小街2号楼

http://www.wenwu.com

E-mail:wed@wenwu.com

北京君升印刷有限公司印刷

新华书店经销

965×1270　1/16　印张：16.5

2009年11月第1版　第1次印刷

ISBN 978-7-5010-2721-7

定价：260.00元

序

谢飞先生是中国旧石器时代考古的专家。后来因工作的需要，担任了河北省文物管理和保护工作的领导职务，涉及的考古研究的范畴已超出了旧石器时代。事有凑巧，2005年以来，在河北省临城县内陆续收集到北宋墓志七方，都是王氏家族的墓志，这无疑是盗掘出土的。这便引起了谢飞的注意。北宋临城王氏是当地的望族，宋初王礀官至尚书工部侍部、知枢密院事，为朝廷重臣。其孙王蘧与苏轼、苏辙为友，有诗文酬唱，王适与王遹又是二苏的学生；王适娶苏辙女为妻，苏王两家成为姻亲。因此，临城王氏家族墓志的发现，为研究北宋新兴地主阶层参政和从事文化活动，提供了崭新的史料。在谢飞的参与督促下，河北省文物局责成邢台市和内丘县文物部门，对临城王氏家族墓地展开了调查勘探，划定保护范围，由河北省人民政府于2008年10月公布为第五批省级文物保护单位。

无独有偶。2008年初，在洛阳也发现了北宋名相富弼的家族墓地，收集到包括富弼在内的十四方富氏家族墓志，特别是富弼墓志，鸿篇巨制，尤为重要。洛阳市第二文物工作队对富弼家族墓地的十一座墓葬进行了考古勘探发掘，有八座墓可认定墓主，所有的墓都被盗掘一空。与此相似的情况，在全国各地均有发生。这一现象暴露了我国文物保护工作，尚有纰漏。文物保护部门固然要负应有的责任，但各级政府的公检法部门也有不可推卸的责任。我们应从这些事例中总结经验教训，杜绝此类事件的重复发生。

谢飞先生尽自己之所能，把临城王氏家族墓志这批重要的北宋史料，结集出版。除发表墓志原文之外，还把王氏家族的史料、王氏家族与苏氏家族交往的有关资料也搜集在一处，作了初步研究，目的是要把这一段北宋政治舞台和文坛上的原始史料，公布于世，为中国古代社会历史和文化史的研究提供素材，是值得称道的。

　　这实在是一种无可奈何的做法。我们所希望的是一份完整的北宋临城王氏家族墓地的正式考古发掘报告，但现实的情况，留给我们的却只能像是宋清以来金石学范畴的材料。

　　我们希望二十一世纪的今天，能编写出更多的符合现代学术要求的图书。

徐苹芳

二〇〇九年十一月三日

目录

王氏家族墓志铭及拓片

北宋临城王氏家族墓志与研究

引　言

　　2005年以来，河北省临城县文物保管所先后征集到北宋时期墓志铭7方，另2方由个人收藏家收藏，文献中保存墓志铭1篇，共计10方（篇）。这些墓志铭同属一个家族，我们称之为北宋临城王氏家族。王氏家族墓地出土和文献中保存的这批墓志铭材料非常珍贵，为王氏家族的确立及研究奠定了基础。

　　王氏家族祖籍常山，代为北州望族。后周显德年间（954-959年），王衮之父王璘仕赵郡，掌临城关市之赋，慕其风土，举家迁居临城县。北宋明道二年（1033年），王衮卜兆于临城县龙门乡两口原，将祖上十四人迁葬于此，遂家于龙门乡两口村。赵州临城县龙门乡两口村，现为临城县临城镇两口村。王氏家族墓地位于临城县两口村西南，内丘县张家沟村东，现为张家沟村耕地。鉴于该家族的历史地位及其墓地的重要价值，河北省文物局责成邢台市和内丘县文物部门对墓地展开调查、勘探，划定保护范围，补报相关材料，由河北省人民政府于2008年10月公布为第五批省级文物保护单位，名曰：内丘宋代家族墓地。

　　王氏家族是河北北宋时期的名门望族之一。王氏家族的兴起始自王衮，由于他勤奋耕读，如愿进士及第，步入仕途。王衮为人秉直，为官清廉，为政勤恳，屡有升迁，可谓"天子依之方任，士流推其国器"，成为有宋一代身居要位的重臣。王衮的孙辈王蓬系苏轼、苏辙的朋友，王适、王遹为苏轼、苏辙的学生，王适还是苏辙的女婿。因此，王氏三兄弟与苏门及苏门弟子关系紧密，诗文往来频繁。王氏三兄弟的官位不高，其实在很大程度上是受到苏轼、苏辙及其党争的影响。尽管如此，他们无论在政界还是在文坛，还是颇有影响的人物。

　　出于政治的需要，王氏家族在崛起过程之中及成为名门之后，或因同里，或为姻亲关系，与眉山苏轼苏氏家族（郡望赵州栾城）、真定王化基王氏家族、赵州宁晋曹利用曹氏家族、安阳韩琦韩氏家族、开封向敏中向氏家族、京兆宋湜宋氏家族、睦州江公望江氏家族等，纽带相连，相互照应，结成政治联盟。因此，王氏家族是当时颇具影响的家族。

第一章　临城县与两口村

一、临城县

自然地理概况

临城县北宋隶属赵州，现为河北省邢台市所管辖。临城县位于河北省西南部，邢台市西北部，北与石家庄市赞皇、高邑两县交界，南与内丘县为邻，东与柏乡、隆尧两县接壤。县域略呈卧蚕形，东西长约50公里，南北宽约26公里，总面积约797平方公里。临城县人民政府驻临城镇，北距省会石家庄市66公里，南距邢台市50公里，是本县政治、经济、文化中心（图1）。

临城县地处太行山东麓，地势西高东低，地形以阶梯状展布。西部属太行山主脉，山峰层峦叠嶂，多为原始次生林所覆盖，最高峰海拔达1508米。中部系低山丘陵区，海拔200-500米，低山连绵，丘陵遍布，沟谷纵横，土地贫瘠。东部边缘地带为平原区，海拔100米左右，最低海拔为38.7米。这里土质肥沃，多为良田。

县境属暖温带亚湿润大陆性季风气候区，四季分明。夏季多南风、东南风，冬季多北风、西北风。境内有泜河、午河和小槐河，属子牙河水系。其中泜河最长，自西而东贯穿全境，总长94.65公里，流域面积506.2平方公里。

太行山系中国名山大川之一，它不仅在地理上为黄土高原和华北平原的分界线，也是为华北平原人们生活提供基本保证的珍贵资源地。临城县处于太行山怀抱之中，无论在经济还是在文化上，都受到它的哺育和滋润（图2）。

古时赞美太行山之雄势的诗句，当以苏轼为最。北宋元祐末年，苏轼失势出京戍边，任定州知州[1]。期间，得雪浪石并作《雪浪石》[2]诗，其上半阙主要描写太行山，颇为雄壮。诗曰：

太行西来万马屯，势与岱岳争雄尊。
飞狐上党天下脊，半掩落日先黄昏。
削成山东二百郡，气压代北三家村。
千峰石卷蠚牙帐，崩崖凿断开土门。

图2、临城县太行山风景

绍圣元年四月，苏轼被解职定州守，贬谪岭南。经过临城、内丘境，面对太行，诗兴遂来，留下诗文《临城道中作》[3]，序曰："余初赴中山，连日风埃，未尝了了见太行也。今将适岭表，颇以是为恨。过临城、内丘，天气忽清彻。西望太行，草木可数，冈峦北走，崖谷秀杰。忽悟叹曰：吾南迁其速返乎？退之《衡山》之祥也。书以付迈[4]，使志之。"诗曰：

逐客何人著眼看，太行千里送征鞍。

图1、临城县地理位置图

未应愚谷能留柳[5]，可独衡山解识韩[6]。

苏轼因党争遭诬被贬，心情自然萧瑟不安，前程飘忽不定。当雄伟壮观的太行山映入眼帘时，诗人借其雄势为自己送行，并热切希望千万不能象柳宗元那样，在被贬地谪居十年，而要效仿韩愈，速去速回。

苏轼三子苏过也有歌颂太行山的诗句传世。政和二年，苏过出监太原府税，过太行，作《山行》[7]诗，诗曰：

肩舆历尽黄茆冈，青山壁立耸太行。

忽惊雷转山石裂，涛头千尺分钱塘。

飞空雨霅寒崖碧，倒影垂虹射晴日。

高岩俯瞰先目眩，杖策纵观森股栗。

只疑天河泄地上，又恐滟滪飞山脊。

猿猱悲鸣霜树折，虎豹震动山月黑。

千年水石自成窦，下有蛟龙深莫测。

明年岁旱当汝求，暴雨一声飞霹雳。

历史沿革

临城县的自然地理条件较为优越，地貌类型齐全，当是人类活动的良好场所。至今，虽然没有确凿的旧石器时代文化遗存被发现，但是，参照附近区域早期文化遗存的分布状况，在临城县域内找到中、晚更新世的旧石器时代文化遗址，应是顺理成章的事情。

现有资料表明，早在五千年前的新石器时代，先民们就定居于临城县域内，并创立了灿烂文化。先商及商周之际，这里更是人们重要的活动区域。

春秋时，县境属晋地，筑有临邑城。《左传·哀公四年》中"赵稷奔临"即此。战国初，北部属中山国房子辖域，南部为赵国属地。周赧王十九年（前296年），赵灭中山后，尽为赵国房子地。

秦代属邯郸郡。西汉建房子县（县治在今高邑县境内仓房村），属恒山郡；文帝元年（前179年）恒山郡更名常山郡，仍辖房子县。东汉建武十七年（41年），县随郡并入中山国，二十年（44年）析置常山郡，仍辖房子县。

三国魏初，房子县属常山郡，且为郡治。太和六年（232年）封赵国，房子为赵国都。晋代归属不变。北魏时，房子县属赵郡。北齐天保七年（556年），房子县并入高邑县。

隋代开皇六年（586年），析高邑县于临邑故城（今岗西乡南台村南），复置房子县，属赵州。大业三年（607年）罢赵州为赵郡，仍辖房子县。唐代武德五年（622年），赵州更名栾州，辖房子县；贞观初，栾州复名赵州，仍辖房子县。天宝元年（742年），房子县更名临城县，并将县治迁于今址。同年赵州更为赵郡，辖临城县。至德二年（757年），朱全忠晋封魏王，临城县因避朱全忠父亲名讳，复名房子县。

五代后唐时，房子县又更名临城县，仍属赵州。

宋代熙宁六年（1073年），隆平降县为镇并入临城县（元祐元年隆平镇析出复置县），宣和元年（1119年）赵州升为庆源府，仍辖临城县。金代天会七年（1129年），降庆源府为赵州；天德三年（1151年）赵州改名沃州，均辖临城县。元代，临城县属中书省赵州。明代，属京师赵州。清代，属直隶省赵州。

民国二年（1913年），临城县属直隶省冀南道；三年（1914年）冀南道改名大名道，仍辖临城县；十七年（1928年）始属河北省；二十六年（1937年）属河北省第十三督察区。

抗日战争时期，1937年12月成立临城县抗日民主政府，属太行区；1938年改属冀西区；同年9月属晋冀鲁豫边区太行一专区（专署驻地先在赵庄村，后迁石窝铺村）。解放战争时期，1945年9月9日临城县解放后，县民主政府迁临城，仍属太行一专区。1948年9月，华北人民政府成立后，临城县遂属华北行政区太行一专区。1949年8月1日河北省人民政府成立后，临城县划归河北省邢台专区。

中华人民共和国成立（1949年10月）后，临城县仍属河北省邢台专区。1958年4月撤销邢台专区并入邯郸专区，临城县改属邯郸专区，同年11月，撤销临城县并入内丘县。1962年3月析内丘县复置临城县，还属邢台专区。1967年成立邢台地区革命委员会。1978年成立邢台地区行政公署，1984年升格为省辖市。1993年，邢台地区与邢台市合并，改称邢台市，临城与其他16县并归邢台市管辖，至今归属未变。

注释

1.据吴雪涛考证，苏轼于元祐八年十月下旬到定州任，绍圣元年四月末离开定州，守定州半年余。

2.孔凡礼点校《苏轼诗集》卷三十七，中华书局，1997年。

3.孔凡礼点校《苏轼诗集》卷三十七，中华书局，1997年。

4.苏迈，字伯达，苏轼之长子。曾任德兴尉、雄州防御推官知河间、仁化县令等职。元祐八年，苏轼知定州，苏迈以避亲嫌罢河间任。苏迈请罢后而至定州。

5.柳即柳宗元。柳宗元（773-819），字子厚，唐宋八大家之一。唐永贞元年九月贬邵州（今湖南宝庆县）刺史，十一月再贬永州（今湖南零陵）司马。元和十年春回京师，曾历10年的贬谪生活。

6.韩即韩愈。韩愈（768-824），字退之，唐宋八大家之一。唐元和十四年贬为潮州刺史八个月，移袁州，元和十五年九月回朝，历时一年余。

7.舒大刚、蒋宗许、李家生、李良生校注，《斜川集校注》卷四，巴蜀书社，1996年。

文物精粹

临城县历史悠久，文化遗存丰富，已知不可移动文物200余处，馆藏文物2000余件，底蕴深厚，碑刻、墓志及经幢也较为丰富。在不可移动文物中，有全国重点文物保护单位2处，省级文物保护单位8处，市级文物保护单位12处。现择要介绍如下：

普利寺塔：

系全国重点文物保护单位，位于临城县城临泉路临城镇国有粮站南侧，塔南为普利寺遗址。据考，该塔始建于北宋皇祐三年（1051年），明朝嘉靖二十四年（1545年）和万历四年（1576年）相继重修，2006年大修。普利寺塔是一座方形七级密檐式仿木砖塔，通高28.98米。座落在一高5.83米，宽22.44米，长24.64米的石砌基台顶面中心。塔通体砖砌，由塔基、塔身、塔刹组成。塔基为须弥座，呈正方形，边长7.17米，叠涩三层。塔身七层，自三层以上，收分明显，塔身低矮，近于密檐。一至三层各面均为四柱三间，四层以上均为一间。上施斗拱、飞檐、瓦檐。全塔斗拱样式虽均为五铺作双抄，但各层变化丰富。塔身、塔刹和塔心室共有佛1042尊，宗教气氛浓厚。该塔宋建而具唐风，挺拔秀丽，装饰繁复，极具价值（图3）。

图3、普利寺塔

邢窑遗址：

邢窑遗址1996年公布为全国重点文物保护单位。邢窑是我国生产白瓷最早的窑场之一。它始于北齐，经过隋代的短期发展，到唐代已达到了兴盛的阶段，从而成为我国白瓷的生产中心。唐代邢窑白瓷产品精美，产量巨大，在国内的广泛使用和向国外的遥远传播，不论是对我国还是对外国的物质生活都产生了深远的影响。由于邢窑白瓷的烧制成功，结束了青瓷一统天下的历史，形成了"南青北白"争奇斗艳的两大体系。邢窑的烧造历史从北齐、隋代、唐代至五代、宋、金、元。1980年初，在临城县的祁村发现了唐代窑址，捡到"类雪""类银"的细白瓷片，后在县域内陆续发现遗址11处，自北而南依次有西双井遗址、祁村遗址、岗头遗址、澄底遗址、射兽遗址、南程村遗址、解村遗址、山下遗址、陈刘庄遗址、代家庄遗遗址、磁窑沟遗址（图4、图5）。

图4、祁村窑址采集的白釉刻花扁壶

图5、邢窑遗址发掘现场

补要村遗址:

补要村遗址系省级文物保护单位,位于临城县东部临城镇补要村东南,主要分布于东楼公路南北两侧的农田中。遗址面积6万余平方米,文化堆积厚0.5米至3.2米。考古发掘发现大批文化遗迹,如灰坑、墓葬、房屋、灰沟、窑址、冶铜基址等。遗物有陶器、瓷器、石器、骨器、木器、角器、蚌器及青铜器。时代包括仰韶文化晚期、先商时期、晚商时期、汉唐时期,其中以仰韶文化和夏商时期遗存最为丰富。这些重要发现,为河北乃至全国古代文明起源和夏商时期古文化的研究提供了珍贵资料(图6)。

图7、民国三年拍摄的直隶临城煤矿

图6、补要村遗址发掘现场

白釉带托塔形瓷盖罐(唐):

1984年临城县射兽村北唐墓出土。器物通高59、底径19厘米。圆钮,宽沿盖,子口。罐呈圆鼓形,撇口,直颈,座为喇叭形足,上置一双层花口盘托与罐底粘接一体。造型庄重大方。通体施白釉,釉色白中微泛灰色,釉面白净细腻,较光润,有小开片。一级文物(图8)。

临城煤矿遗址:

临城煤矿遗址为省级文物保护单位,是非常重要的民族工业遗产。遗址位于临城县黑城乡祁村村北500米处。临城煤矿前身是1882年李鸿章指派钮秉臣组办的直隶临(城)内(丘)矿务局(后称临城矿务局),包括石固煤矿、胶泥沟煤矿。1898年8月中国与比利时首次合办直隶临城煤矿,临城矿务局总办钮秉臣、会办龚照屿和比利时商人沙多签订了合同。1901年李鸿章死,袁世凯出任直隶总督、北洋大臣。袁为了扩充势力,以收回矿权为名,将合同作废,并惩办钮、龚二人,首次合办失败。1903年中比第二次合办直隶临城煤矿,于1905年签订了合同,经两年多施工,主副井于1907年先后建成,并开始出煤,煤质优良。1912年该煤矿年产量已达256696吨,居全国七大煤矿第五位。抗战期间被日寇掠夺。临城煤矿是我国近代的七大煤矿之一,建成时间仅晚于直隶开平煤矿、山东华德煤矿、辽宁抚顺煤矿。临城煤矿遗址是我国近代洋务运动在近代煤矿工业发展中的重要见证(图7)。

图8、白釉带托塔形瓷盖罐

"柏人"铭狭援三穿铜戈(战国):

1984年临城县东柏畅村古柏畅城出土。纵26.1、横

13.7厘米。三穿戈，援、胡内均有刃锋，铸造精致，刃锋利，胡上刻"柏人"二字。内上铸"二年邢命（令）孟柬庆□库工帀（师）乐参，治明执齐（剂）"字样，铭刻书法工整，笔画纤细。一级文物（图9）。

图9、"柏人"铭狭援三穿铜戈

白地黑釉彩刻鱼水纹瓷枕（宋）：

1983年临城县二轻局移交。长32、宽23、高12厘米。枕为长八角形，枕面为弧形，图案为白釉填黑彩刻鱼纹，鱼周衬以水纹，平底，枕面下每角有半圆立柱，后部有一小孔。二级文物（图10）。

图10、白地黑釉彩刻鱼水纹瓷枕

绿釉陶塔式盖罐（宋）：

2005年临城县岗西宋墓出土。通高62、底17.5厘米。硬陶质，橘红胎，由器盖、罐、器座三部分组成。器盖：顶宝珠形钮，带四层相轮的塔刹，仰莲状沿，中空。罐：口微侈，圆唇，溜肩，鼓腹，腹下内收，平底，上腹贴塑六个模印花卉。器座：侈口，圆唇，束颈，斜肩，直腹及底，中空。盖施黄釉，罐与座施绿釉。釉不到底。釉色鲜艳明亮，座近低露胎处有墨书款识。（图11）。

图11、绿釉陶塔式盖罐

白釉黑彩瓷蹲狮（宋）：

1985年临城镇北街普利市场出土。高9厘米。头微斜，目视前方，张口露齿，头后饰长披毛，方形座，呈蹲卧状。周身施乳白釉，饰褐彩。三级文物（图12）。

图12、白釉黑彩瓷蹲狮

御制至圣文宣王赞并加号诏碑（宋）：

原位于临城县城县委大院（文庙旧址），1997年移至溶洞碑廊。碑身长1.82、宽0.79、厚0.33米。青石质。碑座佚。圆首，方形碑额。阴刻篆书"御制至圣文宣王赞并加号诏"，4行12字。碑阳阴刻楷书20行、满行42字，共513字。保存较好，除少许损泐字外，多能辨认。四周阴刻卷云纹图案。录文如下：

碑额：御制至圣文宣王赞并加号诏」

碑文：至圣文宣王赞并序」

真宗文明武定章圣元孝皇帝御制。」

若夫捡玉介丘，回舆阙里，缅怀於先圣，恭谒於严祠，以为易俗移风，既仰师於彝训，宗儒尊道，宜益峻於」徽章。增荐崇名，聿陈明祀，思形容於盛德，爰刻镂於斯文，赞曰：」

立言不朽，垂教无疆，昭然令德，伟哉素王。人伦之表，帝道之纲，」厥功实茂，其用允臧。升中既毕，盛典载扬，洪名有赫，懿范弥彰。」

加号诏」

图13、御制至圣文宣王赞并加号诏碑

真宗皇帝大中祥符元年十一月廿四日，东封礼毕，銮舆幸阙里，追谥」至圣文宣王。」

王者顺考古道，懋建大猷，崇四术以化民，昭宣教本；总百王而致治，丕变人文。方启迪於素风，思肇扬於鸿烈。」先圣文宣王道膺上圣，体自生知，以天纵之多能，实人伦之先觉，至功侔於简易，景烁配乎正明。惟列辟以尊」崇为亿载之师表。肆朕寡昧，钦承命历，曷尝不遵守彝训，保乂中区，属以祗若。元符告成乔岳，观风广」鲁之地，饬驾数仞之墙，躬谒遗祠，缅怀遐躅，仰明灵之如在，肃荐献以惟馨。是用徽简册之文，昭聪叡之德，聿」举追崇之礼，庶伸严奉之心，备物典章，垂之不朽，诞告多士，昭示朕怀，宜追谥曰」"至圣文宣王"。祝文特进署，仍令所司择日备礼册命，并修饰祠庙祭器。其庙内制度，或未合典礼，并令改正。给」近便五户以奉茔域，仍差官以太牢致祭。故兹诏示，想宜知悉。」

治平四年八月廿六日，东头供奉官、监真定府商税务李唐卿篆额，」将仕郎、守赵州临城县尉成汉杰、」文林郎、守赵州临城县主簿李公权、」朝奉郎、守秘书丞、知赵州临城县事兼兵马都监、武骑尉高旦立石并书，胡凝刊。」（图13）

顶尊陀罗经幢（宋）：

原位于临城镇两口村崇福寺南大殿中，1997年移入临城县文物保管所。经幢青石质，无纹饰，八棱柱体。八面中七面刻有文字，其中，三面记事，四面刻有陀罗尼经。因历经多年自然风化和人工损坏，字迹漫漶残损较为严重，其中，五面文字多数模糊不清，难以辨认，两面保存尚好。末款题"嘉祐五年十一月日记"。保存较好的两面恰巧是经幢的始端，题额字体较小，不甚显眼。楷书，竖排，6字，为"顶尊陀罗经幢"。两面阴刻楷书，共10行，满行30字，共290字，其中7字不能辨认。录文如下：

稽首千叶莲花殿金刚座上尊胜王愿垂金手摩我顶灌顶间持妙章句」殑伽沙佛众所宣能灭七返傍生路因善住天子得受持后代众生□始」遇佛□顶尊胜陀罗尼国西国号惣持赞与念不思议功德无边等真知」有时喝断三江水或时撚转五须弥念诵不过诸妄想覆却如来忍□衣果满」终成诸相具灭却无边烦恼痴运动喜舍起慈悲兼持五戒三归此□功」德无量后获真身不二疑或登舡或渡水手棹清波漱牙齿回身上在碧流」中点点皆成佛舍利鱼龙露体尽生天何况道场亲历耳或夜行或早赴山林」道路多妖魅闻吾念此陀罗尼恶鬼不能侵害已佛顶尊胜号真言一切如」来金口宣野外林中见楛骨但以香花结其□咒土□露坟与骨业随轻重愁」生天朝也念暮也念朝念暮念转精勤胡音汉音□自见依教念满落又遍」（图14）

图14、顶尊陀罗经幢

崇法院佛顶尊胜陀罗尼经幢（元）：

出土于临城镇城里村南泜河中，现保存于临城县文物保管所。青石质，无纹饰。盖、座已失，幢身长1.50米，八棱体，每面宽0.18米。临城现存史志均无崇法院的记载，但据经幢出土位置，应在附近。八面都有文字，两面为"真定府赵州临城县崇法院普润大师寿塔记"文，六面为"佛顶尊胜陀尼经幢"文。

普润大师寿塔记由住持赵州柏林禅院袭祖子章撰，临城县洪恩书丹，至元六年（1269年）正月洪深等立。阴刻楷书，共12行，满行75字，共560字。录文如下：

普润大师寿塔

真定府赵州临城县崇法院普润大师寿塔记」

住持赵州柏林禅院袭祖子章撰」

临城县洪恩书丹」

师，讳祖昌，临城县小柏场村人也。俗姓李氏。幼沉默不好为。童子剧十岁，弃其家为佛子礼本县显公大德为师。及长，仪观秀伟，音声如钟响者，知其不凡。」年二十，蒙恩得度禅林讲席，历历经游，无专门独擅之蔽，辈流中号为杰出者。正大初，河朔受兵，师避地河南。岁壬辰，河南破，策杖北归本院。法属请师主领院」事，县人旧熟师名及受请无贤不肖，闻之皆喜曰："昌上人来，崇法不寂寞矣。"县宰杨公为之护持，苟可以用力则无不

至，而以无所不成。仍装饰佛殿，翻盖僧堂，重建厨库，」创置庄田，规制峻整，遂为一方之冠。所费财物皆自衣盂。嘻！难之矣。至元三年，总统所加号普润大师。师享从心所欲之年，颜渥丹，鬓毛不白，饮食起居如少壮，人皆道力资养之所致也。初，予未识」师，有传其名来者，予爱其慷慨仗义，接纳往来，僧有贪饕鄙陋，锁堂逐客者，必大数之，沸然之气不能自掩，於近世僧中不多见也。至元五年春，予自洛阳还赵州道，出临城。师之门弟子深上人，顺讲」主以塔记见属，曰："吾师之德焕焕然，非矫行沽名，虚图炫耀。所虑者，时不待人，倘我辈先死则后世沉而不闻，欲为师先建寿塔以彰其德。诚得，和尚撰述以著金石传之不朽，死无恨矣，敢百拜以请。"予欣然应之曰："白刃可冒也，」饮食可无也，此孝不可忘也，其在兹乎？师之事，实恨不得其详，姑以年来耳目所熟，举其大略而书之云。"门弟子十二人：洪源、洪深、洪智、洪顺、洪进、洪法、洪明、洪演、洪存、洪德、洪潮、洪志。孙九人：普坚、普□、普□、普□、普选、普□、普照、普贵、普济。」法弟祖澄，门人洪全、洪江、孙普义，法弟祖资，门人洪秀、洪恩、洪定、洪满，法弟祖琪，门人洪通、洪杰、洪泽，法弟祖荣，门人□□，法弟祖道。」

至元六年正月日记，立塔人洪深等」。

"佛顶尊胜陀罗尼经幢"文，阴刻楷书，共36行，行83字，文略（图15）。

15、崇法院佛顶尊胜陀尼经幢

泜河石堤碑（明）：

碑首、碑座佚。碑身完好，青石质，方形，长、宽1.8米。碑阳阴刻楷书42行，满行42字，共1585字。不少字迹漫漶不清。碑阴阴刻楷书24行，满行25字，共564字，字迹保存较好。

碑阳录文：

直隶真定府赵州临城县为河水冲堤城池危惧酌议增筑以保无虞事据本县在城地方孙得顺等呈称本丨年六月初三日未时城外泜水河猛水骤发势若潮涌顷刻倾泻百里行人趋走不及有柏畅社民贾宗礼人马丨俱被冲倒流近岸旁救起有解村民郝廷秀中流无救溺死比时汛发难当护城石堤几遭冲卸三十年来才丨又一见等情到县据此本县先于初二日奉

文赴获鹿考察至初七回县闻之不胜骇异随会同儒学教官丨及地方人等亲诣河边蹦看时水势虽去水痕尚存踩验石堤间有一二崩溃而浪之自上漫入者则直浸城丨脚矣其势如此续据里老李满仓朱辉等告欲趁时增筑为照县治偏在府南西面多山下有泜水河一道众丨山水发会流于河一遇猛雨湍泻不及则水头高悬河身溃溢绕城脚以东流而城被害矣从来有堤以为城丨卫考之旧志嘉靖初年知县党承美曾请之当道得赎锾千金为筑土堤捍御者若干年彼时水且离城数十丨丈谓可无患不意河徙无常渐次崩坏至隆庆三年秋雨连旬泛滥横流将城西南一角冲卸崩洗民居数十丨家据老宿指视今之河身即昔之堤址也惜当时有千金之费仅以土堤卫之而沙土难禁骤浪□至冲溃使丨其有先时之见益之费而为石堤也不其

图16、泜河石堤碑阳

迄今存哉自此年大水南城冲没于河将城改筑而南门之崩毁者」移置为建今门不惟劳费财力且使街道狭窄几不成县后于隆庆六年知县邓之松估议申动库贮官银一」百八十两凿石筑堤五十二丈五尺于八腊庙旁以卫寻被水冲其半至万历六年知县余启元复建议自邓」堤起北行至龙王庙止用概县马头夫筑

石堤一百九十三丈五尺三十年来幸无隆庆三年之水得其防御」而城赖以无虞据报今之水等之隆庆三年矣其日独幸本地无雨水自西山一带发来者随到随泻不至为为」患如使远天之雨若彼而本地又有积雨以凑集之则高一尺之波而近筑之城又未可知矣□坊剥床修筑」宜急本县为此晓夜图惟所以设费兴工者因思昨年初任时相视城池比有本县乡官今山东道监察御史」乔在家同诣河边巡行堤上与同父老子弟百人在随谓此河水之为本县患也前时曾有沿河膏腴之」地」若干顷是民用以富饶者而今冲洗殆尽不可复追矣徒而折入于城县治之存亡呼吸间耳以蕞尔之小县」而有此难御之河洪安所得借费资力以成一劳永逸之功顾赎镪之请党知县而后不可为矣而肇造于邓」知县与增筑于余知县者俱有设处大段藉民之力以有成功由今观之彼其托始之难修砌□」□如法□其」丈尺低窄水犹得以入焉殊非坚久无虞之计及今若欲重加修筑工费须数倍之但以连年苦旱民用不支」未可申请然其时亦止知有隆庆三年之水为旷古一见尚不知有今六月初三日之水势复□是也盖天地」间气机之运桑田变沧海者日异一日则可备而备者当视昔加难焉而后功成不至于尽饼□本县□覆详」看得是堤也城之防卫赖焉修筑之后诚不容已今以丈尺计之自县南八蜡庙起西行北上止龙王庙止见」在一百九十五丈而八蜡庙之五十二丈五尺拓基于邓知县者乃水流急处最为吃紧所砌之堤即系城脚」而阔止一丈五尺每水一到浪之激而喷起者泼城而湿其根脚危莫甚焉须是帮筑一丈加高三尺乃能御」此湍流其一百四十一丈五尺增筑于余知县者今并龙王庙基量之实在一百四十三丈□稍□不用外」帮酌议于内填土筑之腹中实以小石顶面覆以大石比旧要高三尺阔四尺盖以今年之可□度□而知其」不如是不足以保万全也已经行据旧役老人张世科刘学之及省祭官赵怀德孙镐等酌议去后□□回称」城堤之堤所紧用者灰石与椿木三事也先任议筑俱以本县产石石工颇众而烧灰之户广有数十余家可」以不借用于他所其人夫与椿木则取给于概县马头□之已有定例民情亦颇相安又今□雨水充足苗稼」颇盛倘得全收则及时而用其力似不为厉况以一百八十名马头筑此一百九十五丈石堤□名□过一□」有零又何畏难之有其各□筑之情如此本县则以民力之可用者人夫耳而石工凿石灰工烧灰与夫椿木」等项资用仅多若不自官设处概以取之于民事体有所未便除本县自行捐俸及别

项奉□已足百金堪以」一面付各役领造外其余费用俟□行估计数目多少并别行设处所以经费资工者另文申请以给工后务」底于成缘系修筑城堤事理卑县未敢擅便□合申请为此今备前由理合具申伏乞照详施□□□□□」右申」合工上司」万历二十五年六月叁拾知县程鹏抟」典史孟养吉」承行史官国□□（图16）

碑阴录文：

苏长公前赤壁赋：」壬戌之秋，七月既望，苏子与客泛舟，游于赤壁之下。清风徐来，水」波不兴。举酒属客，诵明月之诗，歌窈窕之章。少焉，月出于东山之」上，徘徊于斗牛之间。白露横江，水光接天。纵一苇之所如，凌万顷」之茫然。浩浩乎如冯（凭）虚御风，而不知其所止，飘飘乎如遗世独立」，羽化而登仙。

于是饮酒乐甚，扣舷而歌之。歌曰："桂棹兮兰桨，击空」明兮泝流光。渺渺兮予怀，望美人兮天一方。"客有吹洞箫者，倚歌」而和之，其声呜呜然，如怨如慕，如泣如诉。馀立袅袅，不绝如缕。舞」幽壑之潜蛟，泣孤舟之嫠妇。

苏子愀然，正襟危坐，而问客曰："何为」其然也？"客曰："'明月星稀，乌鹊南飞。'此非曹孟德之诗乎？西望夏口」，东望武昌。山川相缪，郁乎苍苍。此非孟德之困于周郎者乎？方其」破荆州，下江陵，顺流而东也，舳舻千里，旌旗蔽空，酾酒临江，横槊」赋诗，固一世之雄也，而今安在哉？况吾与子渔樵于江渚之上，侣」鱼虾而友麋鹿。驾一叶之扁舟，举匏樽（尊）以相属。寄蜉蝣于天地，渺」沧海之一粟。哀吾生之须臾，羡长江之无穷。挟飞仙以遨游，抱明」月而长终。知不可乎骤得，托遗响于悲风。"

苏子曰："客亦知夫水与」月乎？逝者如斯，而未尝往也。盈虚者如彼，而卒莫消长也。盖将自」其变者而观之，则天地曾不能以一瞬。自其不变者而观之，则物」与我皆无尽也，而又何羡乎？且夫天地之间，物各有主。苟非吾之」所有，虽一毫而莫取。惟江上之清风，与山间之明月。耳得之而为」声，目遇之而成色。取之无禁，用之不竭。是造物者之无尽藏也，而」吾与子所共食。"客喜而笑，洗盏更酌。肴核既尽，杯盘狼藉。相与」枕籍乎舟中，不知东方之既白。」万历戊戌岁烁七月望赤壁山人程我图命工勒石。」

泜河石堤碑当立于明万历二十五年，碑阳记述筑石堤防水事，碑阴录苏轼《前赤壁赋》，后者镌刻于万历二十六年（1598年）。此碑系时知县程鹏抟所为。《临城县志》载："程鹏抟，湖广嘉鱼县人。由选贡万历二十三年知县事。才干优裕，锐志为民。修南门外石堤以御水，建息波亭于

图17、泜河石堤碑阴

堤上。修县志、儒学，置社学三所，刻《启蒙古今明训》，人授一编。篆辑县志。数年之间，百废俱兴，竟被论去，士民至今犹有传颂之者[1]。"（图17）

赵云故里碑：

赵云故里碑原立于东镇镇古鲁营村东麒麟岗古官道旁。碑身青石质，座已失，残断为两截。碑身方首、抹角，高191、宽64、厚23厘米。碑阳阴刻隶书"汉顺平侯赵云故里"8字，上款双线刻隶书"光绪戊戌孟冬、正定镇总兵蓝斯明立石"16字，下款双线刻隶书"盐运使衔四川重庆府知府吴震敬镌"15字。该碑是我国发现的仅有的两通赵云故里碑之一，对研究赵云的祖籍非常重要（图18）。

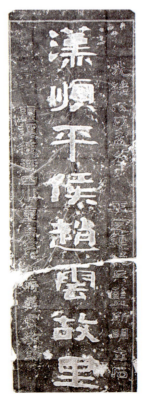

图18、赵云故里碑

注释

1.（清）杨宽、乔巳百著，临城县人大常委会整理，《临城县志》，中国文史出版社，2006年。

二、两口村

在北宋时期，两口村归属临城县龙门乡管辖，经查阅地方志和走访当地群众，未得到任何有关龙门乡的信息，因此，可认为龙门乡的地望不清，名称现已不存。

两口村是古老的村庄，其名称至少自北宋初年沿用至今，实际上还要早的多。如今的两口村归属临城县临城镇所管辖，位于临城镇西南约13公里与内丘县接壤处。两口村南与瓷窑沟村为邻，西南与内丘县张家沟村相望，西及西北依次为南驾回和北驾回村，东邻系上沟村（图19）。

现在，两口村村民似乎都已经忘记了自己古老的村史，而附会于明代存在的社会大移民现象，认为村民们的祖先来自洪洞县大槐树下。《临城县志》（团结出版社1996年版）也记载着村名演变的传说：相传两口村原名叫魏村，人极贫困，因村北有范家坟村，认为魏村贫困的原因，是魏（喂）范（饭）之故，于是制作了一男一女两个石人，男拿碗，女拿勺，面对范家坟村，意味"两口吃一饭（范）"，并改名为两口村。

两口村地处丘陵地带的低洼区，东面丘陵高172米，上曾有玉皇庙，因名玉皇岗。西、南、北三面均为较高的岗地，村子最低海拔为115米。一条季节性溪流自西而东穿越其间，将村子分为隔为南北两个自然片区。北区较大，居民较多；南区较小，居民较少。这条溪流成为天然的绿化带，溪流之上仍保存有三座古石拱桥，既将南北两部分连为一体，也成为两口村的重要景观（图20）。

两口村现有居民400多户，人口1500余，全部为汉族，主要以农业为生。王、史为村中始姓，其他姓氏如宋、张等为外迁户。王、宋为大姓，人数最多，史、张为小姓，人口较少。

两口村古代文化遗存较为丰富，现有古石桥三座，古寺庙一处，古民居多而成片分布。三座古石桥自东而西依次排列，皆为石拱桥，建造精巧，造型别致。

图19、两口村及附近村庄卫星影像图

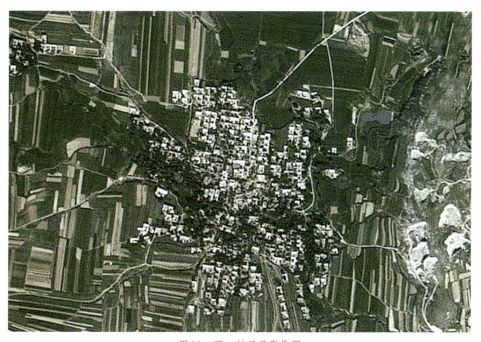

图20、两口村卫星影像图

义合桥

义合桥为单孔石拱桥，坐落于两口村东侧溪流之上。桥宽4、

图21、义合桥

长9.5米，桥孔宽3.06、高1.2、总高1.94米，桥两侧用条石做栏板（图21）。

在义合桥北桥头东侧，立有"流芳百世"碑一通。碑青石质，方首抹角。高1.39、宽0.61、厚0.20米。额题阳刻，楷书"流芳百世"4字。碑身四周刻有青松、翠竹、莲花、水纹等图案。碑文阴刻，楷书，5行，满行37字，共158字。录文如下：（图22）

从来修桥补路，甚盛事也。但人每乐于观成，而难于图始。临邑南两口村夹河而居，旧有石桥两丨座，惟东头沟深岸阔，车马不通。忽有村中善人张、王、宋三姓者，奋然欲起，不惮输财，赴公议添石丨桥一座。村中人亦无不慨然捐资趋事，此所以不几日而告阙成功，因名之谓义

22、流芳百世碑及拓片

合桥。镌石丨贞珉，以垂不朽云。监生宋耕华撰文，增生宋维垣书丹丨，大清光绪十九年岁次癸巳孟夏毂旦仝立丨。刻匠宋池，石匠张金镯丨。

另外，在碑阳中部，刻有众多捐资者姓名、金额及施地、河道者姓名。

从碑文可知，穿越两口村的溪流之上原有古桥两座。在村子东头，溪深岸阔，车马不通，交通不便。清光绪十九年，村民捐资在村东兴建新桥，名曰义合桥。这是现存三座古石拱桥中唯一有确切纪年的桥梁。

无名桥

无名桥位于义合桥西侧约500米处，为单孔石拱桥，桥宽约3.3米，桥残长6.9米，桥面为条石横铺，现桥两侧已无栏板和望柱。该桥规模较小，位置居中，东为义合桥，西为关桥，根据建筑形制推断，其当为建造年代最早的桥梁（图23）。

23、无名桥

关桥

关桥原名安定桥，位于村子西侧，距义合桥约1000米。该桥也为单孔石拱桥，桥宽3.5、残长6.2米，现桥孔宽2.5、孔高0.4、总高1米，桥面用宽0.5、长1.0米的条石横铺。桥两侧置石栏板和望柱。现东西两侧各有望柱2根，栏板3块，依现状推断，其每侧应有望柱4根，栏板3块，两端有抱鼓石和石狮。现南桥头西侧存有石狮一尊。望柱方0.23×0.23、高0.95—1.03米不等，栏板高0.55、厚0.15、长1.46米。该桥的修建年代不详，当在清中期前后（图24）。

24、关桥及桥头石狮

崇福寺

崇福寺位于两口村东北角，东临民居，北为菜地，南面、西面被小学包围。据《临城县志》[1]记载："崇福寺在县西南二十五里两口村，弘治二年修"。据村中老人介绍，上世纪六十年代为村小学占用，至上世纪七十年代，崇福寺还存有山门、南大殿（前殿）、西大殿（西配殿）、后殿等建筑。之后相继坍塌，现只残存后殿一座及南大殿部分残垣断壁。

崇福寺规模不大，坐北朝南。后殿坐北朝南，面阔三间，进深二间，硬山布瓦顶建筑，通面阔11.06、通进深7.7、总高6米。从现状看，台明前有三步台阶，现已无存；前檐置装修，其余三面用墙体围护，前檐明间中部辟板门，

图25、崇福寺后殿

两次间置固定窗，心屉为方格。前后檐和两山面墙体下半部用毛石包砌，上半部外侧用 300×150×60 毫米条砖顺砌，内侧土坯砌筑，外抹白灰，前后檐墙厚 0.61 米。两山墙上部置挑檐石，上置雕花墀头，墀头砖有题字，东侧墀头下为"日"字，上为"清"；西侧墀头下为"月"字，上为"规"字。

前后檐柱为石方柱抹八角，檐柱高 3.05 米；柱头置平板枋，平板枋和额枋呈"T"形。前后檐下施单昂三踩里转双翘五踩斗拱，斗口 8 厘米，斗拱布置：明次间均施两攒平身科斗拱，外厢拱抹斜。梁架结构为七架梁用三柱，七架梁上置垫墩承托五架梁，其上置瓜柱承托三架梁，三架梁上置瓜柱承托脊檩、枋，瓜柱两侧施叉手，脊檩两侧施异形拱。梁架为自然材，未经砍凿。现隐约可辨梁架上有彩绘。现脊檩枋上有"……康熙叁拾肆年岁次乙亥……"题记。檩上钉方椽，前后檐部施檐飞椽，椽上铺望砖（檐部铺望板）。

屋顶为筒瓦屋面，施正、垂脊，正脊两端施正吻，从现状看，正脊中部有宝顶，现残缺，留有固定宝顶的刹杆；正、垂脊为花脊，垂脊与正吻交接处置吞脊兽。

根据县志和题记可知：崇福寺建于明弘治二年（1489年），其后殿建于清康熙三十四年（1695年）。值得注意的

图 26、崇福寺后殿斗拱

图 27、崇福寺后殿梁架

是，后殿的建筑保留了明代木构建筑的一些显著特点，一是檐下斗拱用材较大，斗口为 8 厘米，再有厢拱抹斜，这种做法在明代建筑中比较流行；二是柱头平板枋和额枋呈"T"字形，一般清代建筑平板枋和额枋呈"凸"字形；三是垂脊和正吻交接处置吞脊兽。看来，该寺现存建筑建于明代似无异议。实际上，崇福寺的始建年代要早的多。上文介绍的宋代顶尊陀罗经幢是 1997 年从该寺移到文保所的，该经幢有"嘉祐五年十一月日记"的明确纪年，说明该寺的始建年代最晚在北宋前期的嘉祐年间，当是一座古老的寺庙（图 25、26、27）。

古民居：

两口村保存的古民居主要分布于溪流北岸片区中，现存大约 200 间左右，沿街可见古老漂亮的门楼，多为晚清民国时期建筑（图 28、29）。

宋武烈民居位于溪流北侧，院门坐东朝西，民居坐西朝东，面阔三间，进深一间，两层平顶建筑，总长 8.2 米，宽 4.5 米，高 6.5 米。一层南次间西侧置楼梯通往二层。墙体用 300×150×60 条砖砌筑，墙厚 73 厘米，砌筑方法分三层，从下往上依次为条石一卧一立砌筑，条砖十字错缝顺砌，条砖一卧一立砌筑。一层前檐明间中部辟券门，两次间辟半圆形固定窗，置方格心屉；二层明间为方形槛窗，置四扇隔扇窗，心屉为一马三箭，两次间为半圆形固定窗，置两扇木板窗，两山面中部辟圆形窗，内置两扇木板窗。楼层做法：梁上承托檩条，上钉方椽、苇箔、木楼板。

现宋江海家使用的二层楼为西房，当是宋武烈民居的一部分。该楼无台阶，面阔三间，进深四椽，一层一明一暗，二层为一明间。外墙壁表砖到顶，内壁土坯垒砌。南西北三面无窗，东面一二层均有窗。一层中间为门，门楣上方置一青砖，砖上画有图符，两边各有一小窗。二层中间一大窗。平顶，夯实（图 30）。

注释

1.（清）杨宽、乔巳百著，临城县人大常委会整理，《临城县志》，中国文史出版社，2006年。

图28、两口村门楼

图29.两口村门楼

图30、宋武烈民居

第二章　王氏家族墓地

墓地位置与环境

王氏家族墓地位于临城县与内丘县交界地带，在两口村西南约2500米，内丘县张家沟村东800米处，现为内丘县张家沟村耕地。墓地附近在北宋时期属临城县龙门乡两口村，后来因区划变更归内丘县张家沟村。伴随王氏家族墓志的发现与初步研究成果的问世，文物部门和地方政府都认识到王氏家族墓地的重要价值，并报请河北省人民政府公布为省级文物保护单位，定名为"内丘宋代家族墓地"。同时，划定了墓地的保护范围和建设控制地带（图31）。

墓地坐落于两县接壤丘陵岗地的低洼地带，地势略呈U字形凹地的腹地。被高岗三面环绕的凹地构成一相对独立的地貌单元，凹地坐北朝南，北、东、西三面地势渐次抬升，高出地面10米以上，以北部岗地最高（靠山）。凹地腹地平坦肥沃，北窄南阔，北高南低，面向沟壑（季节性河流），越沟壑朝向十分显眼、海拔208米的鹊子山（朝山）。如此，便自然构成了圈椅形风水地貌，即前有兆（朝山）、后有靠（靠山），左青龙（沙山）、右白虎（沙山），背风、向阳、面水、藏风、纳气。王氏家族墓地的环境，完全符合古代堪舆学选择阴宅的风水理论（图32）。

根据相关资料，王氏家族是由王翊之父王璘在后周显德年间由常山某地举家迁居临城的，王翊又于宋仁宗明道二年将自其父以上14丧迁葬于龙门乡两口原。自此，这里便成为王氏家族的坟地。此时，王翊任益州知州，为朝廷地方大员，统帅一方，地位显赫，在社会及政坛颇有影响。在中国历史文化传统和习俗中，建新宅、迁祖坟通常被认为事关家族的兴衰，自然成为家族之大事，地位显要的家庭更是如此。王翊计议迁祖坟，当不例外，为了家族的兴旺和自己的飞黄腾达，他一定会聘请成名的堪舆家为其相准风水宝地，占卜好良辰吉日。最终，"谋及龟筮，岁利癸酉（明道二年），卜兆于临城县龙门乡之两口原。经启窆穸，用宁体魄，露章请告，力营襄事。冬十月辛酉（九月二十九日），自曾门而下十有四丧，启泉垆而迁祔焉[1]"。看来，对于家族祖坟的迁移，王翊的确下了大功夫。

图31、王氏家族墓地位置图

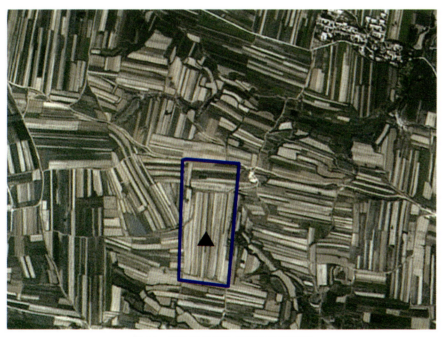

图32、王氏家族墓地地貌卫星影像图

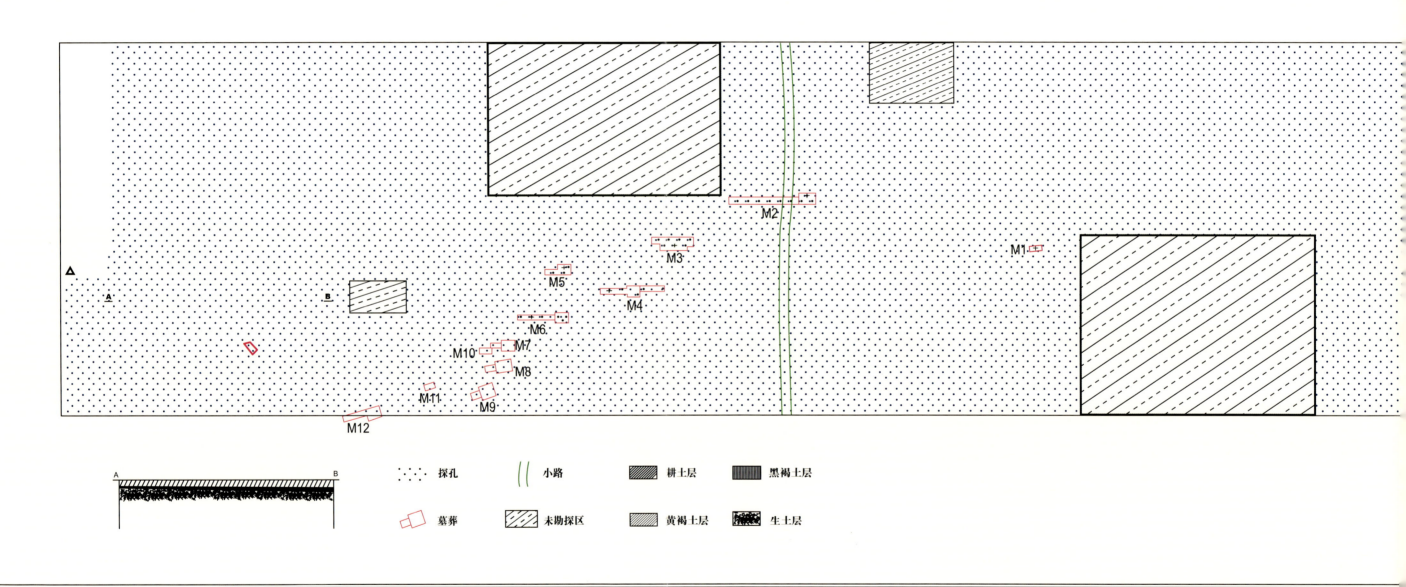

图33、临城王氏家族墓地勘探总平面图

平 面 图

北

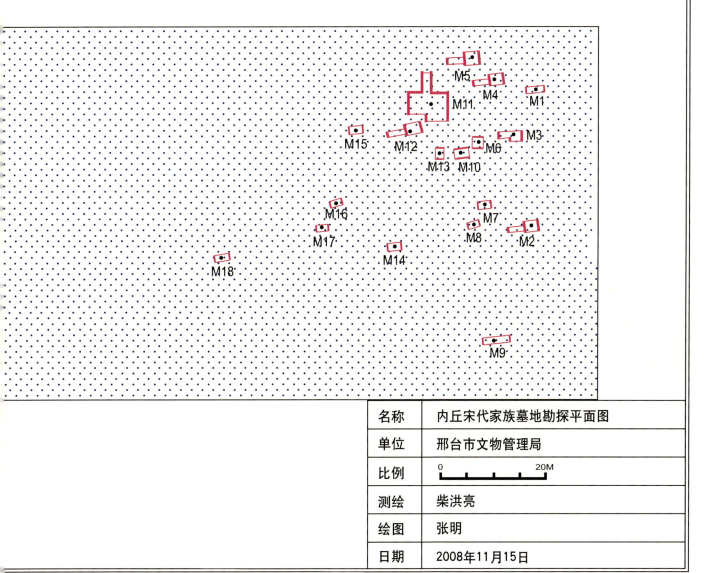

名称	内丘宋代家族墓地勘探平面图
单位	邢台市文物管理局
比例	0　　　　　　20M
测绘	柴洪亮
绘图	张明
日期	2008年11月15日

墓葬形制与布局

王氏家族墓地是临城县文保所根据所征集的墓志，进行来源调查时发现的。鉴于墓地的重要价值，为了满足建立文物保护单位记录档案和王氏家族研究的需要，邢台市文物管理处对该墓地进行了考古调查和勘探工作，获取了第一手资料。

地层：

王氏家族墓地附近岗地的基岩系花岗岩，之上覆盖着厚薄不等的土状堆积。墓地所在的凹地地面平坦，土质上乘，向南略倾，土层深厚，墓葬的封土早年被夷平。地层可分为四个层次：

第一层：耕土层，土质松散，常见现代遗物，厚0.2-0.25米。

第二层：黄褐土层，土质松软，较纯净，淤积而成，厚0.8-0.9米。

第三层：黑褐土层，土质致密、纯净，淤积而成，厚0.2-0.9米。

第四层：生土层，为含有白色礓石的原生土，甚厚，为基岩（花岗岩）风化壳残积物，未见底。

墓葬布局：

墓地占地范围东西窄，南北长，面积共计25840平方米。在墓地中南部，有大小不等四处现代墓地，无法进行勘探，实际勘探面积23032平方米。以上现代墓地总占地面积2808平方米，未实施勘探工作。这一客观情况的出现，不仅使勘探工作受到较大影响，同时，勘探结果的科学性、完整性及真实性，在一定程度上也受到局限。

在勘探区域内，共发现墓葬30座。从墓葬排列及布局分析，明显区分为南北两个区域，北区墓葬18座，南区墓葬12座。根据地层和调查资料判断，这两个墓区当属年代不同的两个墓葬群。北区的墓葬开口于第一层下，墓葬排列无序，大小悬殊，墓向不一，形制多样，时代较晚，推测其为明清时期某一家族的墓地。南区的墓葬开口于第二层下，排列规则，墓向一致，时代较早，当为北宋王氏家族墓地（图33）。

从勘探平面图可见，王氏家族墓地所发现的12座墓葬，均作南北向，墓室在北，墓道朝南，墓葬数量不多，分布很有规律。墓葬依辈份高低自北而南依次排列，同辈人大致作东西横向排列，往往同排前后略有错位。墓地北部的墓葬多单排单列，向南依次变为单排双列或单排多列。王氏家族墓地墓葬的布局和排列方式，反映出其家族各代人丁兴衰的基本概况，与所掌握的王氏家族世系情况较为吻

合。这里需指出的是，勘探资料并没有显示王羲其他兄弟辈分埋葬的迹象，说明该墓地的成员只限于王羲一个支系。

墓葬形制：

王氏家族墓地的墓葬数量较少，墓葬形制较为多样，12座墓大体可分为五种类型。现将各种形制的墓葬简要介绍如下：

I型：土坑竖穴墓，4座。以1号墓（M1）为例，小型土坑竖穴墓，平面呈长方形，长2、宽1、深6米（图34）。M3、M10、M11均归属于同一类型。其中，M3甚为特殊，其规模最大，极不规则，有可能是他种类型的墓葬，由于被破坏而不能分辨出真实面貌。其他墓葬，仅在大小与深度上存在差异。

北纬：37°21′11.1″
东经：114°27′40.2″

图34、M1平面图

II型：甲字形土坑墓，2座。以六号墓（M6）为例，墓葬平面呈甲字形，由墓室和墓道两部分组成。墓室长方形，长3、宽2、深6米。墓道斜坡式，位于墓室南部，长7、宽1米（图35）。M4也被勉强归于这一类型。从平面观察，M4的形制较为少见，似有两条墓道，墓室南北各一。但是，墓室北部的墓道位置似有问题，与墓室的对应关系不尽合理。同时，如此大小的墓室存在两条墓道，与墓葬的规格也不协调。因此，不排除北部墓道为另一墓葬或其他构筑物的可能性。

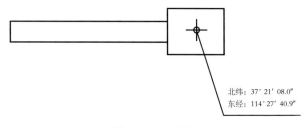

北纬：37°21′08.0″
东经：114°27′40.9″

图35、M6平面图

III型：刀把形土坑墓，2座。以2号墓（M2）为例，墓葬平面呈刀把形，由墓室和墓道组成，墓室长3.2、宽2、深6米。墓道斜坡式，长12.8、宽1.4米（图36）。墓葬填土内多见碎砖，石块，估计为封堵墓门所用。但该墓出土带有文字的灰方砖，被疑为铺地砖。因此，不能完全排除其为砖室墓的可能。该墓葬曾被多次盗扰，据村民介绍，墓中曾出土王羲墓志、带盒端砚及铜印章等珍贵文物。据此，此墓墓主人当属王羲无疑。属于同一类型的墓葬还有5号墓（M5）。

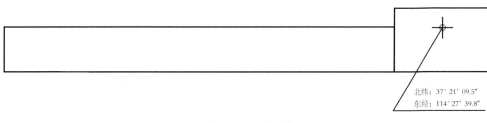

北纬：37°21′09.5″
东经：114°27′39.8″

图36、M2平面图

IV型：刀把形砖室墓，1座。12号墓（M12），墓葬平面呈刀把形，由墓室和墓道两部分组成。墓室砖砌，长2.8、宽2、深5.4米。墓道位于南部，斜坡式，长4.2、宽

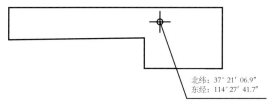

北纬：37°21′06.9″
东经：114°27′41.7″

图37、M12平面图

1米（图37）。这是墓地内能确定的唯一的一座砖室墓。

V型：竖穴洞室墓，3座。以8号墓（M8）为例，墓葬平面也呈甲字形，墓道竖穴式，位于墓室南部，向北掏洞为墓室。墓道长2、宽1米；墓室长3、宽2.4、深8米（图38）。此类墓葬还包含M7和M9。

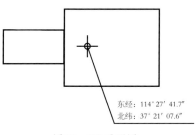

东经：114°27′41.7″
北纬：37°21′07.6″

图38、M8平面图

墓主人分析

王氏家族世系所反映出的人丁概况是我们对王氏家族墓地各个墓葬墓主人作出推测的主要依据之一。从现知王氏家族世系表可见，计有九代，36人。王毂之上（不含王毂）有四代，即其父王璘、祖王忠信、曾祖王盛及高祖王杰。自王毂始计有五辈，即王毂、其子王正路、其孙王蓫、其曾孙王康及玄孙王湛。另外，王毂将其父王璘以上十四人迁葬于该坟地时，虽然未说明迁来几辈人，但依据社会风俗推测，他应将其父、祖、曾祖辈一并迁来。如是，该墓地应葬有王氏家族八代以上。文物勘探资料显示，墓地最多葬有王氏家族七代人。

王毂墓的确认，使我们对王氏家族墓地墓葬的墓主人作出较为合理的推测成为可能。根据现场调查和勘探资料，有理由认定二号墓（M2）就是王毂的墓葬。依据较为

充足。其一，该墓系墓地中规模最大、规格最高的墓葬，与其官职最高相匹配；其二，经一些村民和知情者现场指认，王毂的墓志及铜印章即出土于此墓。在推定王毂墓的前提下，我们对其他墓葬的墓主人作出如下推断：

如上，王毂墓为二号墓。那么，王毂墓之上（向北）当为其长辈的墓葬，但仅找到1座。该墓虽然距离王毂墓较远，但其间没有发现其他墓葬。由此可见，这座墓（M1）应为其父王璘之墓。令人不解的是，王毂之祖、曾祖及高祖等辈的墓葬没有被发现。究其原因，可能与王璘墓之北即为现代墓地，未进行勘探有关。换句话说，王璘祖上的墓葬，很可能就位于北部未勘探区域内。

王毂有两个儿子，王正路有三个儿子，王蓫有八个儿子，六个孙子。随着家庭成员增多，王毂之下墓葬的排列方式也发生了变化，不再是单排单列，而是单排双列或单排多列。王毂墓之下有两座墓葬，为单排双列，两者错位较为明显，位于东侧者偏向南。既然单排双列能够成立，他们必定属于同一辈分。如此，西侧略前的三号墓（M3）和东侧略后的四号墓（M4）只能是王毂之子辈墓葬，即三号墓墓主人应是其长子王正思，四号墓则为其次子王正路。下一排墓葬与以上两座墓的关系，也构成将四号墓判定为王正路的主要依据。

王正思早逝而无子嗣，王正路有三子。王正路墓（M4）之下的一排当然为王正路子辈的墓葬，应该葬有他的三个儿子：王蓫、王适和王遹。可惜的是，此排仅发现两座墓葬，即五号墓（M5）和六号墓（M6）。如果王正路三子均埋葬于此的话，便缺失一座墓。文献记载，他们三人均无一例外地都归葬于两口原祖茔。恰巧，紧靠该排墓葬的西部为现代墓地，也未进行勘探。所缺少的那一座墓是否在西邻的未勘探区内，虽难成定论，但可能性极大。那么，这两座墓的墓主人究竟是谁，又怎样认定呢？现已知晓，这两座墓均已被盗扰，而王蓫和王遹的墓志都已出土，王适的墓志则未见到。由此看来，这两座墓分别为王蓫（M6）、王遹（M5）的可能性似乎最大。另外，两座墓葬相互比较，M6规模较大，下一排的三座墓葬距其最近，说明六号墓墓主人为王蓫似无疑义。如此，王适的墓葬没有被找到，这是我们既感到困惑，又非常感兴趣的问题。王适系苏辙之爱婿，苏轼、苏辙之门生，他的墓志铭由当世名家苏轼亲撰，并以《王子立墓志铭》为题录入苏轼文集中。如果王适墓被发现的话，其不仅

学术价值高，意义大，而且对一些历史史实也可予以证实。难道王适之墓果真在西部的现代墓地内而没有发现吗？我们希望是这种情况。如果上述推测无误的话，就引发出另一个问题，就是王正路兄弟的墓葬依长次自西而东排列，而王蘧兄弟则相反，依长次自东而西排列。对此，我们不得其解。

王适似无子嗣或存疑，王遹有三子，王蘧有八子。王蘧墓葬之下排仅找到三座墓葬，即七号墓（M7）、八号墓（M8）和九号墓（M9）。根据他们子嗣的多少及与上辈墓葬的关系，有充分的理由认定，并排的三座墓为王蘧子辈的墓葬。但是，王蘧有八子，墓葬仅三座，而这三座墓的墓主人究竟是谁，目前尚无法作出判断。此排墓葬之下隐约还可辨识出两排墓葬，每排仅一座墓。根据两排墓葬与上排墓葬的关系，认定他们系王蘧孙辈和重孙辈的墓葬似无疑义。但是，每座墓葬的墓主人是谁，则无法知晓。

以上是我们依据王氏家族世系及墓地勘探资料对各个墓葬墓主人作出的初步分析，感觉王璠、王毅、王正路三代比较确凿。王蘧辈因少一墓稍显牵强，不能完全排除存在其他方案的可能性。王蘧辈以下推定为王蘧子孙的墓葬较为合乎情理。

出土文物：

在对王氏家族墓地展开调查和勘探工作中，发现所有的墓葬都曾不同程度地被盗扰过。在墓地现场，经常见到地面散落的碎砖、白灰残块、棺钉、朽木等盗扰遗留下的残迹。墓地所出土的文物，以墓志铭最为重要，其保存多完好无缺，字迹清晰秀丽，堪称绝品。这些墓志铭多是散落于民间后，由文物部门征集所得。

根据王氏家族墓地的规模及家族成员的社会地位判断，各个墓葬中应随葬有众多珍贵文物。由于盗扰较严重，致使文物散落民间，甚至被文物贩子进行不法交易。据传，还有出土于该墓地的金簪、玉屏、瓷碗、铜印章等流入社会。至于该墓地有多少文物流入社会，我们不知其详，甚为可惜。经调查，知以下2件文物可能出自王毅墓（M2）中。

端石抄手砚及原配绿端精雕盒：

见于河北翰华拍卖有限责任公司2008年首届迎春艺术品拍卖会，他们在介绍资料中对该器物作了如下描述[2]：

砚长22.3、宽13.7厘米；盒高11.8、长25、宽17.2厘米。砚色相为紫端，"质刚而柔"，"温润如玉"，有"贮水不耗"，"呵之即泽"的良好性能。砚式为抄手，是北宋流行的式样。配有绿端精雕盒，紫砚和绿盒是端石中两大名石的鸳鸯配。砚与盒都是棺材造型，寓意官上加官，升官发财，吉祥如意，此砚诱人绝妙之处是砚池中有星罗密布夜空美景，星的大小、布局、明度、远近各有变化，最醒目的七颗星，与北斗星布局相近，其余的星都藏在浮层下面，时隐时现，神奇地反映出自然界天文景观。北斗星即石眼，砚池上的北斗星与砚盒盖上《仙人下凡献宝图》形成一个完整、吉祥如意的寓意故事（图39、40）。

图39、端石抄手砚

图40、端石抄手砚绿端精雕盒

灰方砖：

　　1件。长、宽各39.5厘米。素面无纹饰，残损，表面刻有1字，当为"溥"字。可能是墓葬的铺地砖（图41）。

图41、灰方砖

　　由于仅限于田野考古调查和勘探，未经科学发掘，对于王氏家族墓地的研究无疑是肤浅的，表面的。尽管如此，我们还是可以认为：王氏家族墓地是目前河北省唯一一处保存较为完好的北宋时期的家族墓地，其规模较大，规格较高，具有十分重要的文物价值和史学价值，是不可多得的历史文化遗产；通过对该墓地考古调查和勘探，初步掌握了该墓地的整体布局及排列方式，墓葬的形制与结构，为宋代家族墓地的研究提供了珍贵资料；通过对墓地周围环境及地貌的调查分析，为北宋时期堪舆学的理论及应用提供了科学的实例，对古代风水学理论的研究补充了新的内容；通过对该墓地的考古调查和勘探资料的分析研究，结合出土文物、特别是众多墓志铭的考证，为北宋时期社会史和家族史的研究提供了弥足珍贵的科学史料。

　　鉴于王氏家族墓地的重要意义和社会影响，内丘县人民政府及文物部门应予以高度重视，采取得力措施，树立保护标志，编制保护规划，依法保护，还其尊严。同时，临城和内丘县人民政府及文物部门应加强合作，以此为载体，共同挖掘王氏家族的文化内涵，弘扬历史文化，发展当代文化。

注释

1.引自丁度撰《王璘墓志铭》。

2.引自河北翰华拍卖有限公司《2008年首届迎春艺术品拍卖会》资料。

第三章　墓志铭注释与研究

一、墓志铭注释

王璘墓志铭

志盖：大宋故王府君墓志铭

志文：

大宋赠秘书少监[1]王府君墓志铭并序」

朝散大夫、行尚书兵部员外郎、知制诰、权判吏部流内铨、兼判尚书刑部登闻检院、护军、济阳县开国男、食邑三百户、赐紫金鱼袋丁度[2]撰」

翰林书艺文林郎、守少府监主簿、御书院祗候[3]孔令仪书并篆盖」

府君讳璘，字温其，常山[4]人，代为北州望族。曾祖讳傑，器识雄远，材略邃茂。李唐之世兵柄在」方镇，王元逵之杖钺真定也[5]，列于麾下。以战获立功名，掌枭骑之锋，气敢自任。祖讳盛，考讳」忠信，服儒笃学，节行称于乡里。尔世不显，皆身退而家肥，华缨荣禄故不及焉[6]。妣平昌郡孟氏。」府君中正温恕，廉让孝谨，涉道嗜学，研几烛理。为文长于奏记，惇惇振藻，蔚其古风[7]。酷好司」马迁《史记》、班固、范晔《汉书》，皆自手写，备巾箱之玩。博涉众艺，号为毕给。

周显德中，梁光祚授」节符之重，守于赵郡。稔公之名，召致戎幕[8]。儒服从容，府望增重，累署本郡上佐，掌临城关市」之赋。安早候时所苴居，最慕其风土，因而家焉。五运下衰，荐仍世故，魁垒之士多在外藩。」太祖之受命也，畴咨延访，唯恐不及，亟诏诸侯，咸得论奏[9]。光祚以公与故八作史[10]祁延昭荐」名于朝。会衔橛之变，步趋既梗，喟然叹曰："吾材备时用，不克利见王庭[11]。"其道塞欤，退居衡庐，」笃终焉之志。跌宕文史，究览古今。其为学也号为宏富，其履行也笃于友悌，而胸臆结约，盖」屈于命[12]。雍熙甲申岁二月十一日[13]感疾而终，年六十三。

夫人天水赵氏，华宗淑喆，姻党宜之。」继室田氏，以慈仁裕家道，以柔明修梱范，追封京兆郡太君[14]。五男。长曰义方，事昭成太子[15]，于」宫邸最为亲信。曰德方，以经行修明至泗州盱眙县令[16]。曰仲方，曰駉，曰騧。仲方泪駉無禄。今」世惟第四子文预英雄之穀，才备皇王之用，杂理宪法，以孤峻任职，参制财利，以精敏应务[17]，历」天章阁待制，今为尚书左司郎中、枢密直学士、知益

州。天子倚之方任[18]，士流推其国器。女」三人。长适赵郡康维翰，次适侍禁段玭，次适真定窦琮。式是柔仪，俱享遐纪[19]。孙八人。曰淳，太」学馆学究，今即亡矣。曰正猷，越州会稽县主簿。曰正己，右班殿直。曰正平，故浔州桂平县主」簿。曰正规，试将作监主簿。曰正思，故将作监主簿。曰正臣，试将作监主簿。曰正路，太常寺太」祝，积德垂裕，怀才竟爽，远大之望未易量焉[20]。

夫扬名显亲，孝子之心也。初，赠府君廷尉」评，凡六追命至麟台[21]。少列密学，以夙罹悯凶，连失怙恃，弗克茵鼎之养，未遑封树之事[22]。谋及」龟筮，岁利癸酉，卜兆于临城县龙门乡之两口原。经启窀穸，用宁体魂，露章请告，力营襄事[23]。」冬十月辛酉，自曾门而下十有四丧，启泉垆而迁祔焉[24]。且岸谷之变不可以不识，篆兹乐石，」且无愧辞。铭曰：」

燕赵之间，古称奇士。地且深厚，材多粹美。英英王君，抱道怀文。颉颃之姿，」超世逸群。筮仕侯邦，利宾王国。疾废数奇，吁嗟懿德。有美令嗣，乃炽而昌。」永怀顾复，孝思不忘。膴膴鲜原，阴阴宰树。刻铭下泉，传信终古。」

中书省玉册[25]官、御书祗候邹义、王守清刻。」

注释

1. 秘书少监，北宋前期为文臣寄禄官阶，从四品上。

2. 丁度，字公雅，祖籍恩州清河（今河北省清河县旧城）。仁宗时官至参知政事。《宋史》卷二百九十二有传。尚书兵部员外郎，北宋前期无职事，为文臣迁转寄禄官阶，属前行员外郎，从六品上。知制诰，差遣官名，掌草拟诰命，与翰林学士对掌外制、内制。权判吏部流内铨，差遣官名，北宋太祖乾德元年始置，主管流内铨，即掌幕职州县官的功过磨勘与差遣注授。差知杂侍御史以上朝官充。登闻检院，官署名。北宋时，官民章奏申诉无例由都进奏院或閤门通进者，可向登闻鼓院投诉；如投诉为登闻鼓院所抑，以及事干机密者，登闻检院接收处理。《宋史·职官志》言其编制隶属谏议大夫，此墓志中又属尚书刑部，其间曲折待考。判尚书刑部登闻检院，差遣官名，即为尚书刑部登闻检院长官，由带职名的郎官以上朝官差充，其官品则视所带本官阶与职名。护军，勋级名，北宋勋级十二转之第九转，从三品。

济阳县开国男，爵名，从五品。

3. 文林郎，文散官名，为北宋前期文散官二十九阶，即末阶，从九品下。少府监主簿，阶官名，北宋前期无职事，或用作文臣迁转官阶，从七品下。翰林御书院，掌皇帝亲笔文字，供奉书写之属、图籍之册以及琴棋之艺。北宋御书院常设翰林待诏、翰林书艺学、书学祗候由高到低三等技术官，掌书诏命、国书、赐目及各种节庆、祠祭表词，题书春帖子、端午帖子等事务。孔令仪名衔上的"翰林书艺"应指翰林御书院。

4. 常山，即常山郡，汉始置，后屡有更革，唐元和十五年改为镇州，五代唐改为真定府，北宋因之，亦称常山郡。汉治所在今河北省元氏县，隋以后长治真定县，即今河北省正定县。王璘出生时此地应为镇州。

5. 王元逵，字茂远，祖籍晋阳（今山西省太原市）。其父王庭凑拥兵自立，封成德军节度使。唐文宗大和九年（公元835年）王元逵亦官封成德军节度使，镇、冀、深、赵等州观察处置使，唐宣宗大中八年（854年）逝于任上。近年，考古人员于河北正定发现王元逵家族墓群。

6. 服，服膺。尔，代词，那。肥，厚。缨，结冠的带子，这里借指官职。

7. 恕，宽容。《论语·卫灵公》："其恕乎，己所不欲，勿施于人。"廉，俭约。谨，恭敬。几，即"肌"。肌理，皮肤的纹理。烛，照，洞悉。研几烛理，指对事物深入研究。惇惇，纯厚。蔚，盛。

8. 赵郡，即赵州，治平棘（今河北省赵县）。稔，熟悉。

9. 五，指梁、唐、晋、汉、周五代；运，国运。荐仍，频仍。世故，变故。魁垒，雄伟，杰出。畴咨，访问、访求。《后汉书·崔骃传》："人有昏垫之厄，主有畴咨之忧。"亟，屡次。

10. 宋初有八作司，置东八作使、西八作使，掌管京师内外修缮事宜。

11. 衔，马嚼子；橛，车之钩心。《史记·司马相如传》："且夫清道而后行，中路而后驰，犹时有衔橛之变。"言车马驰骤，常恐有倾覆之祸。这里应指宋太祖驾崩。梗，阻塞。克，能。利见，这里指得见君主。《易·乾卦》："飞龙在天，利见大人。"

12. 蹇，凝滞，停留。衡庐，这里指山野隐居之处。跌宕，本谓行为无检束，这里指悠游恣肆。结约，约束。

13. 雍熙甲申岁二月十一日，即宋太宗太平兴国九年二月十一日（984年3月16日）。其年十一月方改元雍熙元年。

14. 天水赵氏，指为皇族。喆，贤明的人。姻党，也称姻族，指同姓和异姓的亲戚。裕，使之富足。柔，温顺。《礼记·内则》："柔声以谏。"梱，门限。《礼记·曲礼》："外言不入于梱，内言不出于梱。"范，模范，模型。梱范，指妇女的品德规范。

15. 昭成太子，名元僖，太宗第二子，颇富才干，雍熙三年(986年)暴卒。

16. 泗州盱眙县，今江苏省盱眙县。

17. 预，参与。彀，本指张满弓弩，后喻为事物的范围、程式。杂，共。宪法，国法，根本大法。参制财利，王赈曾为盐铁副使，故有此说。应，受，接受。

18. 方任，一方的重任。指地方官所居的职位。

19. 侍禁，武阶官名，左右侍禁的通称。属三班小使臣阶，宋前期八品。式，榜样。遐，远。遐纪，高龄，高寿。

20. 太学，北宋仁宗庆历四年始立太学于锡庆院。学究，儒生的通称。越州会稽县，今浙江省绍兴市。右班殿直，武阶名，三班小使臣阶，位次于右侍禁。浔州桂平县，今广西桂平市西。太常寺太祝，宋前期为文臣寄禄官，多用作门荫官，授宰相、公卿子弟，从九品上。据《合璧后集》卷三十三载，宋前期太常寺太祝每月可领胙肉、绢布、明衣，俸禄从优，有"轻裘食肉"之称。竞爽，争荣，争胜。

21. 杨，即"扬"。廷尉评，即大理寺评事，宋前期为文臣迁转官阶，无职事，从八品下。麟台，即秘书监，北宋前期为文臣迁转官阶，无职事，从三品。

22. 列，阻止，遮列。罹，遭遇。悯，哀。怙恃，依凭。茵，坐褥，帷帐。鼎，古代一种煮饪器。茵鼎，引申为眠息和饮食。封树，聚土为坟叫封，植树为标记叫树，是古代士以上的葬礼。

23. 癸酉，当为宋仁宗明道二年（1033年），其年六月以王赈为枢密直学士、知易州。窀穸，墓穴。营，谋划。襄，成。

24. 十月辛酉，即仁宗明道二年十月二十九日（1033年11月3日）。泉庐，墓穴。"自曾门而下十有四表，启泉庐而迁祔焉"，知自王傑始已故王氏祖先十四人均迁葬于此。

25. 玉册，玉制的简册。古代帝王以玉册用于祭告、封禅，也用于册命皇太子及后妃。

王矅墓志铭

志盖：宋故赠户部尚书谥忠穆太原王公墓铭

志文：

宋故推诚保德功臣、金紫光禄大夫、行尚书工部侍郎、知河南府兼西京留守司、畿内劝农使、上柱国、太原郡开国」侯、食邑一千三百户、食实封四百户、赠户部尚书[1]、谥忠穆王公墓志铭并序」

朝散大夫、右谏议大夫、参知政事、上护军、祁县开国伯、食邑八百户、赐紫金鱼袋王举正[2]撰」

朝奉郎、守殿中丞、通判天雄军府兼管内河堤劝农同群牧事、上骑都尉、赐绯鱼袋宋选[3]篆盖」

朝奉郎、守太子右赞善大夫、骑都尉[4]周延让书」

岁直辛巳春二月癸巳[5]，河南守、工部侍郎、太原王公率著[6]令亲谒汉光武祠于属邑。未毕奠拜，风眩暴作，若将仆者。吏掖以兴[7]，寮掾[8]前视之，亟取良剂，进而疾加，遂革肩舆[9]还府，即日不起，享年六十有四。讣至，」上深轸悼[10]，为不视朝一日，以地官卿[11]印绶告第，优赐赙布[12]，录其子孙泊傍姻，凡七人。哀荣终始，恩典兼渥[13]。」

公讳矅，字揔之，赵州临城[14]人。曾王父盛、王父忠信、烈考璘，皆以素风醇行见称州闾，卷智藏」用[15]，未遑[16]仕宦。逮公显达，以帝傅帝师泊紫微令之崇品[17]，追赠[18]三代，而曾王母李氏、王母孟氏、」妣田氏，又彻陈鲁楚三国，锡小君之号[19]。公七岁而孤，嶷如异禀[20]。及长，沉毅敏植[21]，专治儒术，未尝预家事，宗党」或非之，公晏然不恤[22]，通贯坟籍，于班氏史尤邃。雅好孟轲仁义之谈，间为文章，赡丽有规格[23]。既冠[24]，或趣其干禄[25]，」公曰："冲天惊人[26]，必学优乃举，屑屑[27]旅进，吾不取焉。"俄丁内艰[28]，以善居闻。自尔安贫讲道，志业弥励[29]。

大中祥符初，负笈[30]櫜篓，计偕[31]上都，楬玉发采[32]，囊锥露颖[33]，珍质利器[34]，寖[35]为人知。」章圣皇帝[36]亲策造秀[37]，公以词气蒙赏识，擢居甲等，解褐[38]婺州观察推官，改著作佐郎，知并州祁县[39]。州将任公」中正表公治迹为诸县最。满岁，通判湖州[40]，登朝为秘书丞、太常博士，以课选提点梓州路刑狱事[41]，增秩屯田」员外郎[42]，入补户部判官，赐朱绂[43]。命为淮南转运使，留不遣，判磨勘司[44]。未几，兼侍御史知杂事，换三品绶，判吏」部铨；迁度支员外郎，充户部副使[45]。会曹襄悼公得罪[46]，公坐[47]里人，以司封员外郎出知湖州，旋移苏州，」召为盐铁副使[48]。先是，许民入刍粟边郡，官以盐茗缗钱，若众货高其直，移给于佗所[49]，京师坐贾偿其质剂[50]，规时轻重，」以取奇赢[51]。龙图阁待制马季良奏请官自创局以管其利[52]。季良方贵，众多傅会[53]无异辞，主计书者依

违[54]，久不断。」公独执不可，卒罢其事。上知之，他日面谕，形于褒激[55]。迁天章阁待制，判大理寺，提举京」诸司，知审刑院[56]。再领吏铨，加刑部郎中[57]。前此，诏省诸路提点刑狱之职，公上言："国家设官纠」振[58]，所以示明慎[59]之意，废之非便。"由是复置焉。寻受左司郎中、枢密直学士、知益州[60]。戍卒一夕焚营舍，杀马，胁[61]将校图」为变。公诘朝名捕行法[62]，比决遣，外无知者[63]。暇日访文翁石室，延耆儒说经，以劝厉[64]学徒。蜀民状其善政，愿留」三载。外台[65]以闻，玺札嘉奖[66]。代还，道除右谏议大夫、同知枢密院事[67]，逾年，遂参知政事。又逾年，超拜工部侍郎、」知枢密院事。于时党羌叛命[68]，王师问罪，按边琐[69]，调兵食，曾无虚日，公总冠枢近，机筹所寄，陟恪尽瘁[70]，知无不」为。属议募乡军，同列奏事有不合，公以累罢[71]。往厘洛郊，使符宫钥，表则方面[72]。帝益虚仁，民斯具」瞻[73]，谓当论道纳海以毗元化[74]，遰涑奄忽，末如命何[75]。」

公姿仪硕俨，举动方重，外若庄峻，中存宽裕，简言」默识，韵宇冲迈[76]，用纯诚介节[77]，自结明主，内外烦使，休有厥劳[78]，终以弥纶事业[79]，备股肱心吕之任[80]。若夫绸」缪左右，密勿夙夜[81]，周慎静晦，畏远嫌间[82]；身居大位，不为亲族干横赏，徇公约己，靡有悔疵[83]；前后四持节[84]，抚淮[85]，」服朔陲，蜀部再[86]，将币至虏帐，三乘轺[87]劳，钱邻国使，一主宾馆之礼，盖材猷望实[88]，国之辉光者欤。累阶金紫，策」勋八柱，食赋千三百户，真食四百室，功臣再赐推诚保德之号。宠章福履[89]，亦云厚矣。

娶宋氏，故枢密副使湜[90]」之女，封仁寿郡夫人[91]。子男二人，曰正思，将作监主簿[92]；曰正路，右赞善大夫。女二人，长适殿中丞张景山[93]，次适国子博」士向绶[94]。而正思泊景山之室皆早世，惟仁寿即吾舅之子也。公初就举，以文贽先君中令[95]，」先君一见，许其远到[96]。时仁寿未缨，甫择嘉对[97]。先君因以公名字语宋族，遂卜妻焉。既而」公为柄臣，仁寿以鱼轩象服享从夫之贵，讫如先君言[98]。

今年仲冬壬申[99]，归葬其乡，祔先茔之原[100]，将葬，」奉常易名忠穆，礼也。琬琰之刻，式昭遗躅，感慨畴昔，直书无让[101]。铭曰：」

贰卿昂昂，蕴粹含章[102]，德直方兮；繇儒致位，以道经世，」王佐器兮；佩玉华绅，荣阶要津，为尔臣兮；左符伏轼，镇靖偃息，殿藩国兮[103]；乃赞持衡，乃职本兵[104]，绩炳明兮；」宜膺介寿，宜荷图旧，栋丕构兮[105]；命之不融，数亦有穷，」丧宗工兮[106]；九京[107]归祔，刊石表墓，旌贤辅兮。」

彭余庆刻石

注释

1. 推诚保德功臣，北宋朝廷赐给文武朝臣的一种封号，作为其赴难效忠的嘉奖。金紫光禄大夫，文散官名，魏晋以后，光禄大夫之位重者，加金章紫绶，故有此称。北宋前期为文散官二十九阶之第四阶，正三品，系执政所带阶。行尚书工部侍郎，依墓志正文即工部侍郎，北宋前期无职事，为文臣迁转寄禄官阶，正四品下。河南府，北宋四京府之一，治所河南，洛阳称为西京。其它三京府为东京汴州城开封府，南京宋城应天府，北京大名大名府。宋制，知河南府即兼知西京留守司事。知河南府，以朝官郎中（北宋前期从五品上，元丰改制后从六品）以上充。西京留守司，掌行宫宫钥及京城守卫、修葺、弹压公事。其实为闲司，主要备皇帝行幸及点缀而已。劝农使，掌本路户赋、农田公事等。上柱国，勋级名，北宋勋级之第十二转，为最高一等，正二品。太原郡开国侯，爵名，从三品。宋制，授爵同时授食邑，并以增户数为等。一千户以上封开国侯。然凡食邑皆虚封。丞郎、翰林学士、刺史、大将军以上封爵有食实封。户部尚书，宋前期无职事，为文臣迁转寄禄官阶，正三品。

2. 王举正，字伯仲，北宋真定（今河北省正定县）人，仁宗时曾官至参知政事。《宋史》卷二百六十六有传。朝散大夫，文散官名，北宋前期属文散官二十九阶之第十三阶，从五品下。右谏议大夫，北宋前期京朝官本官阶，从四品，右司郎中带待制以上职转右谏议大夫，右谏议大夫转给事中。参知政事，职事官名，为副宰相之职，官阶需视本官阶。上护军，勋级名，北宋勋级十二转之第十转，正三品。祁县开国伯，爵名，正四品。赐紫金鱼袋，北宋制，阶官未及三品（元丰元年后四品）以上，特许改服色，换紫、佩金鱼袋，称赐紫金鱼袋。

3. 宋选，北宋京兆长安（今陕西省西安市）人，宋湜侄孙，仁宗咸平二年以宋湜荫，赐同学究科进士出身。朝奉郎，文散官名，北宋前期为文散官二十九阶之第十四阶，正六品上。殿中丞，宋前期为文臣寄禄官阶，无职事，从五品上。通判天雄军府，差遣官名，为天雄军知军副职，与知军共同签书本军公事。同群牧事，《宋会要辑稿·职官》二十三之六："（咸平三年十月）令诸路有监牧处知州、知军、通判，兼管内群牧事。"上骑都尉，勋级名，北宋勋级十二转之第六转，正五品。赐绯鱼袋，即赐绯银鱼袋，北宋制，阶官未及四品、五品（元丰新制六品、五品），特许改服色，换绯服、佩银鱼袋，称赐绯银鱼袋。

4. 守太子右赞善大夫，北宋前期文阶名，京朝官本官阶，正八品。骑都尉，勋级名，北宋勋级十二转之第五转，从五品。

5. 直，通"值"，当。辛巳春二月癸巳，即宋仁宗康定二年二月十四日（1041年3月18日）。

6. 著，当作"诸"。

7. 掖，挟持别人的胳膊。兴，起。

8. 寮掾，同寮的官佐属吏。

9. 革，通"勒"，拉紧马缰绳，这里指乘坐。肩舆，也称平肩舆，轿子。

10. 轸悼，沉痛悼念。

11. 地官，尚书省户部的别称。《周礼·地官》："乃立地官司徒，使帅其属而掌邦教。"《宋史·职官志》卷八，王炳上言："户部四司，司徒之职。"地官卿，又称地卿，即户部尚书。

12. 赙布，送给丧家用来办理丧事的财物。

13. 恩，恩赐；典，礼遇。渥，厚。

14. 今河北临城县。

15. 卷智藏用，韬光养晦，不使人知。《易·系辞》："显诸仁，藏诸用，鼓万物而不与圣人同忧。"孔颖达疏："藏诸用者，谓潜藏功用，不使物知"。这里说王氏祖先有大德而隐于深野不求闻达，是对他们的溢美之词。

16. 遑，闲暇。《诗·小雅·小弁》："心之忧矣，不遑假寐。"

17. 《续资治通鉴长编》卷一百十二："（明道二年六月）辛酉以天章阁待制王豳为枢密直学士、知益州。"枢密直学士，宋初兼备顾问、应对，所以称"帝傅帝师"。紫微，中书省的别称；紫微令，指中书省的长官，即同中书门下平章事（宰相）或参知政事（副相）。据《宋宰辅编年录》卷四，王豳于景祐四年四月甲子自枢密直学士、左司郎中迁右谏议大夫、同知枢密院事，宝元元年三月戊戌与李若谷并参知政事。"以帝傅帝师淘紫微令之崇品"，当指此事。

18. 贲，读音同"坟"，宏大，盛美。南朝宋谢希逸《宋孝武宣贵妃诔》："修诗贲道，称图照言。"

19. 彻，治，治理。《诗·大雅·公刘》："度其隰原，彻田为粮。"锡，通"赐"。这里指追封为陈鲁楚三国夫人。国夫人，外命妇名号，叙封对象为执政官以上之妻或母。

20. 孤，幼而丧父。靳，突出。如，而。禀，天资、天赋。

21. 植，本意为种树时将树扶直，引申为植树，这里做形容词，即正直。

22. 晏，安。恤，忧虑。

23. 规格，法度。

24. 冠，古代男子二十岁为成年，需行加冠之礼，称冠礼。冠，遂成为男子成年的代称。不满二十，称弱冠；年过二十，为既冠。

25. 趣，同"促"，催促。干，求取。

26. 《史记·滑稽列传》："齐威王之时，喜隐，好为淫乐长夜之饮，沈湎不治，委政卿大夫，百官荒乱，诸侯并侵，国且危亡在于旦暮，左右莫敢谏。淳于髡说之以隐，曰：'国中有大鸟止王之庭，三年不蜚又不鸣，王知此鸟何也？'王曰：'此鸟不飞则已，一飞冲天；不鸣则已，一鸣惊人。'于是乃朝诸县令，长七十二人，赏一人，诛一人，奋兵而出。诸侯振惊，皆还。齐侵地威行三十六年。"

27. 屑屑，忙碌不定。《后汉书·王良传》："何其往来屑屑，不惮烦也。"

28. 丁，遭逢。古代称遭父母之丧为丁艰或丁忧。父母死后，子女要围墓筑庐，守丧三年，其间不做官，不婚娶，不赴宴，不应考。父丧称"丁外艰"，母丧称"丁内艰"。

29. 励，振奋。

30. 笈，书籍。簦，古代有长柄的笠，类似后世的雨伞。儋，通"担（担）"，肩负。

31. 计，计簿，也指送计簿的人。计偕，指被朝廷征召的人偕郡国上计的人俱至京师。

32. 《论语·子罕》："有美玉于斯，韫椟而藏诸？求善贾而沽诸？"

33. 《史记·平原君传》："平原君曰：'夫贤士之处世也，譬若锥之处囊中，其末立见。今先生处胜之门下，三年于此矣，左右未有所称诵，胜未有所闻，是先生无所有也。先生不能留。'毛遂曰：'臣乃今日请处囊中耳。使遂蚤得处囊中，乃颖脱而出，非特其末见而已。'"

34. 利器，锐利的兵器，这里指杰出的才能。《后汉书·虞诩传》："不遇盘根错节，何以别利器乎？"

35. 寖，同"浸"，渐渐。以上几句是指王韫大中祥符初年中进士前后的情形，引用典故来褒扬其才能。

36. 章圣，宋真宗谥号简称，据《宋史·真宗本纪》全称为文明武定章圣元孝。

37. 造秀，学有成就的人。

38. 解褐，又称释褐。褐，平民穿的布衣。初入仕赐绿袍、靴、笏，称释褐，本意即为脱下布衣着官服，是授官的标志。宋代科举出身、太学上舍考试优、中等即可命官，均称"释褐"。

39. 观察推官，幕职官、阶官名，协办郡（州、府、军、监）政，总理诸案文移，斟酌可受理、可施行或可转发、可上奏与否，以告禀本郡（州、府、军、监）长官最后裁定。婺州，治金华（今浙江省金华市）。著作佐郎，宋初为文臣寄禄官，无职事，从六品上。并州祁县，今山西省祁县。

40. 通判湖州，差遣官名，知州副职，正七品。湖州，时辖乌程、归安、安吉、长兴、德清、武康六县，治乌程、归安（今浙江省湖州市）。

41. 秘书丞，宋前期为文臣迁转官阶，无职事，从五品上。太常博士，北宋前期文臣寄禄官阶、迁转官阶，无职事，从七品上。路提点刑狱公事，始于北宋淳化二年（991年）。掌一路刑狱公事，查所部疑难不决案件、所系囚案牒覆审，并兼劝课农桑、举刺官吏，南宋时兼催经制、总制钱。北宋前期，由文臣朝官，武臣阁门祗候以上、晓习法令者担任。梓州路，时辖十一州、二军、一监，五十四县。

42. 秩，官吏的俸禄。屯田员外郎，即工部屯田司员外郎，北宋前期无职事，为文臣京朝官叙禄阶位，从六品上。

43. 户部判官，即三司户部判官，差遣官名，与推直官分工治理本部公事。官品视所带本官阶。朱绂，红色的祭服或朝服，这里指朝服，是地位尊贵的象征。

44. 淮南转运使，即淮南路转运使。转运使，差遣名，总一路利权以归上，兼纠察官吏以临郡。朝官以上、选历任知州有政绩、晓钱谷文臣充当。磨勘司，即三司都磨勘司，端拱二年（989年）十二月四日始置，设主判官一人，负责覆核三司账册，以检验财会出纳之数有无漏洞。

45. 侍御史知杂事，差遣名，北宋前期御史台副长官，专掌御史台事务，

遇御史中丞阙，则代以判台，签署本台公事。宋依唐制，不及五品，但特赐五品服。判吏部铨，即判吏部事。宋初，吏部尚书为阶官，另以朝官判吏部事，为实际长官，职事不多，兼领南曹、格式司、甲库。度支员外郎，宋前期无职事，为文臣迁转寄禄官阶，从六品上。户部副使，即三司户部副使，差遣官名，三部分治时，为户部使副职；三部使合一为三司使时，与本部判官主管三司户部事，三司使仅在案、检文书上签字而已。官品视所带本官阶。三司户部，掌全国户口、赋税、簿籍，酒类专卖、百工制作、官服军服储备等事。

46. 曹襄悼公，即曹利用。利用，字用之，北宋赵州宁晋（今河北省宁晋县）人，仁宗时官至枢密使、参知政事。《宋史》卷二百九十有传。仁宗天圣七年，因人告其从子赵汭谋逆，得罪遭贬，后被逼自缢而亡。

47. 坐，因某事而获罪。

48. 司封员外郎，即尚书省司封司员外郎，宋前期无职事，为文臣迁转官阶，从六品上。盐铁副使，即三司盐铁副使，差遣官名，三部分治时，为本部正使副职；三部使合一为三司使时，与本部判官主管三司盐铁部事，官品视所带本官阶。三司盐铁，掌全国山川湖泊的出产，及关市、河渠、军器等事，以助邦国之用。苏州，时辖吴县、长洲、昆山、常熟、吴江五县，治吴县（今江苏省苏州市）。

49. 入，输入。以，给，支付。直，通"值"。佗，即"它"。《宋史·食货志》（卷一百八十三）："雍熙后用兵，切于馈饷，多令商人入刍粮塞下，酌地之远近而为其直，取市价而厚增之，授以要券，谓之交引，至京师给以缗钱。又移文江淮荆湖给以茶及颗末盐。"

50. 坐贾，储存货物待售的商人。侩，从买卖双方中间谋取差价。质剂，贸易券契。据《周礼·地官》，质，长券，用以购买马牛之类；剂，短券，用以购买兵器珍异之物。这里的质剂指交引。

51. 规，谋划。赢，利益。

52. 阁待制，侍从官标志，本为侍从、献纳之臣，实无职守，但为文臣差遣贴职。宋前期，三司副使、知制诰任满即除之；元丰改制后，多为中书舍人、给事中补外贴职。从四品。龙图阁待制为诸阁待制之首。局，官署的名称，这里指"务"，是管理贸易及收税的机构。

53. 傅会，即附会，依附。

54. 依违，反复，迟疑不决。《隆平集》卷七："（时）季良方挟章献太后姻家，有司莫敢忤其意。"

55. 襃，赞扬；激，激发。

56. 判大理寺，北宋前期差遣官名，掌领本司事，决断全国所上冤案、疑案，送审刑院覆议，完讫，与之同签书后，上于朝。提举京诸司，差遣官名，即都大提举在京诸司库务，统筹管理在京诸司库、务、场、院、坊、作等所，主要负责监督所属官吏是否称职或有无渎职，选任公人，点检库务出纳及帐籍，制定规章制度等。知审刑院，北宋前期差遣官名，领审刑院事。凡大理寺断案经刑部覆审后，由知院事与详议官评议，定成文草上奏皇帝裁决。

57. 刑部郎中，宋前期为阶官，无职事，从五品上。

58.纠，纠察。振，整顿。

59.明，清明。慎，慎重。

60.左司郎中，即尚书省左司郎中，宋前期无职事，为文臣寄禄官阶，从五品上。枢密直学士，职事官名，宋初签署枢密院事，于宣徽院置厅事；并备顾问、应对，崇政殿朝会侍立。后多为侍从官外任守臣带职。正三品。益州，时辖成都、华阳、郫县、新都、温江、新繁、双流、犀浦、广都、灵泉十县，治成都、华阳（今四川省成都市）。

61.胁，胁迫。

62.诘朝，明朝，第二天早晨。名，称；捕，抓捕；行，执行；法，法令。名捕行法，即下令抓捕，依法处置。

63.比，及，等到。决遣，判案发落。《隆平集》卷七："戍卒有夜焚营，胁军校为乱者，禹偁潜遣兵环其营，下令曰：'不乱者敛手出门，无所问。'于是众皆出。命军校指乱卒得十余人，戮焉。及旦，郡人不知也。"

64.劝，劝勉；厉，振奋。

65.外台，这里指路转运司，长官为路转运使，有刺举官吏臧否、举荐贤能的责任。此处外台应为益州路转运司。

66.南宋扈仲荣等编《成都文类》卷十七录有《赐王禹偁父老借留奖谕诏》，附益州路提刑李定所作后记，其中言及王禹偁在蜀之善政，可参。

67.道，规程。枢密院，唐末始有此称，宋枢密院与中书号称二府，掌兵符、武官选拔与除授、兵防边备及军师屯戍之政令。知枢密院事，职事官名，北宋淳化二年九月初设，其后与枢密史交错或更为枢密院长官，佐皇帝掌兵政。同知枢密院事，与枢密副使交错为枢密院副长官。

68.即仁宗康定元年（1040年）元昊反叛一事。

69.按，按察，处理。边埒，驻守边境官吏年龄、经历的记录，后泛指守边的军务。

70.陟，升。恪，恭敬。瘁，困病，劳累。

71.累，过失。王禹偁罢官一事，《隆平集》卷七、《太平治迹统类》卷七、《续资治通鉴长编》卷一百二十六、《东都事略》卷五十五、《九朝编年备要》卷十一、《宋史》卷二百九十一、《东坡志林》卷七亦有记载，略有差异，可参。

72.厘，治理。洛，河南府治所洛阳。符，符节，古代朝廷用作凭证的信物。《周礼·地官·掌节》："门关用符节。"钥，门锁。表，表率；则，典范。因王禹偁知河南府兼西京留守司，所以称"往厘洛郊，使符宫钥"。

73.益，更加。虚仁，虚心以待。杜甫《北征》："圣心颇虚仁，时议气欲夺。"斯，代词，此，指王禹偁。瞻，敬仰。

74.毗，辅助。《诗·小雅·节南山》："四方是维，天子是毗。"元化，帝王的德化。颜真卿《赠僧皎然》："元化隐灵踪，始君启高致。"

75.遘，遭遇。沴，"沴"的俗写，这里指沴气，即灾害不祥之气。奄

76.冲，淡泊，谦和；迈，超逸。

77.用，效劳，出力。纯，纯粹。介，耿直。用纯诚介节，意即做事忠诚可靠。

78.休，美善。休有，大有。厥，代词，其。

79.弥纶，包罗，统括。事业，人的成就。《易·坤》："而畅于四支，发于事业。"孔颖达疏："所营谓之事，事成谓之业。"依此，事与业单独使用时，事指所做的事情，业指功业或成就。

80.股肱，大腿和胳膊。吕，同"膂"，脊梁骨。股肱、心吕，比喻帝王亲信得力的人。《书·君牙》："今命尔予翼，作股肱心膂。"

81.绸缪，情意殷勤。《三国志·蜀先主传》："先主至京见权，绸缪恩纪。"密勿，勤勉努力。《后汉书·胡广传》："密勿夙夜，十有余年，心不外顾，志不苟进。"

82.畏，心服。远，远人。嫌，憎恶。间，离间。

83.横，意外，这里指不正常的。徇，顺从。靡，无。

84.持节，出使。《续资治通鉴长编》卷九十九："（真宗乾兴元年八月）癸亥，命吏部员外郎刘晔、西京作坊副使郭志言、屯田员外郎王禹偁、西头供奉官、阁门祇候刘怀德使契丹，贺其主生辰及正旦也。"卷一百十："（仁宗天圣九年六月）辛丑，雄州以契丹主讣闻，辍视朝七日。……（命）盐铁副使、司封员外郎王禹偁为国主吊慰使，内殿承制、阁门祇候管怀信副之。"不知另外一次何时出使何地。《宋史》本传有"使契丹，还判都磨勘司"之语，此次出使当为乾兴元年八月贺契丹主生辰及正旦事。

85.《续资治通鉴长编》卷一百十一："（仁宗明道元年三月）甲午，天章阁待制王禹偁为淮南灾伤州军体量安抚使。"

86.再，两次。王禹偁曾为梓州路提点刑狱，后回京任职，仁宗明道二年六月辛酉又以天章阁待制、枢密直学士知益州。

87.轺，使者所乘的车。

88.材，才能；猷，谋略；望，声望；实，实际。

89.宠，荣耀。福，福气。章，章服，以图文为等级标志的礼服；履，靴子。宠章福履，即高官厚禄。

90.宋湜，字持正，北宋京兆长安（今陕西省西安市）人，真宗时官至给事中、枢密副使。《宋史》卷二百八十七有传。

91.郡夫人，外命妇名号，叙封对象为执政官以上之妻或母。封母，夫人需加"太"字。

92.将作监主簿，宋初无职事，为文臣寄禄官阶，从七品下。熙宁四年十月复将作监职事，设知将作监主簿公事，掌本监簿书事。元丰五年罢寄禄官职能，只为职事官。元丰新制后为从八品。

93.张景山，据宋郑獬《郧溪集》卷二十六《送张景山知康州》诗，知其字择甫，北宋雷州海康（今广东省遂溪县）人，曾知康州。景山与蔡襄、欧阳修等人均有来往。殿中丞，北宋前期为文臣寄禄官阶，无职事，从五品上。

94.向绶，北宋开封（今河南省开封市）人，真宗时宰相向敏中之孙，曾

知永静军，后因为不法事惧揭发而造冤狱逼人自缢，受处流放。详参《续资治通鉴长编》卷一百五十八、《宋史》贾昌朝、吴育传及《包孝肃奏议集》卷四。国子博士，阶官名、学官名，宋初至元丰五年改制前，无职守，为文臣迁转官阶，元丰寄禄格，易为承议郎。宋初，正五品上。

95.贽，初见尊长时所送的礼品。先君，指王化基。化基，字永图，北宋真定（今河北省正定县）人，仁宗时官至参知政事。《宋史》卷二百六十六有传。中令，即中书令，北宋前期不参与政事，属加官或赠官，是叙禄位的阶官，正二品。

96.远到，指其才能大成，意即前途无量。《晋书·陶侃传》："尚书乐广欲会荆扬士人，武库令黄庆进侃于广，人或非之，庆曰：'此子终当远到，复何疑也。'庆后为吏部令史，举侃补武冈令。"

97.缨，古时女子许嫁所佩戴的香囊。未缨，即未出嫁。甫，开始。

98.鱼轩，以鱼兽皮为装饰的车子，古时贵妇人所乘用。象服，古代王后及诸侯夫人所着的以绘画为装饰的衣服。讫，终。

99.即宋仁宗康定二年十一月二十六（1041年12月22日）。

100.祔，合葬。

101.琬琰，琬圭琰圭，两种美玉。《孝经序》："写之琬琰，庶有补于将来。"疏："写之琬圭琰圭之上，……而言写之琬琰者，取其美名耳。"这里用来称美墓志。式，用。昭，彰显。躅，足迹，引申指事迹。畴昔，往昔。让，谦让。

102.贰卿，侍郎的别称。昂昂，形容志行高超。章，彩色。《书·皋陶谟》："天命有德，五服五章哉。"

103.左符，左鱼符，唐代铜制，宋代多木质，调动军队或任免州郡长官时使用。伏轼，凭轼，即乘车。靖，止息。殿，镇抚，镇守。

104.赞，辅佐，协助。持衡，拿秤称物，引申为评量人才。职，职守，职掌。

105.膺，受，当。介寿，指祝寿。《诗·豳风·七月》："八月剥枣，十月获稻，为此春酒，以介眉寿。"郑玄笺："介，助也。"荷，担任。图，谋划。旧，久。栋，屋中的正梁。丕，大。构，房屋。

106.融，长远。宗工，长官。《书·酒诰》："越在内服，百僚庶尹，惟亚惟服宗工。"孔颖达传："服事尊官，亦不自逸。"

107.九京，又作"九原"。《礼记·檀弓》下："是全要领以从先大夫于九京也。"郑玄注："晋卿大夫之墓地在九原，京盖字之误，当为原。"陆德明释文："京，音原。"后世因称墓地为九原或九京。

宋氏墓志铭

志盖：已失

志文：

宋故安康郡太夫人宋氏墓志铭并序」

佺朝奉郎、尚书主客员外郎、轻车都尉[1]、赐绯鱼袋选篆盖」

佺新授将仕郎、守陈州项城县令迪[2]撰文」

佺太庙斋郎适[3]书丹」

夫人姓宋氏，枢密副使、赠司空之女，赠兵部尚书忠穆王公之妻[4]。」曾王父而下皆有显德，为时名臣。夫人之生，司空尝语族人曰："兹虽」女子，音容不常，当为公侯之配。"方髫綛[5]，司空薨，母夫人尝以婚事托参知」政事王公化基。王于司空为姊附之亲[6]，且矜其孤，多治宋氏家事之阙，以」夫人都美贤婉择所宜归[7]。一日，梦人为谒门下，号尚书公。即寤[8]，颇识其异。诘旦，有布」衣请见，气骨英伟，肖所梦者，即先忠穆公。因以今夫人妻焉。后举进」士，擢甲科，至景祐中知枢密院事。及薨，果赠户部尚书。夫人享封仁寿郡，」进封安康郡太夫人，从子贵也。

庆历七年二月戊辰[9]以疾终，春秋五十有六。子二人：」曰正思，守将作监主簿；曰正路，殿中丞，温粹敏毅，克绍先烈[10]。女二人，长适国子博士」张景山，次归西染院使[11]向绶。长女暨正思皆早亡。孙五人，尚幼未立。」

夫人性纯重[12]，不事侈靡，门虽日贵盛，凡服用费计，一若寒儒。家治闺阃，不严其色，莫」不肃恭而雍雍无间言，卒至小儿女子，无敢辄高语出声，戏嫚其傍[13]。初，皇上始有储嗣，夫人与外内命妇[14]皆进贺中禁。上乘喜以金钱杂宝」玩散掷殿陛，俾[15]从其所取，谓之利市。縠是多相夺攘，喧忿不恭。夫人独避」去，立东庑[16]下，无一有取。上数顾问[17]，宦者进对曰：某臣之妻。上特叹美，赐予」优异，宗族靡不称道。忠穆公居要位也，夫人以谨素之风多所翊助[18]。」公常语人曰："吾保是贵仕而不危厉[19]，仁寿之助也。"夫令德若是，而享年不」修，岂其命欤，岂其命欤？

自考终后六十有四日[20]，开龟协祥，归祔于先忠穆公之」封[21]。正路以夫人之侄子迪为知行实之详者，累然[22]泣请为铭。迪抱棺长号，」持笔延悼，思备纪述，故不敢让。呜呼，士之服儒语，口以道其业，履一小善足信于人，」固为异行而争相轻重，况妇人能谨身正家，盛德若此，而通识远趣，资」先公之贤如安康者乎？其铭曰：

家人能为，或严而离；行人能思，或勉而违；」夫人其贤，粹和而不疵[23]。为配闻人[24]，谨严以辅，」训子睦姻，声猷并著。善人之赋，宜寿而昌。」今胡不淑，乌天道之不将[25]。信其不充，留裕厥后。」子孙令贤，往焉无疚[26]。」

汾阳郭随镌

注释

1.尚书主客员外郎，宋前期无职事，为文臣迁转官阶，从六品上。轻车都尉，勋级名，北宋勋级十二转之第七转，从四品。

2.宋迪，字复古，北宋洛阳（今河南省洛阳市）人，神宗时曾官度支郎中、制置永兴秦凤路交子、司封郎中、秦凤路转运使。亦为北宋著名画家，工山水松石，尤以八景图著称。将仕郎，北宋前期文散官二十九阶之第二十九阶，从九品下。陈州项城县，今河南省项城县。

3.宋适，生平不详。仅知其曾为项城主簿、东京留守推官，北宋真宗、仁宗时大臣王乙（字次公）之婿，与韩琦有诗文交往。太庙斋郎，祠祭行事官名、荫补官名。非品官，隶属太常寺。遇祭祀，或太庙行五大享礼等，斋郎为行事官，赴殿行应奉、侍斋祭等。这里应为朝官子弟荫补起家之官。

4.枢密副使、赠司空即宋湜，赠兵部尚书忠穆王公即王馥。司空，宋前期为虚衔，加官、阶官名；元丰新制，三公官起寄禄官阶之用，可赠官，但仍不预政事，领俸禄、示优宠而已。正一品。兵部尚书，宋前期无职事，仅为文臣迁转寄禄官阶，正三品。

5.髫，古时小儿下垂的头发；綛，束发根垂在髻后作为装饰的丝带。髫綛，指童年。

6.姊，即"肺"的俗写。姊附，本比喻帝王的近亲。《汉书·刘向传》："臣幸得托肺附，诚见阴阳不调，不敢不通所闻。"这里泛指近亲。王馥墓志撰者王举正为王化基之子，他在墓志中称宋湜为舅，则王化基应为宋湜姊婿或妹婿。

7.矜，怜悯。阙，同"缺"，缺少，不足。都，优美的样子。《史记·司马相如传》："相如之临，从车骑雍容闲雅甚都。"婉，和顺，温柔。《左传·昭公二十六年》："姑慈而从，妇听而婉。"

8.寤，醒。

9.庆历七年二月戊辰，即宋仁宗庆历七年二月二十三日（1047年3月22日）。

10.粹，纯粹。《易·乾》："刚健中正，纯粹精也。"《荀子·非相》："博而能容浅，粹而能容杂。"克，能。绍，承继。

11.西染院使，武阶名，属诸司正史阶列，正七品。

12.纯，笃厚；重，庄重，端重。《淮南子·汜论》："古者人纯工宠，商朴女重。"

13.闺阃，妇女的居室。雍雍，和谐。《礼记·少仪》："鸾和之美，肃肃雍雍。"戏嫚，即戏慢，轻侮怠慢。《新唐书·韦贯之传》："温性刚峻，人望见无敢戏慢者。"

14.储嗣，又称储君、储宫，指被确认的君位的继承者，意思是君主之副，多指太子。命妇，受有封号的妇女。内命妇，指皇帝的妻妾。外命妇，包括公主和皇族妇女及文武官僚夫人中受封者。

15.俾，使。

16.庑，堂下周围的走廊、廊屋。

17.数，多次。顾，回头。

18.谨，谨慎；素，朴素。翊，辅佐。

19.是，代词，这。仕，仕位，官位。危，凶险；厉，危险。危、厉连用，也就是凶险的意思。

20.即宋仁宗庆历七年四月二十八日（1047年5月25日）。

21.考终，善终。开，张设；龟，龟甲，指占卜用具。开龟，即占卜。协，和，和谐。祥，吉祥。封，冢，坟墓。

22.累然，因恐惧或情绪紧张而致呼吸受阻不畅的样子。

23.严，尊敬。违，离开。疵，挑剔，非议。桓宽《盐铁论·非鞅》："（商鞅）功如丘山，名传后世，世人不能为，是以相与嫉其能而疵其功也。"

24.闻人，有名望的人。

25.淑，美。将，扶持，扶助。

26.疲，内心痛苦。

王蘧墓志铭

志盖：宋故中奉大夫太原王公墓铭

志文：

宋故中奉大夫、提举杭州洞霄宫、上柱国、临城县开国伯[1]、食邑九百户、赐紫金鱼袋王公墓志铭」

朝奉大夫、充显谟阁待制、提举杭州洞霄宫、飞骑尉、文安县开国男、食邑三百户、赐紫金鱼袋蒋静[2]撰」

中大夫、充显谟阁待制、知郓州军州事、提举本州学事及管内监牧劝农使、充京东西路安抚使兼提举本路兵马巡检公事、骑都尉、文安县开国男、食邑三百户、赐紫金鱼袋贾炎[3]书」

资政殿学士、正奉大夫、知大名府兼北京留守司公事、提举本府学事、畿内劝农使、充大名府路安抚使、马步军都总管、上柱国、安定郡开国公、食邑二千九百户、食实封柒百户梁子美[4]篆盖」

公王氏，讳蘧，字子开，赵州临城县人。初讳迥，字子高，犯外祖名，奏易今讳。赠中书令讳璘、楚国太夫人田氏者，公之曾王父、母也。工部侍郎、知枢密院事、赠司徒、谥忠穆讳懿，」安康郡太夫人宋氏者，公之王父、母也。比部郎中、知濮州、赠金紫光禄大夫讳正路、咸宁郡太君宋氏、普宁郡太君李氏、会宁郡太君李氏者，公之考、妣也。忠穆公祥符初举」进士、决巍科[5]，真宗皇帝见而异之，擢任至提点梓州路刑狱。逮事仁宗，更践二府[6]，重厚谅直，为时名臣。公风骨秀整，童幼颖悟，读书开卷，文义毕通，忠穆公爱之，奏」授秘书省校书郎[7]。积十有七迁，累官至中奉大夫、勋上柱国、开国临城县、爵伯、食邑九百户、赐佩服三品。

少尝与当世之所谓豪杰者游学，皆相继登第，而公数不利于有司，」叹曰："命也！家世以忠恪报国，苟可藉之以行义，奚必科举耶[8]？"乃调监杭州北郭税。杭东南都会，风物浮侈，仕官者多嬉堕。公年少且世家子，乃未明，而起职修课羡[9]。杭守」孙公沔[10]器之。部使者[11]荐其材，再调监婺州酒。前此，课不登，官吏朝夕惧罪去。公未阅月，尽得所以息耗之原，而更为区处[12]，岁额辄倍。

丁金紫公忧，居丧骨立。服除，监徐州酒。徐」守赵公概、韩公贽咸以公为能，俾更摄五邑事，乃尽革前人之苛窘，而剽悍者不复肆其奸，民以安堵[13]。熙宁初，朝廷议修役法及农田水利，俾逐路参酌所以便民。京东」转运判官[14]王子渊辟公会议。书成，执政谓公建明为多[15]。将用之，而公以会宁君在徐暴病，亟调齐州章丘令以归。在道闻讣，水浆不入口，哀动行路。终丧，知淮阳军下邳县事。[16]」既至，杖一悍器而恶少股栗，折一豪民之疑狱而被杀者幽愤获申，由是，奸吏畏公如神明，百姓爱公如父

母，而邑以大治。转运判官刘定方以察察[17]为己任，而微行村落，访」得于农夫，为回车径去，以公治行荐于朝。章公粢继领漕事，少所许可，而知公独深，既荐之，又其后每见必以下邳之治延誉庙堂之上，而循吏之名著矣[18]。

考满，知」开封府鄢陵县[19]事。顷陈知俭宰鄢，尝兴学养士，而后来者废之，至公复兴，遂继有登第者，邑人谢公，公归美知俭而了无德色。乡兵讲武，公日督其习，故艺绝为王畿十」九邑之最。有旨引入，庭阅，天子嘉叹，官其出伦者六人，而公亦不以为己功，议者多之[20]。

哲宗皇帝登极之明年，公解鄢陵。会朝廷议结市易局，而户」部画旨以公为在京市易务点检官[21]。未几，公以背疽抗章谢仕。已而疮瘳[22]。居数年，吏部尚书苏公颂、钱塘太守林公希[23]等数人举公再仕，朝廷将例市易同列之赏，」擢公寺监判且贵公，而公雅有江山兴，诣都堂自列不愿留京师，乃除知秀州[24]。时公资格虽次任通判，而尝被朝廷选委，有减年酬赏及陞擢寺监等例，不就而获守一」州，未为过当。然有谓公与执政为姻家而得便郡者，乃改知无为军[25]。军左带巨江，岁苦水患，乃复熙宁所兴永安、去思两圩[26]，又作新桥一圩，合为田万余顷，岁补租赋十二三。」往时江水暴涨必溃城而入，公大筑北岭，水乃不至。细民盛夏取河以饮，劳不补渴，公凿井达道十有二，始不病汲[27]。百姓德公，刻石以纪三圩，比公召杜[28]，而名其岭曰王公岭，」井曰太守泉。

代还，知夔州[29]。下车谓僚属曰："朝廷以尝经守土者莅夔，盖欲雅习承宣之职而惠此远俗也[30]。"故公治夔纯尚岂弟，至有累月不一笞杖，而民吏去思[31]。今」上即位，就除本路转运判官。夔部俭陋，上供之数比他路最下，而目前犹患不给，或有司取具临时，则无名抑配必仰足於民[32]。及公主计，益万州钱监之薪铁，而铸额加旧，彻」大宁官笿之渔政，亭户复业，由是敛不及民，而经置率先诸路，三被减年之赏[33]。昔庆历中，天章阁待制王质为湖北漕，独不进羡余而赋宽平，故他路不胜其弊，而荆湖」之人自若，盖知所以藏于民之道也。及公漕夔，上供既足，乃有以贡羡余致旌擢勉公者。公以为巴楚穷陋，力加振恤，仅免冻馁，倘欲衰[34]致赢余为进身计，诚所不忍，抑非」朝廷所以望使者之意也。卒亦不贡。

建中靖国元年，狂人赵谂谋反于渝州。渝，今之恭州也[35]。事觉，公急遣购捕而驰诣渝州，比到谂及同谋悉已就擒，而提点刑狱杨挺乃一」切宽假[36]。及公临问，谂辞对不轨，而所获铠甲、旗帜、檄书等，僭乱明甚。公骂之，乃并其党钳锢讯治，狱既具，槛送谂等京师，下御史阅实。及谂等弃市，杨挺卒死[37]。制狱前后，」两路官吏亦坐不觉察，而独公有旨原罪。向使公赤心不尽，而不即至渝，则

大恶容有侥幸而包藏祸心，后而图之，犹拾沈也[38]。

崇宁癸未，施州安确寨夷僚向文强率其」属寇边，公被旨监督官军捉杀[39]。闻命，倍道直捣贼巢穴。贼窘，乃弃其地遁去。于是，有持级为文强首者，郡以告公，公亦以闻于朝，且已诏公进筑矣，而谍」者继至，言文强犹在，官吏惶遽，不知所为。公曰徐之，乃面授右班殿直范继用等方略，而厚以金帛誘文强之族，向再进以兵深入，果缚文强并其党生致节下[40]，而进筑于是」亦毕。得生地[41]幅员五百里，为寨二，为隘五，为铺十有三，占陁勒江东西，与澧州接境，实控制溪洞之喉襟也[42]。方官军入界，夷民畏威，或弃家而走。公即封户揭榜，谕之还业。逮」讫事，秋毫不犯，而民大以公为仁。文强已诛，而残党犹有存者，公又喻而降之，边境乃宁。初，羁縻官田洪照缪以文强首膺赏，至是当夺，公谓田氏之族甚多，而洪照桀黠，稍」施以恩犹足为吾捍弊[43]，倘夺之，恐又生一文强也。乃上章乞置而不问，用息边患。又恳贷守臣不察赜级，且系累者众，愿一切湔洗[44]。上皆从之。一方之人相与太息，非公」不能解甲胄、安田亩。而郡自守臣而下得脱吏议者不啻数十人，皆把酒相庆，且以道[45]谴逐为公之力。

夔在四川最为遐僻，士大夫惮川陆之险，郡邑员阙十四五，官有废事，」吏不任责。公上章，乞本部官例减举者，使易于升进，则调者众矣，上又从之。公前后章疏弹竭忠赤，切于事情，其深仁卹物允当上意[46]，故有所不奏，奏即画可。」以讨荡功进官一等，就升本路转运副使。而招降文强残党，有旨复进二官。代还升对，天子问劳，且曰："赵谂巨恶，非卿事几不正[47]，施州拓土五百里都不费」朝廷一钱。"公仕官连蹇，至於白首方幸一亲咫尺，而上之眷语如此，曾无一言为自谋计，但推功荐能，力道范继用之多而已。而继用寻贰将领，故投隙抵巇者莫」不以公为拙[48]。其君子于是知公之贤也。

公前虽有进官二等之命，至是吏部用格，但迁公左朝议大夫一官[49]，而堂除提举舒州灵仙观。既封之明日，得旨特许转行。」又上语执政，以谓灵仙之除返类谴责，遂授公右中散大夫、权管句北京留司御史台公事[50]。时公官年虽已七十有四，而年实七十，精神犹照人，及诣都堂白事，诸公惊」盼相谓曰："误矣！"盖初以億度[51]，谓公老不任事而处之闲局故也。而公语所亲曰："吾以族考余荫致身卿列，两膺郡寄，再持使节，将头童齿豁[52]，尚贪禄位乎？"遂丐提举杭州洞霄」宫，得之。会皇帝恭受八宝，霈恩加左中散大夫[53]。于是，访集族属之孤贫，泛舟东下，抵常州之江阴县[54]居焉。阖门内外不翅[55]千指，子孙甥侄森然满前，乃环坐告以先」世之清风，而延致善士教之儒业，俾济前人之美也。洞霄岁满，朝廷犹录拓土之功，特

许再任。时官制初去左右之别，而更定名号，遂易左中散为中奉。

大观戊子，予宫」祠获请，己丑来居，暨阳间得与公避近[56]。观公视听精明，而笑语终日未尝有倦色。一日访予，颇忽忽不乐，予疑其将病。已而果然。遂以庚寅闰八月二十二日[57]卒于私第之正」寝，享年七十有四。临终戒诸子恤孤遗、躬孝谨，余无它语，而神色安治。公乐易长者而行己甚恭[58]。其为监司，于所部不以澄，按为边幅[59]，于同列虽位居其上反下之若参佐然，」人益以此戴公。尝过雍丘，见旧同官之女穷困流落，为嗟悼泣下，出囊金俾之嫁人[60]。其在婺也，同事有陈君者中喝且死，交游惧疠气之危己[61]，皆谢绝莫敢顾。公独日候其门，」为调视汤剂，逮其殁，出钱二十万，率僚友赗[62]送其丧。陈氏德之，持旧蓄包生所画虎，乃天下之名手，其直不赀[63]，以谢公，公拒弗受。其居江阴，姻旧之贫者赒之，死而无以周身」者棺敛之，节操可称而风雨莫庇者[64]，至为新其舍宅。岁或艰食，富民闭籴以邀价，官弗能救，道路有饥死。公必辇粟于市，而平其直以出之，获济者众。其敦尚风义而振人急」难类，又有如此者[65]。故公之殁，邑人慕思焉。

平居喜图史，尤熟《三国志》，其两汉晋唐五代皆手自抄节，至老未尝释卷。工楷字，自成一家。其文有古律诗三百四十二首，《施州开」边录》十卷。

婺向氏，文简公之裔，封齐安郡君，次张氏，建安郡君。前卒。子男八人。曰育，试将作监主簿，早世；曰京，通仕郎、常州无锡县丞；曰褒，登仕郎、越州山阴县尉；曰爽，登仕」郎、邢州内丘县丞；曰康，将仕郎、苏州崑山县尉，前公两月卒；曰庶，假承事郎；曰庚，后公五十六日卒；曰序，尚幼。女六人。其二嫁朝奉大夫、直秘阁、权京东路计度转运副使韩」向；一嫁朝散郎、通判河州军州事鞠嗣复；一嫁奉议郎、签书彰德军节度判官厅公事韩肖胄；二在室。孙男五，皆学而未仕。孙女四，有归者一。

昔金紫、会宁继殁，家无赢粮，一」门百口仰给於公，而抚养六妹悉归名族，教诲诸弟至有登科者，厥后廪食南北，其物故者往往旅榇在远[66]，而金紫、会宁之丧亦更二十年贫不能葬。岁在丁卯，公乃力办大」事，而疏戚之族合三十有四棺，一举而归之祖茔[67]。今公卒于江阴，而京等不远数千里以辛卯政和改元奉公之枢归临城县之龙门乡，将以其年九月二十四日甲申[68]祔公」忠穆之域，与金紫、咸宁而下序昭穆[69]而位焉，亦公所以合族属而不忘夫本之志也。前期，公门人承议郎陈端礼状公之行，且言公历仕踰五十年，始终一致，事皆可考而知。」而公壻韩向复谓公仕久不偶，不大见其设施[70]，晚年领漕巴蜀始幸，

朝廷属任而事切，乃有可观如此，使其得志之早，殆亦未可量也，宜不可以无书。而京等持是造门」泣请曰："先子辱与公游，不幸至于大故，远日且至，而欲求信铭，非执事，其谁哀怜？"乃采掇其大者为之铭，曰：」

予尝读国史，称忠穆公莅蜀，其政大体不为苛察，而人慕之，意其后必有兴者。及观公所」至遗爱，施州之役，其事尚义，而犹有仁心以克振其家声，则虽爵位不逮其祖，而寿考安荣过」之矣。呜呼，子开德厚是培，不竭其才，而耻於自媒郁焉。临城忠穆之茔，式端公行，而侑以斯铭[71]。

潘震并男允升刊」

注释

1.中奉大夫，寄禄官名。北宋徽宗大观二年六月新增阶名，换左中散大夫阶，为文臣京朝寄禄官阶三十阶之第十三阶。从五品。中散大夫，寄禄官名。北宋神宗元丰三年由光禄卿、卫尉卿、少府监阶改，有左右之分，为文臣京朝寄禄官阶三十阶之第十四阶。从五品。哲宗元祐元年六月，定文臣非侍从官磨勘至中散大夫阶止。提举杭州洞霄宫，外祠官之一。北宋熙宁三年，增置在外州府宫观、岳庙差遣，并依西京嵩山崇福宫、舒州灵仙观例，置提举官、管勾官。凡在外州府提举宫观，均同分司官、致仕官，任便居住，无职事，请祠禄官俸给。其系衔带所在京、府、州、军地望名。其本身无官品，须视所带寄禄官或职事官而定。临城县开国伯，爵名，正四品。侍从官以上、食邑七百户封开国伯。

2.蒋静，字叔明，北宋常州宜兴（今江苏省宜兴市）人。《宋史》卷三百五十六有传。朝奉大夫，寄禄官名，元丰新制，为文臣京朝寄禄官阶三十阶之第十九阶，从六品。显谟阁待制，无职守，文臣差遣贴职，从四品。飞骑尉，勋级名，北宋勋官十二转之第三转，从六品上。文安县开国男，爵名，从五品。侍从官以上、食邑三百户封开国男。

3.贾炎，字长卿，北宋真定获鹿（今河北省鹿泉市）人。贾昌朝从子。徽宗时官至工部侍郎。中大夫，寄禄官名，北宋神宗元丰三年由秘书监改，为文臣京朝寄禄官阶三十阶之第十二阶，正五品。知郓州军州事，差遣官名，掌本州军、民之政，依法总理户口、赋役、钱谷、狱讼听断之事；宣布条令、教谕，岁时劝课农桑，旌别孝悌，考察郡吏；遇水旱，以法赈济，安集流亡。正六品。景德三年二月，定知州兼管内劝农使。州提举学事，兼官名，徽宗政和中，侍从官为知州者，以"提举学事"系衔，总督本州学政。郓州，属京东西路，时辖须城、阳谷、中都、寿张、东阿、平阴六县和东平一监，治须城（今山东省东平县西北）。安抚使，其名始于隋文帝开皇九年，宋真宗景德以后，诸路置安抚使，以本路内首府、州之知府或知州兼充，为一路帅臣，掌抚绥良民，察治盗贼、奸宄。文阶太中大夫（从四品）以上，或曾任侍从官之朝官得除。京东西路，时辖一府、七州、四十二

县。路提举兵马巡检公事，军职名，路巡检司长官，由知州兼任，掌巡警捕盗、禁缉走私、烟火消防、训练甲兵等事。

4.梁子美，字才甫，北宋郓州须城人。徽宗时官至尚书左丞、中书侍郎，为北宋末重臣。其曾祖灏、祖适亦皆北宋名臣。子美为苏迟岳父，与苏辙为儿女姻家。资政殿学士，北宋真宗景德二年始置，优待参知政事等执政官之离任者，并有侍从、备顾问之名义。正三品。正奉大夫，寄禄官名，徽宗大观二年六月新置，换右光禄大夫，为文臣京朝官三十阶之第七阶。正三品。知大名府，以朝官郎中（北宋前期从五品上，元丰改制后从六品）以上充。北京留守司，掌行宫宫钥及京城守卫、修葺、弹压公事。留守司由知或判大名府兼任。府提举学事，由知府兼任，总督本府学政。大名府路安抚使，即河北东路安抚使。河北东路时辖一府、十二州、四军，五十三县。马步军都总管，军职名，北宋时为大帅统军之职，掌总治本路军旅屯戍、营防、守御之政令，事权甚重。安定郡开国公，爵名，北宋十二等爵之第六等，正二品。

5.巍科，古代科举考试，榜上名分等次，排在前列者称巍科，犹言高第。决，判断，判别。

6.二府，宋代中书省和枢密院的合称。践，登。王觌曾为参知政事、知枢密院事，做过二府长官，故有此说。

7.秘书省校书郎，宋前期无职事，为文臣迁转官阶，正九品。

8.恪，恭敬。《诗·商颂·那》："温恭朝夕，执事有恪。"奚，何。

9.起职，出任官职。修，整治。课，赋税。羡，盈余。《诗·小雅·十月之交》："四方有羡，我独居忧。"

10.孙沔，字符规，北宋越州会稽（今浙江省绍兴市）人。仁宗时官至给事中、枢密副使。《宋史》卷二百八十八有传。

11.部使者，本路发运使、转运使、提点刑狱公事或安抚使的别称。

12.息耗，消长，指事物的生长与亏损，发展与衰落。这里指赋税不足。区处，分别处置、安排。

13.赵概，字叔平，北宋虞城（今河南省虞城县）人。神宗时官至参知政事。韩赟，字献臣，北宋淄州长山（今山东省邹平县）人。神宗时官至吏部侍郎。赟，《宋史》卷三百三十一有传。俾，使。更，再，又。苛，繁苛。窘，困迫。安堵，相安，安居。

14.转运判官，即路转运判官，为转运使次长官，与正使、副使同签书本司公事，以朝官、曾任知州、通判有政绩者差充。

15.建，立议。明，申明。

16.齐州章丘，今山东省章丘县。淮阳军下邳县，今江苏省睢宁县西北古邳镇东三里。

17.察察，分别辨析。《老子》："俗人察察，我独闷闷。"这里指通过考察以举刺官吏。

18.章棨，字质夫，建州浦城（今福建省浦城县）人。徽宗时官至同知枢密院事。《宋史》卷三百二十八有传。领漕事，指其为京东东路转运判官。循吏，奉职守法的官吏。

19.开封府鄢陵县，今河南省鄢陵县。

20.项，近年。宰，主宰。宰鄣，即任鄣陵县知县。讲，讲习，训练。讲武，讲习武事。伦，类，同类。多，赞扬。

21.结，构筑。市易局，即市易务。神宗熙宁五年创置在京市易务，赐内藏库钱一百万贯为本钱，以平价收敛货物，并以"结保赊请"的贷款形式，支钱于行人、牙人买卖入务货物，以年息二分收还本息，起到打破商人垄断市场、平稳物价的作用。《宋史·食货志》："绍圣四年，三省言熙宁置市易，元祐一切罢去，不原立法之意，诏户部、太府寺详度，复置市易务，惟以钱交市，收息毋过二分，勿令贷请。"画，文书署名或押字判行。画旨，这里应指拟旨。在京市易务点检官，应指提举在京市易务，领京师市易务公事。

22.疽，结成块状的毒疮。抗，举。抗章，上书直言。瘳，同"愈"，病愈。

23.苏颂，字子容，泉州南安（今福建省南安市）人。哲宗时官拜宰相，为北宋名臣。《宋史》卷三百四十有传。林希，字子中，福州（今福建省福州市）人。哲宗时官至同知枢密院事。《宋史》卷三百四十三有传。

24.例，类比，照例。寺监，指寺监丞，元丰新制，为九寺五监丞总名，参领本寺、监事，即与长贰签书公事。官品分从七品、正八品、从八品三等。兴，兴致。诣，至。都堂，本为唐尚书省公厅之称，因尚书令多不除人，令厅遂成为议事之所，北宋沿用。元丰新制，尚书省振举职事，都堂为三省聚议朝政之所。列，陈述。秀州，属两浙路，时辖嘉兴、海盐、华亭、崇德四县，治嘉兴（今浙江省嘉兴市）。知秀州，正六品。

25.次，顺序，等第。这里做动词用，指按等次。通判，为一州的副长官，上州通判正七品，中、下州通判从七品。执政，北宋时指副宰相或枢密院正副长官，这里指苏辙。苏辙于元祐六年拜尚书右丞，进门下侍郎。便郡，近便而事简的郡。知军，差遣名，为一军之长官，掌本军户口、赋税、钱谷、刑狱、缉盗等事，与知州等同为亲民官。武臣保义郎（正九品）以上曾任亲民官（知县或通判）者差充，文臣京朝官差充。无为军，属淮南西路，时辖无为、巢县、庐江三县，治无为（今安徽省无为县）。

26.圩，堤岸。低洼地周围防水的堤叫圩。以圩所围的地也叫圩。古人谈及圩，多指长江、淮河的堤岸。

27.逵，四通八达的道路。《诗·周南·兔罝》："肃肃兔罝，施於中逵。"井逵道，即井渠，指与井相通的地下水道。病，忧虑，为难。

28.召杜，西汉召信臣和东汉杜诗。二人相继为南阳太守，皆能为民兴利，任内开凿沟渠，修坡治地，广拓土田，注重农业。当时有"前有召父，后有杜母"之语。

29.夔州，属夔州路，时辖奉节、巫山两县，治奉节（今重庆市奉节县东）。

30.下车，初即位或到任。《礼记·乐记》："武王克殷反商，未及下车而封黄帝之后於蓟。"承宣，承奉宣扬。《汉书·匡衡传》："继体之君，心存於承宣先王之德而褒扬其大功。"职，职守。

31.岂弟，同"恺悌"，和乐平易。去思，旧时地方对去职官吏的怀念。《汉书·何武传》："去后常见思。"

32.俭陋，不丰裕。取具，责令供应或办理。抑配，强行摊征税物。

33.计，账簿。主计，这里指管理财物。万州，治南浦（今重庆市万州区）。钱监，即铸钱监，唐武德间已有官营钱监，北宋州县产铜、铁矿处设铸钱监，按照朝廷规定的年额铸造铜钱或铁钱，所铸钱或交纳京师内藏库、或交本路转运司、或于上供之余留本路应付军需开支。彻，除去。大宁，即大宁监，时领大昌一县，治在今重庆市巫溪县。筧，饮水的长竹管。白居易《钱塘湖石记》："（钱塘湖）北有石函，南有筧，凡放水溉田，每减水一寸，可溉十五余顷，每一复时，可溉五十余顷。"官筧，大抵为一监管水利的部门。亭户，盐户。古代煮盐的地方称亭场，故有此称。经，量度，筹划。置，树立，设立。

34.裒，聚集。《诗·小雅·常棣》："原隰裒矣，兄弟求矣。"

35.赵谂，江津人（今重庆江津市西南），本为西南少数民族，其父赵庭臣率族党降宋，遂赐赵姓。谂，元祐九年擢进士第二名，曾为国子博士、奉议郎。赵谂谋反一事，《九朝编年备要》卷二十六、《太平治迹统类》卷二十四、《挥麈后录》卷七、《玉照新志》卷一、《能改斋漫录》卷十四均有记述，但皆未提及王蘧事，可参。渝州，属夔州路，时辖巴县、江津、璧山三县，治巴县（今重庆市）。

36.购，悬赏。《战国策·韩策》："韩取聂政尸暴於市，县购之千金。"宽假，宽贷，宽容。

37.僭，越分。指超越身分，冒用在上者的职权行事。钳，钳持。锢，禁锢。槛，栏杆，这里指槛车，即因禁犯人或装载猛兽的有栅栏的车。阅实，查对，核实。弃市，处死刑。《礼记·王制》："刑人於市，与众弃之。"

38.制狱，皇帝特命监禁罪人的地方。这里指囚禁于制狱。原，原谅，恕免。拾沈，捡取汁水。比喻事情不可能办到。《左传·哀公三年》："无备而官办者，犹拾沈也。"

39.崇宁癸未，即崇宁二年（1103年）。施州，属夔州路，时辖清江、建始二县，广积一监，治清江（今湖北省恩施市）。僚，官。《宋史》卷三百十一《庞恭孙传》："崇宁中，部蛮向文强叛，诏转运使王蘧领州事致讨。恭孙说降文强而斩之，蘧上其功，进三秩。"据墓志上下文，王蘧此时仅为转运判官，亦未领施州知州事，《宋史》于此记载有误。

40.右班殿直，武阶名，属三班小使臣阶，位次于左班殿直，正九品。诱，利诱。向，接近，接下来。节下，敬称。秦汉以来称皇帝为陛下，称皇太子为殿下，称将领为节下。后来于使臣或地方疆吏也称节下。

41.生地，可以保全生命的地方。《史记·淮阴侯列传》："信曰：'此在兵法，愿诸君不察耳，……今予之生地皆走，宁尚可得而用之者乎？'"

42.澧州，属荆湖北路，时辖澧阳、安乡、石门、慈利四县，治澧阳（今湖南省澧县）。溪洞，指西南少数民族居住地区。喉，咽喉；襟，衣领，同"衿"。喉襟，比喻扼要之地。

43. 羁，马笼头；縻，牛鼻绳。羁縻，比喻联络、维系。宋代于西南少数民族地区实行剿抚并用、以抚为主的政策，设置羁縻州县，选择当地有势力、有声望的人立为酋长，授以官职，借此保持对这一地区的统治与管理。羁縻官，为羁縻州或县的首领。缪，诈伪；膺，受，当。桀黠，凶暴狡诈。捍，抵御。

44. 贷，宽免。《汉书·张敞传》："（絮）舜本臣敞素所厚吏，数蒙恩贷。"级，首级。湔洗，洗刷污秽。

45. 逭，逃避。《书·太甲》："天作孽，犹可违；自作孽，不可逭。"

46. 切，贴近，密合。事情，事实。卹，同"恤"，忧念，怜悯。《庄子·德充符》："寡人卹焉若有亡也。"允，公平，得当。允当，平允适当。

47. 正，整饬，纠正。《论语·尧曰》："君子正其衣冠。"

48. 连蹇，艰难。《易·蹇》："往蹇来连。"后称遭遇坎坷为连蹇。《汉书·扬雄传》："孟轲虽连蹇，犹为万乘师。"也作"蹇连"。隙、衅，均为缝隙。投隙，寻求时机。抵衅，指钻营。

49. 格，法式，标准。朝议大夫，寄禄官名，为文臣京朝寄禄官三十阶之第十五阶。正六品。哲宗元祐三年二月分左、右，徽宗大观二年六月罢分。

50. 管句北京留司御史台公事，差遣名。除例行国忌拜表行香公事外，无所事事，实为重臣退居养老之散职。

51. 臆度，预料、猜测。《文选·四子讲德论》："今子执分寸而罔臆度。"也作"意度"。

52. 寄，委托。《论语·泰伯》："可以讬六尺之孤，可以寄百里之命。"头童齿豁，头秃齿落，谓人之衰老。韩愈《进学解》："头童齿豁，竟死何裨？"也作"齿豁头童"。

53. 丐，乞求。八宝，《唐律·诈伪》："诸伪造皇帝八宝者斩。"长孙无忌疏义："皇帝有传国神宝，有受命宝，皇帝三宝，天子三宝，是名八宝。"需，恩泽。

54. 常州江阴县，今江苏省江阴市。

55. 翅，通"啻"，仅，只有。

56. 大观戊子，即宋徽宗大观二年（1108年）。己丑，为大观三年。宫祠获请，指蒋静奉旨提举杭州洞霄宫。暨，至。

57. 庚寅闰八月二十二日，即徽宗大观四年闰八月二十二日（1110年10月7日）。

58. 安治，安定。乐易，愉快和蔼、平易近人。

59. 澄，清。《大戴礼·子张问入官》："水至清则无鱼，人至察则无徒。"边幅，本指布帛的边缘，这里指边疆。

60. 雍丘，今河南省杞县。橐，盛物的袋子。

61. 暍，伤于暴热。中暍，中暑。《庄子·则阳》："夫冻者加衣於春，暍者反冬乎冷风。"且，将近。疢，疾病。《周礼·天官·疾医》："四时皆有疢疾。"

62. 赗，帮助办理丧事的财物。《左传·隐公三年》："秋，武氏子来求赗。"

63. 直，通"值"，价值。赀，计量。《后汉书·陈蕃传》："万人饥寒，不聊生活，而采女数千，食肉衣绮，脂油粉黛，不可赀计。"

64. 赒，救济。周，全。敛，敛藏。同"殓"。为死者易衣曰小敛，入棺曰大敛，又棺埋入墓穴亦谓敛。庇，遮盖，掩护。杜甫《茅屋为秋风所破歌》："安得广厦千万间，大庇天下寒士俱欢颜，风雨不动安如山。"

65. 艰，困。艰食，意谓稼穑艰难。又古人称五谷为艰食。邀，求。振，通"赈"，救济。

66. 廪食，官府供给粮食。旅，寄旅，客处。槥，棺。

67. 丁卯，即哲宗元祐二年（1087年）。据"全紫、会宁之丧亦更二十年贫不能葬"及前文王蓬"丁金紫公忧"部分推之，王正路当卒於英宗治平四年（1067年）前后。疎，疏远；戚，亲近。

68. 政和元年九月二十四日甲申（1111年10月28日）。

69. 古代宗法制度，宗庙或墓地的辈次排列，以始祖居中。二世、四世、六世位于始祖左方，称昭；三世、五世、七世位于右方，称穆；以此来分别宗族内部的长幼、亲疏。

70. 偶，遇。设施，措置，安排。《淮南子·兵略》："易则用车，险则用骑，……夜则多火，晦冥多鼓，此善为设施者也。"

71. 遗爱，指遗留及于后世之爱。媒，中介。鬱，茂盛的样子。媒鬱，指谋求升进。式，发语词。遄，疾速。侑，劝，辅助。

向氏墓志铭

志盖：宋齐安郡君向氏墓铭

志文：

宋故齐安郡[1]君向氏墓志铭」

朝奉郎、守国子司业兼定王嘉王侍讲、骁骑尉、赐紫金鱼袋耿南仲[2]撰」

朝请郎、守卫尉少卿、骑都尉、赐绯鱼袋巴宜[3]书」

朝议大夫、充徽猷阁待制、河北路计度都转运使兼劝农使、护军[4]、赐紫金鱼袋王勇篆盖」

齐安郡君向氏者，尚书左仆射、同中书门下平章事、谥文简讳敏中[5]之曾孙，国子博士、」赠太尉讳传正之孙，左藏库副使讳绶[6]之女也。弱不习戏事，天资韶警，遇事能审处如」成人[7]。父固奇之，为选对其严，年十七乃以归王公。及为王氏妇，逮事其舅姑，恭顺慈祥[8]。」春秋烝荐，修彻必亲，而睦其族姻，内外宜之[9]。后君舅捐馆舍，萧然垂橐，食指且众[10]，家事」悉仰给于公。夫人贬损服御，货鬻瑱象[11]，佐公料理之。姑饭，夫人亦饭；姑不食，夫人亦不」食。抚其夫之弟妹，襁负抱携，至有室家，宁藉其子也[12]。夫之诸妹所归，尽当世华腴上族，」倾资遣致，人人均腆[13]。公好贤下士，士多归之，舆马骎骎相属也[14]。每馔客，未尝商有亡于」内，夫人必曲折庀具[15]，不以告乏。尝病，力犹自絮羹中馈，乐识如此[16]。钦圣宪肃皇后」于夫人为再从妹，岁时燕见宫省，眷礼优异，戚里歆艳[17]。而夫人退归于家，谦畏自律，曾」不娉夸，仪矩整暇[18]。平生无疾言遽色，所居一日必使汛治[19]。虽宴寝近玩，物物蠲[20]洁，新若」未触也。始封嘉兴县君，公寖显[21]，追徙今封云。元丰二年三月十二日[22]，以疾卒于淮阳军」下邳县[23]之官舍，享年四十有二。

子男八人。长曰育，试将作监主簿，未仕而卒；曰京，通仕」郎、常州无锡县丞[24]；曰褒，登仕郎、越州山阴县尉[25]；曰爽，登仕郎、邢州内丘县丞；曰康，将仕」郎、苏州崑山县尉，卒；曰庶，假承事郎[26]；曰赓，卒；曰序，尚幼。女六人。长适朝奉大夫、直秘阁、」权京东路计度转运副使韩向[27]；次适朝散郎、新通判河州军州事鞠嗣复[28]；次续适韩向；」次适奉议郎、签书彰德军节度判官厅公事韩肖胄[29]；两未行。公尝再娶张夫人，由爽而」上，夫人所生也。孙男六人：詠、诠、谌、谟、询、许。孙女四人，其一归将仕郎、濮州鄄城县主簿」[30]韩述胄。

元祐三年十一月庚申[31]，已葬于赵州临城县龙门乡两口原矣。政和元年九月」甲申[32]，因举公之丧与夫人同地，始以奉议郎陈君端礼状乞铭于予。呜呼，男子之行，其」功过贤不肖之辨表襮[33]于外，易以考订者也。至于妇人女子，菲有伏节死谊之事，其隐」德秘行如玉烟珠气[34]，必久而后发，所以匿迹晦养，其从来远也。有如万分一幸而得之，」则再书特书，君子奚遴[35]焉。公讳蘧，字子开，官至中奉大夫[36]，是为全德大雅之老，所临有」岂弟[37]之政。

铭曰：」

> 爇封无邑，其大国都。婉彼齐安，德则有余。」
> 文简之孙，钦圣之姊。有贵如是，弗骜弗侈。」
> 燕其尊章，施及诸姑。匪有慈顺，识此或疎。」
> 凡厥有家，爰求女宪。为妇为母，其则不远。」
> 宰木葱蒨，龙门之丘[38]。万有千岁，尚从公游。」

注释

1. 齐安郡，即黄州，治黄冈（今湖北省黄冈市）。

2. 耿南仲，开封府（今河南省开封市）人。北宋末重臣，钦宗时曾拜资政殿大学士、签书枢密院事，后为尚书右丞、门下侍郎。因力主与金议和而误国，南宋初屡遭贬谪，卒于赴贬所途中。《宋史》卷三百五十二有传。守国子司业，职事官名，为国子监副长官，佐助国子祭酒总领诸学之政令与教法。元丰新制后为正六品。亲王府侍讲，为皇子讲经史以加训导，太平兴国四年始置，从七品。骁骑尉，勋级名，北宋勋级十二转之第四转，正六品。

3. 巴宜，生平不详，仅知其哲宗时曾为权发遣提举秦凤等路常平、权发遣陕西路转运判官。朝请郎，寄禄官名，元丰新制为文臣京朝官三十阶之第二十阶，正七品。守卫尉少卿，即卫尉寺少卿，元丰新制为职事官，卫尉寺副长官，正六品。

4. 朝议大夫，元丰新制后为文臣寄禄官三十阶之第十五阶，正六品。计度都转运使，即都转运使，北宋河北、陕西、山东为烦剧之路，置都转运使，职掌与转运使相同，但位在诸路转运使之上。护军，勋级名，北宋勋级十二转之第九转，从三品。

5. 向敏中，字常之，开封（今河南省开封市）人。宋真宗时名相。《宋史》卷二百八十二有传。尚书左仆射，北宋前期无职事，为文臣迁转、叙阶禄官阶，从二品。同中书门下平章事，北宋宰相之职。北宋前期，自尚书左、右丞、六部侍郎以上至三师阶有资格为同中书门下平章事，其官品则视所带本官阶而定。

6. 向绶为王巩婿，王巩为王旦孙，绶本为旦姑父。左藏库副使，武阶名，元丰新制从七品。左藏库，宋代中央最大的财库，受纳四方财赋收入以供中央和地方开支及文武官吏、军兵俸禄与赐赍。

7. 戏，游戏。韶，美好。警，机警。审，慎重。

8. 逮，及。慈祥，和蔼安善。

9. 烝荐，指祭祀。修与彻都是整治的意思，这里指安排祭祀的事务。族，宗族；姻，姻亲。宜，合适、相称，这里指和睦安顺。

10. 捐馆舍，舍弃所居的屋舍，为死亡的婉称。垂橐，也作垂囊，垂着空袋子。《左传·昭公元年》："伍举知其有备也，请垂橐而入，许之。"这里指王蘧父王正路去世后，家中经济困难。食指，家中人口。

11.贬损，抑制、压低（标准）。服御，服饰和车马。货与鬻都是卖出的意思。瑱，玉名，这里指充耳，即古代贵族冠冕两旁悬挂的玉，下垂至耳，用以塞耳避听。瑱象，即象瑱，冠冕两侧下垂结与丝绳上的饰物，以象牙为之，下垂当耳，可用以塞耳。

12.襁，背负小孩的背带。襁负，用襁褓背负。宁，助词，无意义。藉，假使。

13.华腴，贵族。柳芳《姓系论》："凡三世有三公者曰膏粱，有令仆者曰华腴。"腴，丰厚。

14.骎骎，马行迅速的样子。属，连接、跟随。

15.馔，陈设食品。曲折，这里指想方设法去做。庀，准备。

16.絮，调和食物。絮羹，掺盐梅于羹中，调和其味。馈，进献。乐，安乐。

17.钦圣宪肃皇后，即宋神宗向皇后。岁时，一年中的季节。《礼记·哀公问》："岁时以敬祭祀，以序宗族。"燕见，臣下在皇帝内廷朝见，以别于朝会。宫省，宫禁。眷，眷顾；礼，礼遇。戚里，外戚。歆艳，欣羡。

18.骋，夸耀。整暇，形容从容不迫。

19.遽，疾，速。疾言遽色，言语神色粗暴急躁。《后汉书·刘宽传》："典历三郡，温仁多恕，虽在仓促，未尝疾言遽色。"汛，洒水。汛治，这里指清扫房屋以保持整洁。

20.躅，洁净。

21.嘉兴县，北宋秀州治所，今浙江省嘉兴市。寖，逐渐。

22.即1079年4月16日。

23.下邳县，北宋淮阳军治所，今江苏省睢宁县西北古邳镇东三里。

24.通仕郎，选人阶名。北宋徽宗崇宁二年九月由县令、录事参军阶改名，为崇宁选人新阶之第五阶。县丞，佐理县事，监督群吏。元丰新制正九品，次于知县、县令，在主簿、尉之上，由选人差充。常州无锡县，今江苏省无锡市。

25.登仕郎，选人阶名。北宋徽宗崇宁二年九月由试衔知县、知录事参军改名，为崇宁选人新阶之第六阶。县尉，掌部辖弓手、兵士巡警，捕盗解送县狱，维持一县治安。《元祐官品令》诸州上、中、下县尉从九品。越州山阴县，今浙江省绍兴市。

26.邢州内丘县，今河北省内丘县。苏州昆山县，今江苏省昆山市。将仕郎，选人阶名。北宋徽宗崇宁二年九月由判司簿尉阶改名，为崇宁选人新阶之第七阶。假，官吏代理政事，真除以前称假。承事郎，北宋寄禄官名，为文臣京朝官寄禄官三十阶之第二十八阶，正九品。

27.朝奉大夫，北宋寄禄官名，为文臣京朝官寄禄官三十阶之第十九阶。从六品。直秘阁，贴职名，北宋元符二年十一月定为三等贴职之初阶。正八品。权路计度转运副使，即权转运副使，差遣名，转运副使需曾任知州或知军，有政绩有举主的朝官以上文臣差充，如资序不

及，下一等者带"权"。京东路，又分东西两路，此时辖一府、十五州、一军，七十九县。

28.鞠嗣复，有忠义之名。《宋史》卷四百五十三有传。朝散郎，寄禄官名，元丰新制为文臣京朝官寄禄官三十阶之第二十一阶，正七品。通判某州军州事，差遣官名，元丰新制后，通判即为知州副职。凡本州兵民、钱谷、户口、赋役、狱讼听断之事可否裁决，与知州同签书施行；所辖官属有善否及职事修举、废弛，得按刺以闻。河州通判，正七品。河州，属陕西路，治所在今甘肃省临夏市，北宋时辖一县、七城、二寨、七堡、二关。

29.韩肖胄，字似夫，相州安阳（今河南省安阳市）人。北宋名相韩琦曾孙，为北宋末南宋初名臣。《宋史》卷三百七十九有传。奉议郎，寄禄官名，元丰新制为文臣京朝官寄禄官三十阶之第二十四阶，正八品。签书节度判官厅公事，幕职官名，协办军政，总理诸案文移，斟酌可受理、可施行或可转发、可上奏与否，以告禀本军长官最后裁定。从八品。

30.县主簿，职事官、阶官名，掌本县官物出纳、注销簿书。元祐后，诸州上、中、下县主簿从九品。濮州鄄城县，今山东省鄄城县北旧城。

31.即宋哲宗元祐三年十一月十八日（1088年12月3日）。

32.即宋徽宗政和元年九月二十四日（1111年10月28日）。

33.表襮，暴露。

34.伏节死谊，指为气节忠义而死。《汉书·诸葛丰传》："今以四海之大，曾无伏节死谊之臣，率尽苟合取容，阿党相为……臣诚耻之亡已。"玉烟，唐李商隐《无题》："沧海月明珠有泪，蓝田日暖玉生烟。"

35.遼，通"客"，客嗇。

36.中奉大夫，北宋寄禄官名，为文臣京朝官寄禄官三十阶之第十三阶，从五品。

37.岂弟，同"恺悌"，和乐平易。《诗·小雅·青蝇》："岂弟君子，无信谗言。"

38.姊，即姐。骜，通"傲"，骄矜，傲慢。燕，燕饮，这里指平日侍奉。尊章，即舅姑，对丈夫父母的敬称。踈，同"疏"。宪，法令、法则。宰木，坟上的树木。葱蒨，青翠茂盛的样子。

张氏墓志铭

志盖：宋建安郡君张氏墓铭

志文：

宋故建安郡君张氏墓志铭」

中奉大夫、直龙图阁、提点淮南东路刑狱公事兼本路劝农使、轻车都尉、赐」紫金鱼袋孙鰲扞[1]撰」

朝请郎、守卫尉少卿、骑都尉、赐绯鱼袋巴宜书」

朝议大夫、充徽猷阁待制、河北路计度都转运使兼劝农使、护军、赐紫金」鱼袋王勇篆盖」

中奉大夫，临城王公讳蘧，字子开。之继室曰张氏，世为常州江阴[2]人。曾、高皆隐德丘林，」不求闻达。父沪始肄进士业，不幸早世。初夫人之生有异气，旁礴郁葱，弥复庐上，过者」骇叹，咸谓诞贵之祥[3]。夫人天性柔慧，不类凡女子。既孤，随其母刘鞠[4]于乐氏。乐氏族望」高华，而夫人耳濡目染，益自贵珍淑问，藉藉乡人，争欲请婚，无当刘意者。久之，携夫人」至都下，乃以归公。

入门而媪御皆喜，已而族姻美其贤，子姓乐其均[5]，诸妇安其慈也。从」公仕宦凡二十四年，勤俭率下，庆恤馈饷，戚疏多寘，咸有节[6]。适佗日谓公曰："娣姒有嫠」居者，族属有贫窭者，可悉收致，馆之而给其终身[7]。公宦成名立，当与此曹均飨[8]上赐，以尽余日，此求之古人几无而仅有者也。"公颔[9]许曰："不早言之，何其后！"卒如之。王」氏自忠穆公登宥密，而金紫暨公相继通显，子孙固不病禄仕[10]。然夫人日夜课诸子学，」不俾遨宕，故其子有数预乡物者；虽女子辈，亦勤诵习翰墨，弈弈可观[11]。夫人实使然。

晚」读能仁契经。尝见道人宗本，得死生之说，遂捐货泉千万，即其所建法藏一区，以为栖」经之室，珊文缫彤，金翠之饰甚设。寝不御组绣、屏膏沐，奉持戒律，粲玉雪也[12]。将终，神气」不挠，识者以谓或有助云。崇宁三年六月十三日[13]，以疾卒于夔州转运使之官舍[14]，享年」四十有二。始封崇安县君，后以公显，徙封建安郡君[15]。

公初娶向氏，子男盖八人：曰育，试」将作监主簿，未及仕而卒；曰京，通仕郎、常州无锡县丞；曰褒，登仕郎、越州山阴县尉；曰」爽，登仕郎、邢州内丘县丞；曰康，将仕郎、苏州崑山县尉，卒官下；曰庶，假承事郎；曰赓，卒；」曰序，尚幼。女六人。长适朝奉大夫、直秘阁、权京东路计度转运副使韩向；次适朝散郎、」新通判河州军州事鞠嗣复；次续适韩向；次适奉议郎、签书彰德军节度判官厅公事」韩肖胄；两居室。由康而下夫人所生也。孙男六人：詠、诠、谌、谟、询、许，皆治学有闻。孙女四」人，其一适将仕郎、濮州鄄城县主簿韩述胄，余未行。政和元年九月甲申[16]，诸孤将以公」之丧，与夫人合葬于赵

州临城县龙门乡两口之原。前期乞铭于予，予顷奉使夔部，与」子开实联计事，且复厚善，以故知夫人为详，是宜铭。铭曰：」

显允夫人，内德茂兮。柔慧不凡，妙自幼兮。强委禽焉，推莫受兮。」百两御之，始婚媾兮。鸤鸠均一，无薄厚兮。哺饥燠寒，唯恐后兮。」超然访道，绝氛垢兮。膏沐不御，捐组绣兮。云何不淑，理莫究兮。」不亡者存，斯则寿兮。传信行远，孰可久兮。窾碧埋辞，对不朽兮[17]。」

注释

1.孙鰲扞，字才甫，北宋扬州（今江苏省扬州市）人。直阁，职事官中非侍从官所带职名。元丰改制后，省、寺、监长贰补外任转运使、提点刑狱公事、安抚使等地方大吏，带直龙图阁，正七品。提点刑狱公事兼本路劝农使，北宋天禧四年改路提点刑狱为此职，以文臣朝官以上充。淮南东路，时辖十州，三十七县。

2.常州江阴，今江苏省江阴市。

3.骇，即骇，惊异。祥，征兆。

4.刘，与下文"刘意"的"刘"，均同"留"。鞠，养育，抚养。

5.媪御，侍女。子姓，子孙或诸子孙。

6.庆，奖赏。戚，亲近。疏，疏远。寘，同"置"，安置。

7.娣姒，妯娌。兄弟之妻互称，年长为姒，年幼为娣。嫠，寡妇。窭，财用短缺。

8.飨，即飨，通"享"，享用。

9.颔，点头。

10.宥密，同"宥弼"，辅佐，副职。宋王珪《赐枢密使文彦博赴阙诏》："宥密之府，总枢机之万微；辅弼这臣，合股肱之一体。"王珪《三司使礼部侍郎田况可枢密副使制》："兹庸倚尔忠方之良，置诸宥弼之地。"暨，至，病，忧虑。

11.俾，使。遨，嬉游。宕，放纵，不拘束。奕奕，盛美。

12.能仁，佛教中一位得道的菩萨。契经，讲说佛法的经典之作。法藏，佛所说的教法，也指佛经的库藏，又名宝藏。区，小屋。缫，用漆涂饰。御，用。组，丝带，引申为华美。屏，除去。膏沐，妇女润发的油脂。粲，鲜明。玉雪，白雪。

13.即1104年7月6日。

14.夔州路，时辖九州、三军、一监、三十县。据王蘧墓志，此时蘧仅为转运副使，朝廷虽有进官二等之命，但一直未除受。所谓"转运使之官舍"应是泛称。

15.崇安县，隶北宋建州，今属福建省武夷山市。建安郡，即建州，治建安县（今福建省建瓯市）。

16.即宋徽宗政和元年九月二十四日（1111年10月28日）。

17.委禽，致送聘定的礼物。《左传·昭公元年》："郑徐吾犯之妹美，公孙楚聘之矣；公孙黑又使强委禽焉。"禽，指雁，古礼纳采用雁。燠，使暖和。窾，即窾，空。

王子立墓志铭

子立讳适，赵州临城人也。始予为徐州[1]，子立为州学生，知其贤而有文，喜怒不见，得丧若一，曰："是有类子由者[2]。"故以其子妻之。与其弟遹子敏，皆从余于吴兴[3]。学道日进，东南之士称之。

余得罪于吴兴[4]，亲戚故人皆惊散，独两王子不去，送余出郊，曰："生死祸福，天也，公其如天何。"返取余家，致之南都[5]。而子立又从子由谪于高安、绩溪，同其有无，赋诗弦歌，讲道著书于席门茅屋之下者五年，未尝有愠色[6]。余与子由有六男子，皆以童子从子立游，学文有师法，人人自重，不敢嬉宕，子立实使然。

元祐四年冬，自京师将适济南，未至，卒于奉高之传舍[7]，盖十月二十五日[8]也。享年三十五。曾祖讳璘，赠中书令，妣田氏，楚国夫人。祖罴，工部侍郎、知枢密院、赠太尉[9]、谥忠穆，妣宋氏，仁寿郡夫人。考讳正路，比部郎中[10]、知濮州[11]、赠光禄大夫，妣李氏，寿安县君。一女初晬，有遗腹子裔[12]。文集十五卷。其学长于礼服，子由谓其文"朱弦疏越，一唱而三叹"者也。七年十一月五日[13]，其兄蓬子开葬于临城龙门乡两口村先茔之侧。铭曰：

知性以为存，不寿非其怨也；知义以为荣，不贵非其羡也。而未能忘于文，则犹有意于传也。呜呼，百世之后，其姓名与我皆隐显也。

注释

1. 苏轼熙宁十年（1077年）四月徐州上任，时年42岁。徐州，又名彭城郡，时辖彭城、沛县、滕县、萧县、丰县五县，治彭城（今江苏省徐州市）。

2. 苏轼有《哭王子立次儿子迨韵三首》，其一曰："彭城初识子，照眼白而长。异梦成先兆（自注：予为密州，子立未尝相识，忽告同舍生曰：'吾梦为密州婿，何也？'已而，果以子由之子妻之），清言得未尝。岂惟知礼意，遂欲补诗亡（自注：子立能诗而有礼学）。呦呦真相逼，诸生敢雁行。"其二曰："非关伯鸾志，独有子云悲。恨子非天合，犹能使我思。儿曹莫凄恻，老眼欲枯萎。会哭皆豪杰，谁为感旧诗（自注：子立与黄鲁直、张文潜、晁无咎、秦少游、陈无己皆友善）。"其三曰："龙困尝鱼服，羊儇或虎蒙。匆匆成鬼录，愤愤到天公。偶落藩墙上，同游羿彀中。回看十年事，黄叶卷秋风。"可见苏轼对王适之学识、人品颇多赏识，且与其关系非比寻常。苏诗又见宋王十朋《东坡诗集注》卷二十，注释较详，可参。

3. 吴兴，即吴兴郡，宋代湖州的郡名。宋承隋唐以来旧制，州府均有郡名，但在行政上已无任何作用，仅在封爵或文人行文时稍有使用。元丰二年（1079年）三月，苏轼移湖州，时年44岁。此时，湖州辖乌程、归安、安吉、长兴、德清、武康六县，治乌程、归安（今浙江省湖州市）。

4. 指元丰二年（1079年）于湖州任上遭谤，身陷"乌台诗案"一事。

5. 南都，应指北宋南京应天府，治宋城（今河南省商丘市睢阳区南）。

6. 《宋史·苏辙传》："（元丰）二年，坐兄轼以诗得罪，谪监筠州盐酒税。五年不得调。移知绩溪县。哲宗立，以秘书省校书郎召。"此间，苏辙与王适颇多诗文往来，可参《栾城集》卷九至卷十四。高安，时为筠州治所，今江西省高安市。绩溪，时为歙州绩溪县，今安徽省绩溪县。

7. 苏辙《王子立秀才文集引》提及王适病逝一事较详，云："元祐四年秋，予奉诏使契丹。九月，君以女弟将适人，将鬻济南之田以遣之，告予为一月之行。明年春，还自契丹。及境，而君书不至，予固疑之。及家问之，曰：噫嘻！君未至济南，病没于奉高。"奉高，古地名，指当时的兖州奉符县（今山东省泰安市东南）。

8. 即1089年11月29日。

9. 太尉，宋前期为虚衔，加官、阶官名；元丰新制，三公官起寄禄官阶之用，可赠官，但仍不预政事，领俸禄、示优宠而已。正一品。

10. 比部郎中，即尚书省比部司郎中，宋前期为文臣迁转寄禄官阶，从五品上；元丰改制后始为职事官，从六品。

11. 濮州，北宋时辖鄄城、临濮、雷泽、范县四县，治鄄城（今山东省鄄城县北旧城）。

12. 晬，婴儿满百日或满一周之称。江公望《宋故奉议郎王君墓志铭并序》云王通"次兄卒，抚遗腹子如己子"，苏辙《栾城后集》卷二十《祭王子敏奉议文》又言其"嫁女娶妇，期不负兄"，知王适有一儿一女。

13. 即1092年12月6日。

王逼墓志铭

宋故奉议郎王君墓志铭并序」

朝奉郎、管句南京鸿庆宫、武骑尉、赐绯鱼袋江公望[1]撰」

承议郎、尚书司门员外郎、武骑尉沈济[2]书」

承议郎致仕贺铸[3]篆盖」

君讳逼，字子敏，姓王氏，世为赵郡临城人。赠太师[4]、中书令璘于君为曾大父；工部侍郎、知」枢密院事、赠司徒、谥忠穆爵于君为大父；比部郎中、知濮州、赠金紫光禄大夫正路于君」为元考。忠穆公器节勋业书在国史，流风馀习至君元考，虽未尽见于设施[5]，然乐善好」士，士夫称之。生君，宜其光启克大于其后矣[6]。

君幼孤，为童稚已不群，克志励操[7]，不为科举。」学游彭门，太守苏公轼一见而器之，遇之如平生，学日益进，操节日益励[8]。两预乡书，两黜」于春官[9]，自誓曰："予不利，于今举则已矣。行为远引深遯之计，达则行所学，不达则取足于」一身，其乐顾不泰哉[10]。"明年，与第进士[11]，授信州司法参军[12]，以故易应天府宁陵主簿[13]。邑当水」陆之冲，奔走靮掌无宁日，凡职事困悴，皆所不辞[14]。留守孙公升喜士类，爱惜人才，命摄府」掾，以宁逸完养其气[15]。

秩满，迁瀛州防御推官，知华州下邽县[16]。下邽为繁剧狋狱[17]，凶讼无日」无之，操刃行于盘根错节间，所过立断。至于善良，抚之如子[18]。时朝廷发近郡夫，兴鄜延」进筑之役[19]，君董役，往返凡二年，顾佗邑亡者，如归君竟事，无一人舍役而亡者。为政有文」理[20]，皆此类也。雍帅李公琮列君治状上之部[21]，使者继之，君于进取未尝容心，虽荐者莫知」其谁何。代还，荐员溢格，改宣德郎，覃恩加奉议郎，知河南府登封县[22]。庙堂有知君者，」强君掌教公族[23]，卒以贫辞，除知开封府考城县，未行，改知河南府陵台令，兼知永安县」事[24]。陵寝所在，中贵络绎，遇之稍失搏，则事有出于意表而非防闲之所及者，君处之有」刚柔之节，天材优赡，临事裕如也[25]。

君风止可观，眼如点漆，肤理韶润晳白，自是风尘表物[26]。」间居汝海精舍，以道术自持，泊然不累世事[27]。一日得疾，兴处如平常，淹月疾革，神观不乱[28]，」家人问所以语，后者竟无一语而卒。实崇宁三年正月十八日[29]也，享年四十有八。以其年」四月二十七日[30]葬于临城龙门乡两口原。

母宋氏，咸宁郡太君；李氏，普宁郡太君；李氏，会」宁郡太君。妻江氏，蓬莱县君。男三人：廉、唐、广。广早卒，二女亦先君而卒。越崇宁四年五月」二十五日，蓬莱君卒。政和元年九月二十四日[31]，将合葬于君之茔。其

子廉以承议郎陈端」礼[32]所纂行状并书乞铭于江公望。君于公望为妹婿，平昔雅相知厚，义不得辞。

君天性纯」孝，笃于友爱，视长兄之疾通夕不解带，药不尝不进。次兄卒，抚遗腹子如己子。所与交皆」天下端人善士，朋友故旧非大故不弃。宾客至，随丰约必具觞豆以尽欢[33]。至没齿[34]，未尝一」言以及货利。学有胸襟，能作近体诗以自见。翰林苏公轼况之曰："美田，且非其」种而植之，」莫不猥大[35]，况以其种而益之以灌溉，其生达岂易量哉。"苏公弟侍郎辙亦曰："王氏之遗懿，」其在君乎？呜呼！天不假之年而止于斯乎！铭曰：

堂堂天枢，妙斡忠穆。籍籍士口，允属临濮。」
天何为哉，永安之禄。庆莫裕后，年弗充德。」
厚土不诬，茂贻尔则[36]。」

注释

1.江公望，字民表，睦州桐庐（今浙江省桐庐县）人，为王逼妻江氏堂兄。徽宗朝曾为左司员外郎，以直龙图阁知寿州。《宋史》卷三百四十六有传。朝奉郎，寄禄官名，此时为文臣京朝官三十阶之第二十二阶，正七品。管句南京鸿庆宫，祠禄官名，正七品以上充。武骑尉，勋级名，北宋勋官十二转之第一转，从七品上。元丰六年十一月，朝官加勋自武骑尉始。

2.沈济，生平不详，仅知其为神宗朝臣郭祥正外甥。祥正，《宋史》卷四百四十四有传，有《青山集》、《青山续集》传世。承议郎，寄禄官名，此时为文臣京朝官三十阶之第二十三阶，从七品。尚书司门员外郎，即尚书省刑部司门员外郎，元丰新制为职事官，归本司为副司长，佐郎中参掌本司事，正七品。司门司，掌门关、桥梁、渡口、埭道之禁令，及桥梁废置、道路改易与修复等事。

3.贺铸，字方回，卫州（今河南省新乡市）人。北宋著名文学家。有《庆湖遗老集》传世。《宋史》卷四百四十三有传。

4.太师，宋前期为虚衔，加官、阶官名；元丰新制三师官改为寄禄官阶，可赠官，但仍不预政事，领俸禄、示优宠而已。正一品。

5.设施，措置，安排。

6.启，开。克，能。

7.群，人群，朋辈。克，制胜，这里指约束。励，激勉。

8.遇，相待。平生，平时，平素。励，通"厉"，高。

9.预，参加。乡书，指礼部组织的乡试。春官，礼部的别称。《周礼》以宗伯为春官，掌邦礼。唐光宅间曾改礼部为春官，后遂有此别称。

10.引，退。遯，隐避。顾，副词，岂，难道。泰，安宁。

11.明年，当为元祐四年（1089年）。贺铸《庆湖遗老诗集》卷八："王七，名逼。方第进士而丧其兄子立。"

12.信州，治上饶（今江西省上饶市西北）。司法参军，掌刑法、断刑。此时信州司法参军为从八品。

13.宁陵，今河南省宁陵县。主簿，掌本县官物出纳、注销簿书。此时宁陵主簿为正九品。宋李鹰《济南集》卷二有《送李德载公辅之宣城王子敏遹之宁陵秦少章之仁和》诗，可参。

14.鞅掌，烦劳。《诗·小雅·北山》："或王事鞅掌。"嵇康《与山巨源绝交书》："心不耐烦，而官事鞅掌，机务缠其心，事故繁其意。"困，艰难，窘迫。悴，忧伤。

15.摄，兼理。掾，本为佐助之意，后通称属官。完，保全。

16.瀛州，此时辖河间、束城、乐寿三县，治河间（今河北省河间市）。防御推官，掌收发符，协助长吏管理本州公事，元祐后从八品，这里仅表示一种阶位，并不赴州任事。华州下邽县，今陕西省渭南县东北。宋制，知县品位视所带本官阶或寄禄官阶。因此，王通知华州下邽县时，当为从八品差遣官。

17.繁剧，事务极其烦重。犴狱，牢狱。

18.扰，安抚。《周官》："司徒掌邦教，敷五典，扰兆民。"

19.鄜州，治洛郊（今陕西省富县）。延州，治肤施（今陕西省延安市）。兴鄜延进筑之役，指当时宋与西夏开战，朝廷征夫修筑防御工事。

20.文理，相当于条理。有文理，亦即井井有条。

21.李琮，字献甫，江宁（今江苏省南京市）人。《宋史》卷三百三十三有传。

22.宣德郎，寄禄官名，为文臣京朝官三十阶中第二十六阶，从八品。覃恩，广施恩惠，多指帝王普行封赏或赦免。奉议郎，寄禄官名，为文臣京朝官三十阶中第二十四阶，正八品。登封县，今河南省登封县。

23.掌教，掌管教授。公族，即公姓，统治者家族的子弟，这里当指皇族子弟。

24.开封府考城县，今河南省兰考县东北。河南府陵台令，职事官名，隶宗正寺，从七品，负责北宋西京七帝八陵及相应皇后园陵供奉、祭祀、修葺等所需物事、土地、人力等的取索。北宋真宗景德四年起，知永安县即兼陵台令。永安县，今河南省巩义市西南。

25.中贵，即中贵人，指帝王所宠信的宦官。遇，对待。撙，节制。防闲，防，堤，用以制水；闲，栏，用以制兽。防闲，引申为防备和禁阻。优，丰厚。赡，充足。裕如，丰足，常用以谓从容不费力。

26.风，风度。止，举止。韶，美好。表，外。

27.自持，自己克制，保持一定的操守、准则。曹植《洛神赋》："收和颜而静志兮，申礼防以自持。"累，牵连、妨碍，这里是"为……而累"的意思。

28.兴处，起居。淹月，经历一月。革，通"亟"，急。神观，人的精神和意识。

29.即1104年2月16日。

30.即1104年5月23日。

31.即1111年10月28日。

32.陈端礼，生平不详，除承议郎外，仅知其徽宗时曾为南雄州佥判。

33.丰约，丰富和俭约。具，准备。觞，酒器。豆，食器。

34.没齿，终身，终老。

35.况，比。猥，众多。

36.幹，掌管。籍籍，纷纷。庆，善。裕，使之富足。年，寿命。诬，欺骗。贻，赠送。则，采邑。

江氏墓志铭

志盖：宋蓬莱县君江氏墓铭

志文：

宋故蓬莱县君江氏墓志铭」

兄朝奉郎、管句南京鸿庆宫、武骑尉、赐绯鱼袋公望撰」

承议郎、尚书司门员外郎、武骑尉沈济书」

承议郎致仕贺铸篆盖」

蓬莱君江氏，予季父滋之女也。季父隐德不仕，尝语其母」刘氏曰："吾女审重[1]似我，我衷爱之，必择其良"。择之三年，得」子敏而嫁之。子敏慷慨磊落，蓬莱君婉淑懿柔，实得其配。」归王氏，舅姑早没，念亡以供妇职。每岁时祭享，手馔以进，」恂恂如侍舅姑侧，彻祭无替容[2]。子敏好士，喜宾客，又轻于」施予，饔饩周给，家无余訾[3]。子敏为政主严而赞[4]以慈良，为」治主断而辅之审重。迄子敏世无憝[5]德，亦内助之力。遇婢」妾以恕，喜怒不见颜色。子敏死，教子有法度。在母家为淑」女，适人为贤妻，毓子为令母[6]。享年三十有七。虽不得年而」死，亦可不憾矣。死之日，崇宁四年五月辛酉[7]也。子敏，其夫」逼字也。蓬莱君，子敏官至奉议郎所封之邑也。葬之日，政」和元年九月甲申也[8]。临城县龙门乡两口原，葬之宅兆[9]也。」

生三男子，廉、唐、广。二女与广皆早世，哀苦不能抑。闻凤翔[10]」有好道术女子者，礼致而师事，学辟谷[11]，憔悴骨立。尝晓之」曰：辟谷非道，但能莫求知解，泯绝万缘，离女[12]妄心，即是真」性，虽未能了然于死生之际，亦脱然矣。廉、唐性资美好，学」其力，能克其家者[13]。请铭于舅氏。舅氏，钓台江公望也。兹以为铭。」

注释

1.审，周密。重，慎重。

2.舅姑，古代妇女对丈夫父亲和母亲的称谓。蚤，通"早"。供，担当。妇职，指纺织、缝纫等女工之事。馔，陈设食品。恂恂，恭顺的样子。《论语·乡党》："孔子于乡党，恂恂如也，似不能言者。"彻，通。彻祭，指整个祭祀过程。替，废弃，改变。

3.轻，反义为文，这里是重的意思。饔，熟肉；饩，谷物或活牲口。饔饩，在这里指生活物资。訾，通"资"，资财。

4.赞，辅助。

5.憝，丧失。《左传·昭公二十六年》："王昏不若，用憝厥威。"

6.毓，同"育"，抚养。令，美好，对人的尊称。

7.即宋徽宗崇宁四年五月二十五日（1105年6月28日）。

8.即宋徽宗政和元年九月二十四日（1111年10月28日）。

9.宅兆，坟墓的四界。《孝经·丧亲》："卜其宅兆而安措之。"唐玄宗注："宅，墓穴也；兆，茔域也。"

10.凤翔，即凤翔府，治天兴（今陕西省凤翔县）。

11.辟谷，古称行导引之术，不食五谷，可以长生。道家方士乃附会为神仙入道之术。

12.女，通"汝"，你。

13.克，制胜。克家，本指能够治理家族的事物，后转为能管理家业。杜甫《奉送苏州李二十五长史丈之任》："食德见从事，克家何妙年。"后代因此把能继承父祖事业之子称为克家子。这里的"能克其家者"，即指克家子。

王康墓志铭

志盖：无

志文：

宋故将仕郎苏州崑县尉王君墓志铭并序」

朝奉大夫、直秘阁、权京东路计度转运副使兼」劝农使、上骑都尉、赐紫金鱼袋韩向撰并书」

君讳康，字彦国，姓王氏，世为赵人。曾祖礭，工部侍」郎、知枢密院事、赠司徒、谥忠穆。祖正路，比部郎中、」赠紫金光禄大夫。父蘧，中奉大夫。中公继室建」安郡君张氏，君即建安次子也。自少端谨，学诗为」文，作大字如成人。以赏延入官，补假承务郎，即试」吏[1]，易将仕郎，为苏州崑山尉。警捕不懈，民赖以安，」庄重畏慎，同事咸得其欢心。守将荐其才，谓成远」业。得疾未几，卒于官舍。之正寝实大观庚寅七月」初二日[2]也，享年二十五。娶蔡氏，生一子夭化。乃以」明年九月甲申[3]葬于赵州临城县龙门乡，祔中奉」公之茔。君兄弟请铭于向，予娶君之姊，雅故相知，」义不得辞。铭曰：」

仕以世禄，福不永年。」修短一致，往从其先。」

注释

1.承务郎，北宋寄禄官名，为文臣京朝官寄禄官三十阶之第三十阶，即末阶，从九品。试吏，正式授官任用之前先行试用。

2.即宋徽宗大观四年七月初二（1110年7月20日）。

3.即宋徽宗政和元年九月二十四日（1111年10月28日）。

二、相关人物传记

王鬷列传 （《宋史》卷二百九十一）

王鬷字总之，赵州临城人。七岁丧父，哀毁过人。既长，状貌奇伟。举进士，授婺州观察推官。代还，真宗见而异之，特迁秘书省著作佐郎、知祁县，通判湖州。再迁太常博士、提点梓州路刑狱，权三司户部判官。使契丹还，判都磨勘司。以尚书度支员外郎兼侍御史知杂事。上言："方调兵塞决河，而近郡灾歉，民力彫敝，请罢土木之不急者。"改三司户部副使。枢密使曹利用得罪，鬷以同里为利用所厚，出知湖州，徙苏州。还为三司盐铁副使。

时龙图阁待制马季良方用事，建言京师贾人常以贱价居茶盐交引，请官置务收市之。季良挟章献姻家，众莫敢迕其意，鬷独不可，曰："与民竞利，岂国体耶！"擢天章阁待制、判大理寺、提举在京诸司库务，安抚淮南，权判吏部流内铨，累迁刑部。

益、利路旱饥，为安抚使，以左司郎中、枢秘直学士知益州。戍卒有夜焚营、杀马、胁军校为乱者，鬷潜遣兵环营，下令曰："不乱者敛手出门，无所问。"于是众皆出，命军校指乱者，得十余人，即戮之。及旦，人莫知也。其为政有大体，不为苛察，蜀人爱之。拜右谏议大夫、同知枢密院事。景祐五年，参知政事。明年，迁尚书工部侍郎、知枢密院事。

天圣中，鬷尝使河北，过真定，见曹玮，谓曰："君异日当柄用，愿留意边防。"鬷曰："何以教之？"玮曰："吾闻赵德明尝使人以马榷易汉物，不如意，欲杀之。少子元昊方十余岁，谏曰：'我戎人，本从事鞍马，而以资邻国易不急之物，已非策，又从而斩之，失众心矣。'德明从之。吾尝使人觇元昊，状貌异常，他日必为边患。"鬷殊未以为然也。比再入枢密，元昊反，帝数问边事，鬷不能对。及西征失利，议刺乡兵，又久未决。帝怒，鬷与陈执中、张观同日罢，鬷出知河南府，始叹玮之明识。未几，得暴疾卒。赠户部尚书，谥忠穆。

鬷少时，馆礼部尚书王化基之门，枢密副使宋湜见而以女妻之。宋氏亲族或侮易之，化基曰："后三十年，鬷富贵矣。"果如所言。

苏轼列传附苏过 （《宋史》卷三百三十八）

苏轼字子瞻，眉州眉山人。生十年，父洵游学四方，母程氏亲授以书，闻古今成败，辄能语其要。程氏读东汉《范滂传》，慨然太息，轼请曰："轼若为滂，母许之否乎？"

程氏曰："汝能为滂，吾顾不能为滂母邪？"

比冠，博通经史，属文日数千言，好贾谊、陆贽书。既而读《庄子》，叹曰："吾昔有见，口未能言，今见是书，得吾心矣。"嘉祐二年，试礼部。方时文磔裂诡异之弊胜，主司欧阳修思有以救之，得轼《刑赏忠厚论》，惊喜，欲擢冠多士，犹疑其客曾巩所为，但置第二；复以《春秋》对义居第一，殿试中乙科。后以书见修，修语梅圣俞曰："吾当避此人出一头地。"闻者始哗不厌，久乃信服。

丁母忧。五年，调福昌主簿。欧阳修以才识兼茂，荐之秘阁。试六论，旧不起草，以故文多不工。轼始具草，文义粲然。复对制策，入三等。自宋初以来，制策入三等，惟吴育与轼而已。

除大理评事、签书凤翔府判官。关中自元昊叛，民贫役重，岐下岁输南山木栈，自渭入河，经砥柱之险，衙吏踵破家。轼访其利害，为修衙规，使自择水工以时进止，自是害减半。

治平二年，入判登闻鼓院。英宗自藩邸闻其名，欲以唐故事召入翰林，知制诰。宰相韩琦曰："轼之才，远大器也，他日自当为天下用。要在朝廷培养之，使天下之士莫不畏慕降伏，皆欲朝廷进用，然后取而用之，则人人无复异辞矣。今骤用之，则天下之士未必以为然，适足以累之也。"英宗曰："且与修注如何？"琦曰："记注与制诰为邻，未可遽授。不若于馆阁中近上帖职与之，且请召试。"英宗曰："试之未知其能否，如轼有不能邪？"琦犹不可，及试二论，复入三等，得直史馆。轼闻琦语，曰："公可谓爱人以德矣。"

会洵卒，赙以金帛，辞之，求赠一官，于是赠光禄丞。洵将终，以兄太白早亡，子孙未立，妹嫁杜氏，卒未葬，属轼。轼既除丧，即葬姑。后官可荫，推与太白曾孙彭。

熙宁二年，还朝。王安石执政，素恶其议论异己，以判官告院。四年，安石欲变科举、兴学校，诏两制、三馆议。轼上议曰：

得人之道，在于知人；知人之法，在于责实。使君相有知人之明，朝廷有责实之政，则胥史皂隶未尝无人，而况于学校贡举乎？虽因今之法，臣以为有余。使君相不知人，朝廷不责实，则公卿侍从常患无人，而况学校贡举乎？虽复古之制，臣以为不足。夫时有可否，物有废兴，方其所安，虽暴君不能废，及其既厌，虽圣人不能复。故风俗之变，法制随之，譬如江河之徙移，彊而复之，则难为力。

庆历固尝立学矣，至于今日，惟有空名仅存。今将变今之礼，易今之俗，又当发民力以治官室，敛民财以食游士。百里之内，置官立师，狱讼听于是，军旅谋于是，又简不率教者屏之远方，则无乃徒为纷乱，以患苦天下邪？若乃无大更革，而望有益于时，则与庆历之际何异？故臣谓之学校，特可因仍旧制，使先王之旧物，不废于吾世足矣。至于贡举之法，行之百年，治乱盛衰，初不由此。陛下视祖宗之世，贡举之法，与今为孰精？言语文章，与今为孰优？所得人才，与今为孰多？天下之事，与今为孰办？较此四者之长短，其议决矣。

今所欲变改不过数端：或曰乡举德行而略文词，或曰专取策论而罢诗赋，或欲兼采誉望而罢封弥，或欲经生不帖墨而考大义，此皆知其一，不知其二者也。愿陛下留意于远者、大者，区区之法何预焉。臣又切有私忧过计者。夫性命之说，自子贡不得闻，而今之学者，耻不言性命，读其文，浩然无当而不可穷；观其貌，超然无著而不可挹，此岂真能然哉！盖中人之性，安于放而乐于诞耳。陛下亦安用之？

议上，神宗悟曰："吾固疑此，得轼议，意释然矣。"即日召见，问："方今政令得失安在？虽朕过失，指陈可也。"对曰："陛下生知之性，天纵文武，不患不明，不患不勤，不患不断，但患求治太急，听言太广，进人太锐。愿镇以安静，待物之来，然后应之。"神宗悚然曰："卿三言，朕当熟思之。凡在馆阁，皆当为朕深思治乱，无有所隐。"轼退，言于同列。安石不悦，命权开封府推官，将困之以事。轼决断精敏，声闻益远。会上元敕府市浙灯，且令损价。轼疏言："陛下岂以灯为悦？此不过以奉二宫之欢耳。然百姓不可户晓，皆谓以耳目不急之玩，夺其口体必用之资。此事至小，体则甚大，愿追还前命。"即诏罢之。

时安石创行新法，轼上书论其不便，曰：

臣之所欲言者，三言而已。愿陛下结人心，厚风俗，存纪纲。人主之所恃者人心而已，如木之有根，灯之有膏，鱼之有水，农夫之有田，商贾之有财。失之则亡，此理之必然也。自古及今，未有和易同众而不安，刚果自用而不危者。陛下亦知人心之不悦矣。

祖宗以来，治财用者不过三司。今陛下不以财用付三司，无故又创制置三司条例一司，使六七少年，日夜讲求于内，使者四十余辈，分行营干于外。夫制置三司条例司，求利之名也；六七少年与使者四十余辈，求利之器也。造端宏大，民实惊疑；创法新奇，

吏皆惶惑。以万乘之主而言利，以天子之宰而治财，论说百端，喧传万口，然而莫之顾者，徒曰："我无其事，何恤于人言。"操网罟而入江湖，语人曰"我非渔也"，不如捐网罟而人自信。驱鹰犬而赴林薮，语人曰"我非猎也"，不如放鹰犬而兽自驯。故臣以为欲消谗慝而召和气，则莫若罢条例司。

今君臣宵旰，几一年矣，而富国之功，茫如捕风，徒闻内帑出数百万缗，祠部度五千余人耳。以此为术，其谁不能？而所行之事，道路皆知其难。汴水浊流，自生民以来，不以种稻。今欲陂而清之，万顷之稻，必用千顷之陂，一岁一淤，三岁而满矣。陛下遂信其说，即使相视地形，所在凿空，访寻水利，妄庸轻剽，率意争言。官司虽知其疏，不敢便行抑退，追集老少，相视可否。若非灼然难行，必须且为兴役。官吏苟且顺从，真谓陛下有意兴作，上靡帑廪，下夺农时。堤防一开，水失故道，虽食议者之肉，何补于民！臣不知朝廷何苦而为此哉？

自古役人，必用乡户。今者徒闻江、浙之间，数郡顾役，而欲措之天下。单丁、女户，盖天民之穷者也，而陛下首欲役之，富有四海，忍不加恤！自杨炎为两税，租调与庸既兼之矣，奈何复欲取庸？万一后世不幸有聚敛之臣，庸钱不除，差役仍旧，推所从来，则必有任其咎者矣。青苗放钱，自昔有禁。今陛下始立成法，每岁常行。虽云不许抑配，而数世之后，暴君污吏，陛下能保之与？计愿请之户，必皆孤贫不济之人，鞭挞已急，则继之逃亡，不还，则均及邻保，势有必至，异日天下恨之，国史记之，曰"青苗钱自陛下始"，岂不惜哉！且常平之法，可谓至矣。今欲变为青苗，坏彼成此，所丧逾多，亏官害民，虽悔何及！

昔汉武帝以财力匮竭，用贾人桑羊之说，买贱卖贵，谓之均输。于时商贾不行，盗贼滋炽，几至于乱。孝昭既立，霍光顺民所欲而予之，天下归心，遂以无事。不意今日此论复兴。立法之初，其费已厚，纵使薄有所获，而征商之额，所损必多。譬之有人为其主畜牧，以一牛易五羊。一牛之失，则隐而不言；五羊之获，则指为劳绩。今坏常平而言青苗之功，亏商税而取均输之利，何以异此？臣窃以为过矣。议者必谓"民可与乐成，难与虑始"。故陛下坚执不顾，期于必行。此乃战国贪功之人，行险侥幸之说，未及乐成，而怨已起矣。臣之所愿陛下结人心者，此也。

国家之所以存亡者，在道德之浅深，不在乎强与弱；历数之所以长短者，在风俗之薄厚，不在乎富

与贫。人主知此，则知所轻重矣。故臣愿陛下务崇道德而厚风俗，不愿陛下急于有功而贪富强。爱惜风俗，如护元气。圣人非不知深刻之法可以齐众，勇悍之夫可以集事，忠厚近于迂阔，老成初若迟钝。然终不肯以彼易此者，知其所得小，而所丧大也。仁祖持法至宽，用人有叙，专务掩覆过失，未尝轻改旧章。考其成功，则曰未至。以言乎用兵，则十出而九败；以言乎府库，则仅足而无余。徒以德泽在人，风俗知义，故升遐之日，天下归仁焉。议者见其末年吏多因循，事不振举，乃欲矫之以苛察，齐之以智能，招来新进勇锐之人，以图一切速成之效。未享其利，浇风已成。多开骤进之门，使有意外之得，公卿侍从跬步可图，俾常调之人举生非望，欲望风俗之厚，岂可得哉？近岁朴拙之人愈少，巧进之士益多。惟陛下哀而救之，以简易为法，以清净为心，而民德归厚。臣之所愿陛下厚风俗者，此也。

祖宗委任台谏，未尝罪一言者。纵有薄责，旋即超升，许以风闻，而无官长。言及乘舆，则天子改容；事关廊庙，则宰相待罪。台谏固未必皆贤，所言亦未必皆是。然须养其锐气，而借之重权者，岂徒然哉？将以折奸臣之萌也。今法令严密，朝廷清明，所谓奸臣，万无此理。然养猫以去鼠，不可以无鼠而养不捕之猫；畜狗以防盗，不可以无盗而畜不吠之狗。陛下得不上念祖宗设此官之意，下为子孙万世之防？臣闻长老之谈，皆谓台谏所言，常随天下公议。公议所与，台谏亦与之；公议所击，台谏亦击之。今者物论沸腾，怨讟交至，公议所在，亦知之矣。臣恐自兹以往，习惯成风，尽为执政私人，以致人主孤立，纪纲一废，何事不生！臣之所愿陛下存纪纲者，此也。

轼见安石赞神宗以独断专任，因试进士发策，以"晋武平吴以独断而克，苻坚伐晋以独断而亡，齐桓专任管仲而霸，燕哙专任子之而败，事同而功异"为问。安石滋怒，使御史谢景温论奏其过，穷治无所得，轼遂请外，通判杭州。高丽入贡，使者发币于官吏，书称甲子。轼却之曰："高丽于本朝称臣，而不禀正朔，吾安敢受！"使者易书称熙宁，然后受之。

时新政日下，轼于其间，每因法以便民，民赖以安。徙知密州。司农行手实法，不时施行者以违制论。轼谓提举官曰："违制之坐，若自朝廷，谁敢不从？今出于司农，是擅造律也。"提举官惊曰："公姑徐之。"未几，朝廷知法害民，罢之。

有盗窃发，安抚司遣三班使臣领悍卒来捕。卒凶暴恣行，至以禁物诬民，入其家争斗杀人，且畏罪惊溃，将为

乱。民奔诉轼，轼投其书不视，曰："必不至此。"散卒闻之，少安，徐使人招出戮之。

徙知徐州。河决曹村，泛于梁山泊，溢于南清河，汇于城下，涨不时泄，城将败，富民争出避水。轼曰："富民出，民皆动摇，吾谁与守？吾在是，水决不能败城。"驱使复入。轼诣武卫营，呼卒长曰："河将害城，事急矣，虽禁军且为我尽力。"卒长曰："太守犹不避涂潦，吾侪小人，当效命。"率其徒持畚锸以出，筑东南长堤，首起戏马台，尾属于城。雨日夜不止，城不沈者三版。轼庐于其上，过家不入，使官吏分堵以守，卒全其城。复请调来岁夫增筑故城，为木岸，以虞水之再至。朝廷从之。

徙知湖州，上表以谢。又以事不便民者不敢言，以诗托讽，庶有补于国。御史李定、舒亶、何正臣摭其表语，并媒蘖所为诗以为讪谤，逮赴台狱，欲置之死，锻炼久之不决。神宗独怜之，以黄州团练副使安置。轼与田父野老，相从溪山间，筑室于东坡，自号"东坡居士"。

三年，神宗数有意复用，辄为当路者沮之。神宗尝语宰相王珪、蔡确曰："国史至重，可命苏轼成之。"珪有难色。神宗曰："轼不可，姑用曾巩。"巩进《太祖总论》，神宗意不允，遂手扎移轼汝州，有曰："苏轼黜居思咎，阅岁滋深，人材实难，不忍终弃。"轼未至汝，上书自言饥寒，有田在常，愿得居之。朝奏，夕报可。

道过金陵，见王安石，曰："大兵大狱，汉、唐灭亡之兆。祖宗以仁厚治天下，正欲革此。今西方用兵，连年不解，东南数起大狱，公独无一言以救之乎？"安石曰："二事皆惠卿启之，安石在外，安敢言？"轼曰："在朝则言，在外则不言，事君之常礼耳。上所以待公者非常礼，公所以待上者，岂可以常礼乎？"安石厉声曰："安石须说。"又曰："出在安石口，入在子瞻耳。"又曰："人须是知行一不义，杀一不辜，得天下弗为，乃可。"轼戏曰："今之君子，争减半年磨勘，虽杀人亦为之。"安石笑而不言。

至常，神宗崩，哲宗立，复朝奉郎、知登州，召为礼部郎中。轼旧善司马光、章惇。时光为门下侍郎，惇知枢密院，二人不相合，惇每以谑侮困光，光苦之。轼谓惇曰："司马君实时望甚重。昔许靖以虚名无实，见鄙于蜀先主，法正曰：'靖之浮誉，播流四海，若不加礼，必以贱贤为累。'先主纳之，乃以靖为司徒。许靖且不可慢，况君实乎？"惇以为然，光赖以少安。

迁起居舍人。轼起于忧患，不欲骤履要地，辞于宰相蔡确。确曰："公徊翔久矣，朝中无出公右者。"轼曰："昔林希同在馆中，年且长。"确曰："希固当先公耶？"卒不许。元祐元年，轼以七品服入侍延和，即赐银绯，迁中书舍人。

初，祖宗时，差役行久生弊，编户充役者不习其役，

又虐使之，多致破产，狭乡民至有终岁不得息者。王安石相神宗，改为免役，使户差高下出钱雇役，行法者过取，以为民病。司马光为相，知免役之害，不知其利，欲复差役，差官置局，轼与其选。轼曰："差役、免役，各有利害。免役之害，掊敛民财，十室九空，敛聚于上而下有钱荒之患。差役之害，民常在官，不得专力于农，而贪吏猾胥得缘为奸。此二害轻重，盖略等矣。"光曰："于君何如？"轼曰："法相因则事易成，事有渐则民不惊。三代之法，兵农为一，至秦始分为二，及唐中叶，尽变府兵为长征之卒。自尔以来，民不知兵，兵不知农，农出谷帛以养兵，兵出性命以卫农，天下便之。虽圣人复起，不能易也。今免役之法，实大类此。公欲骤罢免役而行差役，正如罢长征而复民兵，盖未易也。"光不以为然。轼又陈于政事堂，光忿然。轼曰："昔韩魏公刺陕西义勇，公为谏官，争之甚力，韩公不乐，公亦不顾。轼昔闻公道其详，岂今日作相，不许轼尽言耶？"光笑之。寻除翰林学士。

二年，兼侍读。每进读至治乱兴衰、邪正得失之际，未尝不反复开导，觊有所启悟。哲宗虽恭默不言，辄首肯之。尝读祖宗《宝训》，因及时事，轼历言："今赏罚不明，善恶无所劝沮；又黄河势方北流，而彊之使东；夏人入镇戎，杀掠数万人，帅臣不以闻。每事如此，恐浸成衰乱之渐。"

轼尝锁宿禁中，召入对便殿，宣仁后问曰："卿前年为何官？"曰："臣为常州团练副使。"曰："今为何官？"曰："臣今待罪翰林学士。"曰："何以遽至此？"曰："遭遇太皇太后、皇帝陛下。"曰："非也。"曰："岂大臣论荐乎？"曰："亦非也。"轼惊曰："臣虽无状，不敢自他途以进。"曰："此先帝意也。先帝每诵卿文章，必叹曰'奇才，奇才！'但未及进用卿耳。"轼不觉哭失声，宣仁后与哲宗亦泣，左右皆感涕。已而命坐赐茶，彻御前金莲烛送归院。

三年，权礼部贡举。会大雪苦寒，士坐庭中，噤未能言。轼宽其禁约，使得尽技。巡铺内侍每撅辱举子，且持暧昧单词，诬以为罪，轼尽奏逐之。

四年，积以论事，为当轴者所恨。轼恐不见容，请外拜龙图阁学士、知杭州。未行，谏官言前相蔡确知安州，作诗借郝处俊事以讥太皇太后。大臣议迁之岭南。轼密疏："朝廷若薄确之罪，则于皇帝孝治为不足；若深罪确，则于太皇太后仁政为小累。谓宜皇帝敕置狱逮治，太皇太后出手诏赦之，则于仁孝两得矣。"宣仁后心善轼言而不能用。轼出郊，用前执政恩例，遣内侍赐龙茶、银合，慰劳甚厚。

既至杭，大旱，饥疫并作。轼请于朝，免本路上供米三之一，复得赐度僧牒，易米以救饥者。明年春，又减

价粜常平米，多作饘粥药剂，遣使挟医分坊治病，活者甚众。轼曰："杭，水陆之会，疫死比他处常多。"乃裒羡缗得二千，复发橐中黄金五十两，以作病坊，稍畜钱粮待之。

杭本近海，地泉咸苦，居民稀少。唐刺史李泌始引西湖水作六井，民足于水。白居易又浚西湖水入漕河，自河入田，所溉至千顷，民以殷富。湖水多葑，自唐及钱氏，岁辄浚治，宋兴，废之，葑积为田，水无几矣。漕河失利，取给江潮，舟行市中，潮又多淤，三年一淘，为民大患，六井亦几于废。轼见茅山一河专受江潮，盐桥一河专受湖水，遂浚二河以通漕。复造堰闸，以为湖水蓄洩之限，江潮不复入市。以余力复完六井，又取葑田积湖中，南北径三十里，为长堤以通行者。吴人种菱，春辄芟除，不遗寸草。且募人种菱湖中，葑不复生。收其利以备修湖，取救荒余钱万缗、粮万石，及请得百僧度牒以募役者。堤成，植芙蓉、杨柳其上，望之如画图，杭人名为苏公堤。

杭僧净源，旧居海滨，与舶客交通，舶至高丽，交誉之。元丰末，其王子义天来朝，因往拜焉。至是，净源死，其徒窃持其像，附舶往告。义天亦使其徒来祭，因持其国母二金塔，云祝两宫寿。轼不纳，奏之曰："高丽久不入贡，失赐予厚利，意欲求朝，未测吾所以待之厚薄，故因祭亡僧而行祝寿之礼。若受而不苔，将生怨心；受而厚赐之，正堕其计。今宜勿与知，从州郡自以理却之。彼庸僧猾商，为国生事，渐不可长，宜痛加惩创。"朝廷皆从之。未几，贡使果至，旧例使所至吴越七州，费二万四千余缗。轼乃令诸州量事裁损，民获交易之利，无复侵挠之害矣。

浙江潮自海门东来，势如雷霆，而浮山峙于江中，与渔浦诸山犬牙相错，洄洑激射，岁败公私船不可胜计。轼议自浙江上流地名石门，并山而东，凿为漕河，引浙江及溪谷诸水二十余里以达于江，又并山为岸，不能十里以达龙山大慈浦，自浦北折抵小岭，凿岭六十五丈以达岭东古河，浚古河数里达于龙山漕河，以避浮山之险，人以为便。奏闻，有恶轼者，力沮之，功以故不成。

轼复言："三吴之水，潴为太湖，太湖之水，溢为松江以入海。海日两潮，潮浊而江清，潮水常欲淤塞江路，而江水清驶，随辄涤去，海口常通，则吴中少水患。昔苏州以东，公私船皆以篙行，无陆挽者。自庆历以来，松江大筑挽路，建长桥以扼塞江路，故今三吴多水，欲凿挽路、为千桥，以迅江势。"亦不果用，人皆以为恨。轼二十年间再莅杭，有德于民，家有画像，饮食必祝。又作生祠以报。

六年，召为吏部尚书，未至。以弟辙除右丞，改翰林承旨。辙辞右丞，欲与兄同备从官，不听。轼在翰林数月，复以谗请外，乃以龙图阁学士出知颍州。先是，开封诸县多水患，吏不究本末，决其陂泽，注之惠民河，河不能胜，

致陈亦多水。又将凿邓艾沟与颍河并，且凿黄堆欲注之于淮。轼始至颍，遣吏以水平准之，淮之涨水高于新沟几一丈，若凿黄堆，淮水顾流颍地为患。轼言于朝，从之。

郡有宿贼尹遇等，数劫杀人，又杀捕盗吏兵。朝廷以名捕不获，被杀家复惧其害，匿不敢言。轼召汝阴尉李直方曰："君能禽此，当力言于朝，乞行优赏；不获，亦以不职奏免君矣。"直方有母且老，与母诀而后行。乃缉知盗所，分捕其党与，手戟刺遇，获之。朝廷以小不应格，推赏不及。轼请以己之年劳，当改朝散郎阶，为直方赏，不从。其后吏部为轼当迁，以符会其考，轼谓已许直方，又不报。

七年，徙扬州。旧发运司主东南漕法，听操舟者私载物货，征商不得留难。故操舟者辄富厚，以官舟为家，补其弊漏，且周船夫之乏，故所载率皆速达无虞。近岁一切禁而不许，故舟弊人困，多盗所载以济饥寒，公私皆病。轼请复旧，从之。未阅岁，以兵部尚书召兼侍读。

是岁，哲宗亲祀南郊，轼为卤簿使，导驾入太庙。有赭繖犊车并青盖犊车十余争道，不避仪仗。轼使御营巡检使问之，乃皇后及大长公主。时御史中丞李之纯为仪仗使，轼曰："中丞职当肃政，不可不以闻之。"纯不敢言，轼于车中奏之。哲宗遣使齎疏驰白太皇太后，明日，诏整肃仪卫，自皇后而下皆毋得迎谒。寻迁礼部兼端明殿、翰林侍读两学士，为礼部尚书。高丽遣使请书，朝廷以故事尽许之。轼曰："汉东平王请诸子及《太史公书》，犹不肯予。今高丽所请，有甚于此，其可予乎？"不听。

八年，宣仁后崩，哲宗亲政。轼乞补外，以两学士出知定州。时国是将变，轼不得入辞。既行，上书言："天下治乱，出于下情之通塞。至治之极，小民皆能自通；迨于大乱，虽近臣不能自达。陛下临御九年，除执政、台谏外，未尝与群臣接。今听政之初，当以通下情、除壅蔽为急务。臣日侍帷幄，方当戍边，顾不得一见而行，况疏远小臣欲求自通，难矣。然臣不敢以不得对之故，不效愚忠。古之圣人将有为也，必先处晦而观明，处静以观动，则万物之情，毕陈于前。陛下圣智绝人，春秋鼎盛。臣愿虚心循理，一切未有所为，默观庶事之利害，与群臣之邪正。以三年为期，俟得其实，然后应物而作。使既作之后，天下无恨，陛下亦无悔。由此观之，陛下之有为，惟忧太蚤，不患稍迟，亦已明矣。臣恐急进好利之臣，辄劝陛下轻有改变，故进此说，敢望陛下留神，社稷宗庙之福，天下幸甚。"

定州军政坏弛，诸卫卒骄惰不教，军校蚕食其廪赐，前守不敢谁何。轼取贪污者隶远恶，缮修营房，禁止饮博，军中衣食稍足，乃部勒战法，众皆畏伏。然诸校业业不安，有卒史以脏诉其长，轼曰："此事吾自治则可，听

汝告，军中乱矣。"立决配之，众乃定。

会春大阅，将吏久废上下之分，轼命举旧典，帅常服出帐中，将吏戎服执事。副总管王光祖自谓老将，耻之，称疾不至。轼召书吏使为奏，光祖惧而出，讫事，无一慢者。定人言："自韩琦去后，不见此礼至今矣。"契丹久和，边兵不可用，惟沿边弓箭社与寇为邻，以战射自卫，犹号精锐。故相庞籍守边，因俗立法。岁久法弛，又为保甲所挠。轼奏免保甲及两税折变科配，不报。

绍圣初，御史论轼掌内外制日，所作词命，以为讥斥先朝。遂以本官知英州，寻降一官，未至，贬宁远军节度副使，惠州安置。居三年，泊然无所蒂芥，人无贤愚，皆得其欢心。又贬琼州别驾，居昌化。昌化，故儋耳地，非人所居，药饵皆无有。初僦官屋以居，有司犹谓不可，轼遂买地筑室，儋人运甓畚土以助之。独与幼子过处，著书以为乐，时时从其父老游，若将终身。

徽宗立，移廉州，改舒州团练副使，徙永州。更三大赦，遂提举玉局观，复朝奉郎。轼自元祐以来，未尝以岁课乞迁，故官止于此。建中靖国元年，卒于常州，年六十六。

轼与弟辙，师父洵为文，既而得之于天。尝自谓："作文如行云流水，初无定质，但常行于所当行，止于所不可不止。"虽嬉笑怒骂之辞，皆可书而诵之。其体浑涵光芒，雄视百代，有文章以来，盖亦鲜矣。洵晚读《易》，作《易传》未究，命轼述其志。轼成《易传》，复作《论语说》；后居海南，作《书传》；又有《东坡集》四十卷、《后集》二十卷、《奏议》十五卷、《内制》十卷、《外制》三卷、《和陶诗》四卷。一时文人如黄庭坚、晁补之、秦观、张耒、陈师道，举世未之识，轼待之如朋俦，未尝以师资自予也。

自为举子至出入侍从，必以爱君为本，忠规谠论，挺挺大节，群臣无出其右。但为小人忌恶挤排，不使安于朝廷之上。

高宗即位，赠资政殿学士，以其孙符为礼部尚书。又以其文置左右，读之终日忘倦，谓为文章之宗，亲制集赞，赐其曾孙峤。遂崇赠太师，谥文忠。轼三子，迈、迨、过，俱善为文。迈，驾部员外郎。迨，承务郎。

过字叔党。轼知杭州，过年十九，以诗赋解两浙路，礼部试下。及轼为兵部尚书，任右承务郎。轼帅定武，谪知英州，贬惠州，迁儋耳，渐徙廉、永，独过侍之。凡生理昼夜寒暑所须者，一身百为，不知其难。初至海上，为文曰《志隐》，轼览之曰："吾可以安于岛夷矣。"因命作《孔子弟子别传》。轼卒于常州，过葬轼汝州郏城小峨眉山，遂家颍昌，营湖阴水竹数亩，名曰小斜川，自号斜川居士。卒，年五十二。

初监太原府税，次知颍昌府郾城县，皆以法令罢。晚

权通判中山府。有《斜川集》二十卷。其《思子台赋》、《飓风赋》早行于世。时称为"小坡",盖以轼为"大坡"也。其叔辙每称过孝,以训宗族。且言:吾兄远居海上,惟成就此儿能文也。七子:箪、籍、节、笈、筝、篴、箭。

论曰:苏轼自为童子时,士有传石介《庆历圣德诗》至蜀中者,轼历举诗中所言韩、富、杜、范诸贤以问其师。师怪而语之,则曰:"正欲识是诸人耳。"盖已有颉颃当世贤哲之意。弱冠,父子兄弟至京师,一日而声名赫然,动于四方。既而登上第,擢词科,入掌书命,出典方州。器识之闳伟,议论之卓荦,文章之雄隽,政事之精明,四者皆能以特立之志为之主,而以迈往之气辅之。故意之所向,言足以达其有猷,行足以遂其有为。至于祸患之来,节义足以固其有守,皆志与气所为也。仁宗初读轼、辙制策,退而喜曰:"朕今日为子孙得两宰相矣。"神宗尤爱其文,宫中读之,膳进忘食,称为天下奇才。二君皆有以知轼,而轼卒不得大用。一欧阳修先识之,其名遂与之齐,岂非轼之所长不可掩抑者,天下之至公也,相不相有命焉,呜呼!轼不得相,又岂非幸欤?或谓:"轼稍自韬戢,虽不获柄用,亦当免祸。"虽然,假令轼以是而易其所为,尚得为轼哉?

苏辙列传(《宋史》卷三百三十九)

苏辙字子由,年十九,与兄轼同登进士科,又同策制举。仁宗春秋高,辙虑或倦于勤,因极言得失,而于禁廷之事,尤为切至。曰:

> 陛下即位三十余年矣,平居静虑,亦尝有忧于此乎,无忧于此乎?臣伏读制策,陛下既有忧惧之言矣。然臣愚不敏,窃意陛下有其言耳,未有其实也。往者宝元、庆历之间,西夏作难,陛下昼不安坐,夜不安席,天下皆谓陛下忧惧小心,如周文王。然自西方解兵,陛下弃置忧惧之心,二十年矣。古之圣人,无事则深忧,有事则不惧。夫无事而深忧者,所以为有事之不惧也。今陛下无事则不忧,有事则大惧,臣以为忧乐之节易矣。臣疎远小臣,闻之道路,不知信否?

> 近岁以来,宫中贵姬至以千数,歌舞饮酒,优笑无度,坐朝不闻咨谟,便殿无所顾问。三代之衰,汉、唐之季,女宠之害,陛下亦知之矣。久而不止,百蠹将由之而出。内则蛊惑之所污,以伤和伐性;外则私谒之所乱,以败政害事。陛下无谓好色于内,不害外事也。今海内穷困,生民愁苦,而宫中好赐不为限极,所欲则给,不问有无。司会不敢争,大臣不敢谏,执契持敕,迅若兵火。国家内有养士、养兵之费,外有

契丹、西夏之奉,陛下又自为一阱以耗其遗余,臣恐陛下以此得谤,而民心不归也。

策入,辙自谓必见黜。考官司马光第以三等,范镇难之。蔡襄曰:"吾三司使也。司会之言,吾愧之而不敢怨。"惟考官胡宿以为不逊,请黜之。仁宗曰:"以直言召人,而以直言弃之,天下其谓我何?"宰相不得已,置之下等,授商州军事推官。时父洵被命修《礼书》,兄轼签书凤翔判官。辙乞养亲京师。三年,轼还,辙为大名推官。逾年,丁父忧。服除,神宗立已二年,辙上书言事,召对延和殿。

时王安石以执政与陈升之领三司条例,命辙为之属。吕惠卿附安石,辙与论多相牾。安石出《青苗书》使辙熟议,曰:"有不便,以告勿疑。"辙曰:"以钱贷民,使出息二分,本以救民,非为利也。然出纳之际,吏缘为奸,虽有法不能禁,钱入民手,虽良民不免妄用;及其纳钱,虽富民不免踰限。如此,则恐鞭箠必用,州县之事不胜烦矣。唐刘晏掌国计,未尝有所假贷。有尤之者,晏曰:'使民侥幸得钱,非国之福;使吏倚法督责,非民之便。吾虽未尝假贷,而四方丰凶贵贱,知之未尝逾时。有贱必籴,有贵必粜,以此四方无甚贵、甚贱之病,安用贷为?'晏之所言,则常平法耳。今此法见在而患不修,公诚能有意于民,举而行之,则晏之功可立俟也。"安石曰:"君言诚有理,当徐思之。"自此逾月不言青苗。

会河北转运判官王广廉奏乞度僧牒数千为本钱,于陕西漕司私行青苗法,春散秋敛,与安石意合,于是青苗法遂行。安石因遣八使之四方,访求遗利。中外知其必迎合生事,皆莫敢言。辙往见陈升之曰:"昔嘉祐末,遣使宽恤诸路,各务生事,还奏多不可行,为天下笑。今何以异此?"又以书抵安石,力陈其不可。安石怒,将加以罪,升之止之,以为河南推官。会张方平知陈州,辟为教授。三年,授齐州掌书记。又三年,改著作佐郎。复徒方平签书南京判官。居二年,坐兄轼以诗得罪,谪监筠州盐酒税,五年不得调。移知绩溪县。

哲宗立,以秘书省校书郎召。元祐元年,为右司谏。宣仁后临朝,用司马光、吕公著,欲革弊事,而旧相蔡确、韩缜、枢密使章惇皆在位,窥伺得失,辙皆论去之。吕惠卿始谄事王安石,倡行虐政以害天下。及势钧力敌,则倾陷安石,甚于仇雠,世尤恶之。至是,自知不免,乞宫观以避贬窜。辙具疏其奸,以散官安置建州。

司马光以王安石雇役之害,欲复差役,不知其害相半于雇役。辙言:"自罢差役仅二十年,吏民皆未习惯。况役法关涉众事,根芽盘错,行之徐缓,乃得审详。若不穷究首尾,忽遽便行,恐既行之后,别生诸弊。今州县役钱,例有积年宽剩,大约足支数年,且依旧雇役,尽今年而止。

催督有司审议差役，趁今冬成法，来年役使乡户。但使既行之后，无复人言，则进退皆便。"

光又以安石私设《诗》、《书》新义考试天下士，欲改科举，别为新格。辙言："进士来年秋试，日月无几，而议不时决。诗赋虽小技，比次声律，用功不浅。至于治经，诵读讲解，尤不轻易。要之，来年皆未可施行。乞来年科场，一切如旧，惟经义兼取注疏及诸家论议，或出己见，不专用王氏学。仍罢律义，令举人知有定论，一意为学，以待选试，然后徐议元祐五年以后科举格式，未为晚也。"光皆不能从。

初，神宗以夏国内乱，用兵攻讨，乃于熙河增兰州，于延安增安疆、米脂等五砦。二年，夏遣使贺登位，使还，未出境，又遣使入境。朝廷知其有请兰州、五砦地意，大臣议弃守未决。辙言曰："顷者西人虽至，疆场之事，初不自言。度其狡心，盖知朝廷厌兵，确然不请，欲使此意发自朝廷，得以为重。朝廷深觉其意，忍而不予，情得势穷，始来请命，一失此机，必为后悔。彼若点集兵马，屯聚境上，许之则畏兵而予，不复为恩；不予则边衅一开，祸难无已。间不容发，正在此时，不可失也。况今日之事，主上妙年，母后听断，将帅吏士，恩情未接，兵交之日，谁使效命？若其羽书沓至，胜负纷然，临机决断，谁任其责？惟乞圣心以此反复思虑，早赐裁断，无使西人别致猖狂。"于是朝廷许还五砦，夏人遂服。迁起居郎、中书舍人。

朝廷议回河故道，辙为公著言："河决而北，自先帝不能回。今不因其旧而修其未至，乃欲取而回之，其为力也难，而为责也重，是谓智勇势力过先帝也。"公著悟，竟未能用。进户部侍郎。辙因转对，言曰："财赋之原，出于四方，而委于中都。故善为国者，藏之于民，其次藏之州郡。州郡有余，则转运司常足；转运司既足，则户部不困。唐制，天下赋税，其一上供，其一送使，其一留州。比之于今，上供之数可谓少矣。然每有缓急，王命一出，舟车相衔，大事以济。祖宗以来，法制虽殊，而诸道蓄藏之计，犹极丰厚，是以敛散及时，纵舍由已，利柄所在，所为必成。自熙宁以来，言利之臣，不知本末之术，欲求富国，而先困转司。转运司既困，则上供不继；上供不继，而户部亦匮矣。两司既困，故内帑别藏，虽积如丘山，而委为朽坏，无益于算也。"

寻又言：

臣以祖宗故事考之，今日本部所行，体例不同，利害相远，宜随事措置，以塞弊原。谨具三弊以闻：其一曰分河渠案以为都水监，其二曰分胄案以为军器监，其三曰分修造案以为将作监。三监皆隶工部，则本部所专，其余无几，出纳损益，制在他司。顷者，

司马光秉政，知其为害，尝使本部收揽诸司利权。当时所收，不得其要，至今三案犹为他司所擅，深可惜也。

盖国之有财，犹人之有饮食。饮食之道，当使口司出纳，而腹制多寡。然后分布气血，以养百骸，耳目赖之以为聪明，手足赖之以为力。若不专任口腹，而使手足、耳目得分治之，则虽欲求一饱不可得矣，而况于安且寿乎！今户部之在朝廷，犹口腹也，而使他司分治其事，何以异此？自数十年以来，群臣每因一事不举，辄入建他司。利权一分，用财无艺。他司以办事为效，则不恤财之有无，户部以给财为功，则不问事之当否。彼此各营一职，其势不复相知，虽使户部得材智之臣，终亦无益，能否同病，府库卒空。今不早救，后患必甚。

昔嘉祐中，京师频岁大水，大臣始取河渠案置都水监。置监以来，比之旧案，所补何事？而大不便者，河北有外监丞，侵夺转运司职事。转运司之领河事也，郡之诸埽，埽之吏兵、储蓄，无事则分，有事则合。水之所向，诸埽趋之，吏兵得以并功，储蓄得以并用。故事作之日，无暴敛伤财之患，事定之后，徐补其阙，两无所妨。自有监丞，据法责成，缓急之际，诸埽不相为用，而转运司不胜其弊矣。此工部都水监为户部之害，一也。

先帝一新官制，并建六曹，随曹付事，故三司故事多隶工曹，名虽近正而实非利。昔胄案所掌，今内为军器监而上隶工部，外为都作院而上隶提刑司，欲有兴作，户部不得与议。访闻河北道近岁为羊浑脱，动以千计。浑脱之用，必军行乏水，过渡无船，然后须之。而其为物，稍经岁月，必至蠹败。朝廷无出兵之计，而有司营戢，不顾利害，至使公私应副，亏财害物。若专在转运司，必不至此。此工部都作院为户部之害，二也。

昔修造案掌百工之事，事有缓急，物有利害，皆得专之。今工部以办职为事，则缓急利害，谁当议之？朝廷近以箔场竹箔，积久损烂，创令出卖，上下皆以为当。指挥未几，复以诸处营造，岁有科制，遂令般运堆积，以破出卖之计。臣不知将作见工几何，一岁所用几何？取此积彼，未用之间，有无损败，而遂为此计。本部虽知不便，而以工部之事，不敢复言。此工部将作监为户部之害，三也。

凡事之类此者多矣，臣不能遍举也。故愿明诏有司，罢外水监丞，举河北河事及诸路都作院皆归转运司，至于都水、军器、将作三监，皆兼隶户部，使

定其事之可否，裁其费之多少，而工部任其功之良苦，程其作之迟速。苟可否、多少在户部，则伤财害民，户部无所逃其责矣。苟良苦、迟速在工部，则败事乏用，工部无所辞其遣矣。制出于一，而后天下贫富，可责之户部矣。

哲宗从之，惟都水仍旧。

朝廷以吏部元丰所定吏额，比旧额数倍，命辙量事裁减。吏有白中孚曰："吏额不难定也。昔之流内铨，今侍郎左选也，事之烦剧，莫过此矣。昔铨吏止十数，而今左选吏至数十，事不加旧而用吏至数倍，何也？昔无重法、重禄，吏通赇赂，则不欲人多以分所得。今行重法，给重禄，赇赂比旧为少，则不忌人多而幸于少事。此吏额多少之大情也。旧法，日生事以难易分七等，重者至一分，轻者至一厘以下，积若干分而为一人。今若取逐司两月事定其分数，则吏额多少之限，无所逃矣。"辙曰："此群吏身计所系也。若以分数为人数，必大有所损，将大致纷诉，虽朝廷亦不能守。"乃具以白宰执，请据实立额，俟吏之年满转出，或事故死亡者勿补，及额而止。不过十年，羡额当尽。功虽稍缓，而见吏知非身患，不复怨矣。吕大防命诸司吏任永寿与省吏数人典之，遂背辙议以立额，日裁损吏员，复以好恶改易诸局次。永寿复以赃刺配，大防略依辙议行之。代轼为翰林学士，寻权吏部尚书。使契丹，馆客者侍读学士王师儒能诵洵、轼之文及辙《茯苓赋》，恨不得见全集。使还，为御史中丞。

自元祐初，一新庶政，至是五年矣。人心已定，惟元丰旧党分布中外，多起邪说以摇撼在位，吕大防、刘挚患之，欲稍引用，以平夙怨，谓之"调停"。宣仁后疑不决，辙面斥其非，复上疏曰：

臣近面论，君子小人不可并处，圣意似不以臣言为非者。然天威咫尺，言词迫遽，有所不尽，臣而不言，谁当救其失者！亲君子，远小人，则主尊国安；疏君子，任小人，则主忧国殆。此理之必然。未闻以小人在外，忧其不悦而引之于内，以自遗患也。故臣谓小人虽不可任以腹心，至于牧守四方，奔走庶务，无所偏废可也。若遂引之于内，是犹患盗贼之欲得财，而导之于寝室，知虎豹之欲食肉，而开之以坰牧，无是理也。且君子小人，势同冰炭，同处必争。一争之后，小人必胜，君子必败。何者？小人贪利忍耻，击之则难去，君子洁身重义，沮之则引退。古语曰：'一薰一莸，十年尚犹有臭。'盖谓此矣。

先帝聪明圣智，疾颓靡之俗，将以纲纪四方，比隆三代。而臣下不能将顺，造作诸法，上逆天意，下失民心。二圣因民所愿，取而更之，上下忻慰。则

前者用事之臣，今朝廷虽不加斥逐，其势亦不能复留矣。尚赖二圣慈仁，宥之于外，盖已厚矣。而议者惑于说，乃欲招而纳之，与之共事，谓之"调停"。此辈若返，岂肯但已哉？必将戕害正人，渐复旧事，以快私忿。人臣被祸，盖不足言，臣所惜者，祖宗朝廷也。惟陛下断自圣心，勿为流言所惑，勿使小人一进，后有噬脐之悔，则天下幸甚。

疏入，宣仁后命宰执读于帘前，曰："辙疑吾君臣兼用邪正，其言极中理。"诸臣从而和之，"调停"之说遂已。

辙又奏曰：

窃见方今天下虽未大治，而祖宗纲纪具在，州郡民物粗安。若大臣正己平心，无生事要功之意，因弊修法，为安民靖国之术，则人心自定，虽有异党，谁不归心？向者异同反复之心，盖亦不足虑矣。但患朝廷举事，类不审详。曩者，黄河北流，正得水性，而水官穿凿，欲导之使东，移下就高，汩五行之理。及陛下遣使按视，知不可为，犹或固执不从。经今累岁，回河虽罢，减水尚存，遂使河朔生灵，财力俱困。今者西夏、青唐，外皆臣顺，朝廷招来之厚，惟恐失之。而熙河将吏创筑二堡，以侵其膏腴，议纳醇忠，以夺其节钺，功未可觊，争已先形。朝廷虽知其非，终不明白处置，若遂养成边衅，关陕岂复安居？如此二事，则臣所谓宜正己平心，无生事要功者也。

昔嘉祐以前，乡差衙前，民间常有破产之患。熙宁以后，出卖坊场以雇衙前，民间不复知有衙前之苦。及元祐之初，务于复旧，一例复差。官收坊场之钱，民出衙前之费，四方惊顾，众议沸腾。寻知不可，旋又复雇。去年之秋，又复差法。又熙宁雇役之法，三等人户，并出役钱，上户以家产高强，出钱无艺，下户昔不充役，亦遣出钱。故此二等人户，不免咨怨。至于中等，昔既已自差役，今又出钱不多，雇法之行，最为其便。罢行雇法，上下二等，欣跃可知，唯是中等则反为害。且如畿县中等之家，例出役钱三贯，若经十年，为钱三十贯而已。今差役既行，诸县手力，最为轻役；农民在官，日使百钱，最为轻费。然一岁之用，已为三十六贯，二年役满，为费七十余贯。罢役而归，宽乡得闲三年，狭乡不及一岁。以此较之，则差役五年之费，倍于雇役十年。赋役所出，多在中等。如此条目，不便非一，故天下皆思雇役而厌差役，今五年矣。如此二事，则臣所谓宜因弊修法，为安民靖国之术者也。

臣以闻见浅狭，不能尽知当今得失。然四事不去，如臣等辈犹知其非，而况于心怀异同，志在反覆，幸

国之失，有以藉口者乎？臣恐如此四事，彼已默识于心，多造谤议，待时而发，以摇撼众听矣。伏乞宣谕宰执，事有失当，改之勿疑，法或未完，修之无倦。苟民心既得，则异议自消。陛下端拱以享承平，大臣遒巡以安富贵，海内蒙福，上下攸同，岂不休哉！大臣耻过，终莫肯改。

六年，拜尚书右丞，进门下侍郎。初，夏人来贺登极，相继求和，且议地界。朝廷许约，地界已定，付以岁赐。久之，议不决。明年，夏人以兵袭泾原，杀掠弓箭手数千人，朝廷忍之不问，遣使往赐策命。夏人受礼倨慢，以地界为辞，不复入谢，再犯泾原。四年，来贺坤成节，且议地界。朝廷先以岁赐予之，地界又未决。夏人乃以疆事多方侵求，熙河将佐范育、种谊等，遂背约侵筑质孤、胜如二堡，夏人即平荡之。育等又欲以兵纳赵醇忠，及擅招其部人千余，朝廷却而不受，西边骚然。辙乞罢育、谊，别择老将以守熙河。宣仁后以为然，大臣竟主育、谊，不从。

辙又面奏："人君与人臣，事体不同。人臣虽明见是非，而力所不加，须至且止；人君于事，不知则已，知而不能行，则事权去矣。臣今言此，盖欲陛下收揽威柄，以正君臣之分而已。若专听所谓，不以渐制之，及其太甚，必加之罪，不免逐去。事至如此，岂朝廷美事？故臣欲保全大臣，非欲害之也。"

六年，熙河奏："夏人十万骑压通远军境，挑掘所争崖巉，杀人三日而退。乞因其退，急移近里堡砦于界，乘利而往，不须复守诚信。"下大臣会议。辙曰："当先定议欲用兵耶，不用耶？"吕大防曰："如合用兵，亦不得不用。"辙曰："凡用兵，先论理之曲直。我若不直，兵决不当用。朝廷须与夏人议地界，欲用庆历旧例，以彼此见今住处当中为直，此理最简直。夏人不从，朝廷遂不固执。盖朝廷临事，常患先易后难，此所谓先易者也。既而许于非所赐城砦，依绥州例，以二十里为界，十里为堡铺，十里为草地。要约才定，朝廷又要两砦界首侵夏地，一抹取直，夏人见从。又要夏界更留草地十里，夏人亦许。凡此所谓后难者也。今欲于定西城与陇诺堡一抹取直，所侵夏地凡百数十里。陇诺祖宗旧疆，岂所谓非所赐城砦耶？此则不直，致寇之大者也。"刘挚曰："不用兵虽美，然事有须用兵者，亦不可不用也。"辙奏曰："夏兵十万压熙河境上，不于他处，专于所争处杀人、掘崖巉，此意可见，此非西人之罪，皆朝廷不直之故。熙河辄敢生事，不守诚信，臣欲诘责帅臣耳。"后屡因边兵深入夏地，宣仁后遂从辙议。

时三省除李清臣吏部尚书，给事中范祖禹封还诏书，且言姚勔亦言之。三省复除蒲宗孟兵部尚书。辙奏："前除清臣，给谏纷然，争之未定。今又用宗孟，恐不便。"

宣仁后曰："奈阙官何？"辙曰："尚书阙官已数年，何尝阙事？今日用此二人，正与去年用邓温伯无异。此三人者，非有大恶，但昔与王珪、蔡确辈并进，意思与今日圣政不合。见今尚书共阙四人，若并用似此四人，使党类互进，恐朝廷自是不安静矣。"议遂止。

绍圣初，哲宗起李清臣为中书舍人，邓润甫为尚书左丞。二人久在外，不得志，稍复言熙、丰事以激怒哲宗意。会廷试进士，清臣撰策题，即为邪说。辙谏曰：

伏见御试策题，历诋近岁行事，有绍复熙宁、元丰之意。臣谓先帝以天纵之才，行大有为之志，其所设施，度越前古，盖有百世不可改者。在位近二十年，而终身不受尊号。裁损宗室，恩止袒免，减朝廷无穷之费。出卖坊场，顾募衙前，免民间破家之患。黜罢诸科诵数之学，训练诸将慵惰之兵。置寄禄之官，复六曹之旧，严重禄之法，禁交谒之私。行浅攻之策以制西夏，收六色之钱以宽杂役。凡如此类，皆先帝之睿算，有利无害，而元祐以来，上下奉行，未尝失坠也。至于其他，事有失当，何世无之。父作之于前，子救之于后，前后相济，此则圣人之孝也。

汉武帝外事四夷，内兴宫室，财用匮竭，于是修盐铁、榷酤、均输之政，民不堪命，几至大乱。昭帝委任霍光，罢去烦苛，汉室乃定。光武、显宗以察为明，以谶决事，上下恐惧，人怀不安。章帝即位，深鉴其失，代之以宽厚、恺悌之政，后世称焉。本朝真宗右文偃武，号称太平，而群臣因其极盛，为天书之说。章献临御，揽大臣之议，藏书梓宫，以泯其迹；及仁宗听政，绝口不言。英宗自藩邸入继，大臣创濮庙之议。及先帝嗣位，或请复举其事，寝而不答，遂以安静。夫以汉昭、章之贤，与吾仁宗、神宗之圣，岂其薄于孝敬而轻事变易也哉？臣不胜区区，愿陛下反覆臣言，慎勿轻事改易。若轻变九年已行之事，擢任累岁不用之人，人怀私忿，而以先帝为辞，大事去矣。

哲宗览奏，以为引汉武方先朝，不悦。落职知汝州。居数月，元丰诸臣皆会于朝，再责知袁州。未至，降朝议大夫、试少府监，分司南京，筠州居住。三年，又责化州别驾，雷州安置，移循州。徽宗即位，徙永州、岳州，已而复太中大夫，提举凤翔上清太平宫。崇宁中，蔡京当国，又降朝请大夫，罢祠，居许州，再复太中大夫致仕。筑室于许，号颍滨遗老，自作传万余言，不复与人相见。终日默坐，如是者几十年。政和二年，卒，年七十四。追复端明殿学士。淳熙中，谥文定。

辙性沉静简洁，为文汪洋澹泊，似其为人，不愿人知之，而秀杰之气终不可掩，其高处殆与兄轼相迫。所著《诗传》、《春秋传》、《古史》、《老子解》、《栾城文集》并行于世。三子：迟、适、逊。族孙元老。

元老字子廷，幼孤力学，长于《春秋》，善属文。轼谪居海上，数以书往来。轼喜其为学有功，辙亦爱奖之。黄庭坚见而奇之，曰："此苏氏之秀也。"举进士，调广都簿，历汉州教授、西京国子博士、通判彭州。

政和间，宰相喜开边西南，帅臣多啖诱近界诸族使纳土，分置郡县以为功，致茂州蛮叛，帅司遽下令招降。元老叹曰："威不足以服，则恩不足以怀。"乃移书成都帅周焘曰："此蛮跳梁山谷间，伺间窃发，彼之所长，我之所短，惟施、黔两州兵可与为敌。若檄数千人，使倍道往赴，贤于官军十万也。其次以为夔、陕兵大集，先以夔兵诱其前，陕兵从其后，不十日，贼必破。彼降而我受焉，则威怀之道得。今不讨贼，既招而还，必复叛，不免重用兵矣。"焘得书，即召与计事。元老又策："茂有两道，正道自湿山趋长平，绝岭而上，其路险以高；间道自青崖关趋刁溪，循江而行，其路夷以径。当使正兵阵湿山，而阴出奇兵捣刁溪，与石泉并力合攻，贼腹背受敌，擒之必矣。"焘皆不能用，竟得罪。后帅至，如元老策，蛮势蹙，乃降。

除国子博士，历秘书正字、将作少监、比部考功员外郎，寻除成都路转运副使，为军器监，司农、卫尉、太常少卿。

元老外和内劲，不妄与人交。梁师成方用事，自言为轼外子，因缘欲见之，且求其文，拒不答。言者遂论元老苏轼从孙，且为元祐邪说，其学术议论，颇仿轼、辙，不宜在中朝。罢为提点明道宫。元老叹曰："昔颜子附骥尾而名显，吾今以家世坐累，荣矣。"未几卒，年四十七。有诗文行于时。

论曰：苏辙论事精确，修辞简严，未必劣于其兄。王安石初议青苗，辙数语枙之，安石自是不复及此，后非王广廉傅会，则此议息矣。辙寡言鲜欲，素有以得安石之敬心，故能尔也。若是者，轼宜若不及，然至论轼英迈之气，闳肆之文，辙为轼弟，可谓难矣。元祐秉政，力斥章、蔡，不主调停，及议回河、雇役，与文彦博、司马光异同，西边之谋，又与吕大防、刘挚不合。君子不党，于辙见之。辙与兄进退出处，无不相同。患难之中，友爱弥笃，无少怨尤，近古罕见。独其齿爵皆优于兄，意者造物之所赋与，亦有乘除于其间哉！

苏符行状（转录自舒大刚《三苏后代研究》载曾枣庄先生家藏拓本）

先公行状（苏山撰）

先公姓苏氏，字仲虎，讳符，世家眉山。曾王父讳洵，王父讳轼，父讳迈，母石氏，故中枢舍人昌言之孙。先公幼力学，负大志，逮事东坡公凡十五年，特器之，尝侍行岭表，畀以微言。党事再起，摈元祐公卿之世不用，益闭户读书，守家学自珍。至叔祖黄门公殁，始以遗恩授假将仕郎，调随州司刑曹事，丞蔡州确山县，为秦凤路经略安抚司干办公事。建炎初以审察召，上以为能世其家，特改宣教郎，擢国子丞，改司农丞。迁仓部职方外郎，知蜀州。绍兴初再召，宣抚使张公浚以便宜留之，移夔州路提点刑狱。未赴，又召，既对，赐进士出身，除司封司勋外郎，兼资善堂赞读。迁秘书少监，兼修《哲宗实录》，赐五品服。历太常少卿，起居郎，拜中书舍人，进兼翊善，赐三品服，充国信计议使，除给事中，复充贺正旦使。拜礼部侍郎，进礼部尚书。已尔兼侍读，以议礼不合，免所居官。久之，得提举江州太平观，除知遂宁府。言者谓不即引道，夺两官。后二年，复所夺官，除敷文阁待制，移知鼎州。请祠，得提举台州崇道观。除知饶州，不赴。除敷文阁直学士，越明年，除知邛州。命下未拜而薨，实二十六年七月丁未，享年七十。积官至左朝议郎，致仕迁左朝奉大夫。讣闻，特赠左中奉大夫，累封眉山县开国伯，食邑七百户。先夫人王氏，故枢密使巏之曾孙、适字子立之女。方先公在秦亭，家留颍昌，遇靖康兵祸，先夫人与七子俱没虏中。山独后死，得忍死以奉襄葬。一女，适故工部侍郎刘公观之次子右承事郎安牧。以三十一年十二月己酉葬于眉山县修文乡顺化里。

先君问学深于六经，盖其说独得于传注之先，奏事殿中，非经不言，上深知之。故自郎官七迁至常伯，皆兼赞读、翊善之职。经幄论议，倾听称善，进用皆出上意。及去国，上意盖未衰。时宰綦騕，其迹半天下，与郡与职相属也。先公益恬退，及上慨然□□公之言，卒用其所议礼，而先公顾已下世，天下悲之。平居以经学自娱，为门人子弟□讲说，衎衎无倦，经指教者，皆为名士。好施与，不治生产，族葬婚必待以具资，甚者待以敛。奏补必先宗族，凡五遇郊恩。然后乞官山。间从方士得养生之秘。自守武陵，有所遇即导引不食谷，且得浮丘故址，因自号白鹤翁。晚归蜀，父老皆欢呼前道，依西山松楸以居，幅巾杖屦，日与田父野僧游。玩《易》爻象，达死生之变，属纩之际，言如平生。及薨，远近涕泣□吊，承学者痛微言不复闻，皆哭之恸。有制诰表章十卷，文集二十卷。呜呼，山忍言之？惟先公出处大节，自为一代使臣所论著，而铭章之托则将求之天下宜书先公者云。山泣血书。侄婿蜀郡范仲芑书讳。

贺铸列传（《宋史》卷四百四十三）

贺铸字方回，卫州人。孝惠皇后之族孙。长七尺，面铁色，眉目耸拔。喜谈当世事，可否不少假借，虽贵要权倾一时，小不中意，极口诋之无遗辞，人以为近侠。博学强记，工语言，深婉丽密，如次组绣。尤长于度曲，掇拾人所弃遗，少加隐括，皆为新奇。尝言："吾笔端驱使李商隐、温庭筠常奔命不暇。"诸公贵人多客致之，铸或从或不从，其所不欲见，终不贬也。

初，娶宗女，隶籍右选，监太原工作，有贵人子同事，骄倨不相下。铸廉得盗工作物，屏侍吏，闭之密室，以杖数曰："来，若某时盗某物为某用，某时盗某物入于家，然乎？"贵人子惶骇谢"有之"。铸曰："能从吾治，免白发。"即起自袒其肤，杖之数下，贵人子叩头祈哀，即大笑释去。自是诸挟气力颉颃者，皆侧目不敢仰视。是时，江、淮间有米芾以魁岸奇谲知名，铸以气侠雄爽适相先后，二人每相遇，瞋目抵掌，论辩锋起，终日各不能屈，谈者争传为口实。

元祐中，李清臣执政，奏换通直郎，通判泗州，又倅太平州。竟以尚气使酒，不得美官，悒悒不得志，食宫祠禄，退居吴下，稍务引远世故，亦无复轩轾如平日。家藏书万余卷，手自校仇，无一字误，以是杜门将遂其老。家贫，贷子钱自给，有负者，辄折券与之，秋毫不以丐人。

铸所为词章，往往传播在人口。建中靖国时，黄庭坚自黔中还，得其"江南梅子"之句，以为似谢玄晖。其所与交，终始厚者，惟信安程俱。铸自裒歌词，名《东山乐府》，俱为序之。尝自言唐谏议大夫知章之后，且推本其初，出王子庆忌，以庆为姓，居越之湖泽所谓镜湖者，本庆湖也，避汉安帝父清河王讳，改为贺氏，庆湖亦转为镜。当时不知何所据。故铸自号"庆湖遗老"，有《庆湖遗老集》二十卷。

黄庭坚列传（《宋史》卷四百四十四）

黄庭坚字鲁直，洪州分宁人。幼警悟，读书数过辄成诵。舅李常过其家，取架上书问之，无不通，常惊，以为一日千里。举进士，调叶县尉。熙宁初，举四京学官，第文为优，教授北京国子监，留守文彦博才之，留再任。苏轼尝见其诗文，以为超轶绝尘，独立万物之表，世久无此作，由是声名始震。知太和县，以平易为治。时课颁盐筴，诸县争占多数，太和独否，吏不悦，而民安之。

哲宗立，召为校书郎、《神宗实录》检讨官。逾年，迁著作佐郎，加集贤校理。《实录》成，擢起居舍人。丁母艰。庭坚性笃孝，母病弥年，昼夜视颜色，衣不解带，及亡，庐墓下，哀毁得疾几殆。服除，为秘书丞，提点明道宫，兼国史编修官。绍圣初，出知宣州，改鄂州。章惇、蔡卞

与其党论《实录》多诬，俾前史官分居畿邑以待问，摘千余条示之，谓为无验证。既而院吏考阅，悉有据依，所余才三十二事。庭坚书"用铁龙爪治河，有同儿戏"。至是首问焉。对曰："庭坚时官北都，尝亲见之，真儿戏耳。"凡有问，皆直辞以对，闻者壮之。贬涪州别驾，黔州安置，言者犹以处善地为骪法。以亲嫌，遂移戎州，庭坚泊然，不以迁谪介意。蜀士慕从之游，讲学不倦，凡经指授，下笔皆可观。

徽宗即位，起监鄂州税，签书宁国军判官，知舒州，以吏部员外郎召，皆辞不行。丐郡，得知太平州，至之九日罢，主管玉隆观。庭坚在河北与赵挺之有微隙，挺之执政，转运判官陈举承风旨，上其所作《荆南承天院记》，指为幸灾，复除名，羁管宜州。三年，徙永州，未闻命而卒，年六十一。

庭坚学问文章，天成性得，陈师道谓其诗得法杜甫，学甫而不为者。善行、草书，楷法亦自成一家。与张耒、晁补之、秦观俱游苏轼门，天下称为"四学士"，而庭坚于文章尤长于诗，蜀、江西君子以庭坚配轼，故称"苏、黄"。轼为侍从时，举以自代，其词有"瑰伟之文，妙绝当世，孝友之行，追配古人"之语，其重之也如此。初，游潜皖山谷寺、石牛洞，乐其林泉之胜，因自号山谷道人云。

秦观列传（《宋史》卷四百四十四）

秦观字少游，一字太虚，扬州高邮人。少豪隽，慷慨溢于文词，举进士不中。强志盛气，好大而见奇，读兵家书与己意合。见苏轼于徐，为赋黄楼，轼以为有屈、宋才。又介其诗于王安石，安石亦谓清新似鲍、谢。轼勉以应举为亲养，始登第，调定海主簿、蔡州教授。元祐初，轼以贤良方正荐于朝，除太学博士，校正秘书省书籍。迁正字，而复为兼国史院编修官，上日有砚墨器币之赐。

绍圣初，坐党籍，出通判杭州。以御史刘拯论其增损实录，贬监处州酒税。使者承风望指，候伺过失，既而无所得，则以谒告写佛书为罪，削秩徙郴州，继编管横州，又徙雷州。徽宗立，复宣德郎，放还，至藤州，出游华光亭，为客道梦中长短句，索水欲饮，水至，笑视之而卒。先自作挽词，其语哀甚，读者悲伤之，年五十三，有文集四十卷。

观长于议论，文丽而思深。及死，轼闻之叹曰："少游不幸死道路，哀哉！世岂复有斯人乎！"弟觌字少章，觏字少仪，皆能文。

张耒列传（《宋史》卷四百四十四）

张耒字文潜，楚州淮阴人。幼颖异，十三岁能为文，十七时作《函关赋》，已传人口。游学于陈，学官苏辙爱之，

因得从轼游，轼亦深知之，称其文汪洋冲澹，有一倡三叹之声。

弱冠第进士，历临淮主簿、寿安尉、咸平县丞。入为太学录，范纯仁以馆阁荐试，迁秘书省正字、著作佐郎、秘书丞、著作郎、史馆检讨。居三馆八年，顾义自守，泊如也。擢起居舍人。绍圣初，请郡，以直龙图阁知润州。坐党籍徙宣州，谪监黄州酒税，徙复州。徽宗立，起为通判黄州，知兖州，召为太常少卿，甫数月，复出知颍、汝二州。崇宁初，复坐党籍落职，主管明道宫。初，耒在颍，闻苏轼讣，为举哀行服，言者以为言，遂贬房州别驾，安置于黄。五年，得自便，居陈州。

耒仪观甚伟，有雄才，笔力绝健，于骚词尤长。时二苏及黄庭坚、晁补之之辈相继没，耒独存，士人就学者众，分日载酒殽饮食之。诲人作文以理为主，尝著论云："自六经以下，至于诸子百氏骚人辩士论述，大氐皆将以为寓理之具也。故学文之端，急于明理，如知文而不务理，求文之工，世未尝有也。夫决水于江、河、淮、海也，顺道而行，滔滔汩汩，日夜不止，冲砥柱，绝吕梁，放于江湖而纳之海，其舒为沦涟，鼓为波涛，激之为风飚，怒之为雷霆，蛟龙鱼鳖，喷薄出没，是水之奇变也。水之初，岂若是哉！顺道而决之，因其所遇而变生焉。沟渎东决而西竭，下满而上虚，日夜激之，欲见其奇，彼其所至者，蛙蛭之玩耳。江、河、淮、海之水，理达之文也，不求奇而奇至矣。激沟渎而求水之奇，此无见于理，而欲以言语句读为奇，反复咀嚼，卒亦无有，文之陋也。"学者以为至言。作诗晚岁亦务平淡，效白居易体，而乐府效张籍。

久于投闲，家益贫，郡守翟汝文欲为买公田，谢不取。晚监南岳庙，主管崇福宫。卒，年六十一。建炎初，赠集英殿修撰。

李廌列传（《宋史》卷四百四十四）

李廌字方叔，其先自郓徙华。廌六岁而孤，能自奋立，少长，以学问称乡里。谒苏轼于黄州，贽文求知。轼谓其笔墨澜翻，有飞沙走石之势，拊其背曰："子之才，万人敌也，抗之以高节，莫之能御矣。"廌再拜受教。而家素贫，三世未葬，一夕，抚枕流涕曰："吾忠孝焉是学，而亲未葬，何以学为！"旦而别轼，将客游四方，以蒇其事。轼解衣为助，又作诗以劝风义者。于是不数年，尽致累世之表三十余柩，归窆华山下，范镇为表墓以美之。益闭门读书，又数年，再见轼，轼阅其所著，叹曰："张耒、秦观之流也。"

乡举试礼部，轼典贡举，遗之，赋诗以自责。吕大防叹曰："有司试艺，乃失此奇才耶！"轼与范祖禹谋曰："廌

虽在山林，其文有锦衣玉食气，弃奇宝于路隅，昔人所叹，我曹得无意哉！"将同荐诸朝，未几，相继去国，不果。轼卒，廌哭之恸，曰："吾愧不能死知己，至于事师之勤，渠敢以生死为间！"即走许、汝间，相地卜兆授其子，作文祭之曰："皇天后土，鉴一生忠义之心；名山大川，还万古英灵之气。"词语奇壮，读者为悚。中年绝进取意，谓颍为人物渊薮，始定居长社，县令李佐及里人买宅处之。卒，年五十一。

廌喜论古今治乱，条畅曲折，辩而中理。当喧涨仓卒间如不经意，睥睨而起，落笔如飞驰。元祐求言，上《忠谏书》、《忠厚论》，并献《兵鉴》二万言论西事。朝廷擒羌酋鬼章，将致法，廌深论利害，以为杀之无益，愿加宽贷，当时韪其言。

神宗向皇后列传（《宋史》卷二百四十三）

神宗钦圣宪肃向皇后，河内人，故宰相敏中曾孙也。治平三年，归于颍邸，封安国夫人。神宗即位，立为皇后。

帝不豫，后赞宣仁后定建储之议。哲宗立，尊为皇太后。宣仁命葺庆寿故宫以居后，后辞曰："安有姑居西而妇处东，渎上下之分。"不敢徙，遂以庆寿后殿为隆祐宫居之。帝将卜后及诸王纳妇，后敕向族勿以女置选中。族党有欲援例以恩换阁职，及为选人求京秩者，且言有特旨，后曰："吾族未省用此例，何庸以私情挠公法。"一不与。帝仓卒晏驾，独决策迎端王。章惇异议，不能沮。

徽宗立，请权同处分军国事，后以长君辞。帝泣拜，移时乃听。凡绍圣、元符以还，惇所斥逐贤大夫士，稍稍收用之。故事有如御正殿、避家讳、立延节之类，皆不用。至闻宾召故老、宽徭息兵、爱民崇俭之举，则喜见于色。才六月，即还政。

明年正月崩，年五十六。帝追念不已，乃数加恩两舅，宗良、宗回，皆位开府仪同三司，封郡王。而自敏中以上三世，亦追列王爵，非常典也。

向敏中列传（《宋史》卷二百八十二）

向敏中字常之，开封人。父瑀，仕汉符离令。性严毅，惟敏中一子，躬自教督，不假颜色。尝谓其母曰："大吾门者，此儿也。"敏中随瑀赴调京师，有书生过门，见敏中，谓邻母曰："此儿风骨秀异，贵且寿。"邻母入告其家，比出，已不见矣。及冠，继丁内外忧，能刻厉自立，有大志，不屑贫窭。

太平兴国五年进士，解褐将作监丞、通判吉州，就改右赞善大夫。转运使张齐贤荐其材，代还，为著作郎。召见便殿，占对明畅，太宗善之，命为户部推官，出为淮南

转运副使。时领外计者，皆以权宠自尊，所至畏惮，敏中不尚威察，待僚属有礼，勤于劝勗，职务修举。或荐其有武干者，召入，将授诸司副使。敏中恳辞，仍献所著文，加直史馆，遣还任。以耕籍恩，超左司谏，入为户部判官、知制诰。未几，权判大理寺。

时没入祖吉赃钱，分赐法吏，敏中引锺离意委珠事，独不受。妖尼道安搆狱，事连开封判官张去华，敏中妻父也，以故得请不预决谳。既而法官皆贬，犹以亲累落职，出知广州。入辞，面叙其事，太宗为之感动，许以不三岁召还。翌日，迁职方员外郎，遣之。是州兼掌市舶，前守多涉讥议，敏中至荆南，预市药物以往，在任无所须，以清廉闻。就擢广南东路转运使，召为工部郎中。太宗飞白书敏中洎张詠二名付中书，曰："此二人，名臣也，朕将用之。"左右因称其材，并命为枢密直学士。

时通进、银台司主出纳书奏，领于枢密院，颇多壅遏，或至漏失。敏中具奏其事，恐远方有失事机，请别置局，命官专莅，校其簿籍，诏命敏中与詠领其局。太宗欲大任敏中，当塗者忌之。会有言敏中在法寺时，皇甫侃监无为军榷务，以贿败，发书历诣朝贵求为末减，敏中亦受之。事下御史，按实，尝有书及门，敏中睹其名，不启封遣去。俄捕得侃私僮诘之，云其书寻纳筩中，瘗临江传舍。驰驿掘得，封题如故。太宗大惊异，召见，慰谕赏激，遂决于登用。未几，拜右谏议大夫、同知枢密院事。自郎中至是百余日，超擢如此。时西北用兵，枢机之任，专主谋议，敏中明辨有才略，遇事敏速，凡二边道路、斥堠、走集之所，莫不周知。至道初，迁给事中。

真宗即位，敏中适在疾告，力起，见于东序，即遣视事。进户部侍郎。会曹彬为枢密使，改为副使。咸平初，拜兵部侍郎、参知政事。从幸大名，属宋湜病，代兼知枢密院事。时大兵之后，议遣重臣慰抚边郡，命为河北、河东安抚大使，以陈尧叟、冯拯为副，发禁兵万人翼从。所至访民疾苦，宴犒官吏，莫不感悦。四年，以本官同平章事，充集贤殿大学士。

故相薛居正孙安上不肖，其居第有诏无得贸易，敏中违诏质之。会居正子惟吉嫠妇柴将携赀产适张齐贤，安上诉其事，柴遂言敏中尝求娶己，不许，以是阴庇安上。真宗以问敏中，敏中言近丧妻不复议婚，未尝求婚于柴，真宗因不复问。柴又伐鼓，讼益急，遂下御史台，并得敏中质宅之状。时王嗣宗为盐铁使，素忌敏中，因对言，敏中议娶王承衍女弟，密约已定而未纳采。真宗询于王氏得其实，以敏中前言为妄，罢为户部侍郎，出知永兴军。

景德初，复兵部侍郎。夏州李继迁兵败，为潘罗支射伤，自度孤危且死，属其子德明必归宋，曰："一表不听则再请，虽累百表，不得请勿止也。"继迁卒，德明纳款，就命敏中为鄜延路缘边安抚使，俄还京兆。

是冬，真宗幸澶渊，赐敏中密诏，尽付西鄙，许便宜从事。敏中得诏藏之，视政如常日。会大傩，有告禁卒欲倚傩为乱者，敏中密使麾兵被甲伏庑下幕中。明日，尽召宾僚兵官，置酒纵阅，无一人预知者。命傩入，先驰骋于中门外，后召至阶，敏中振袂一挥，伏出，尽擒之，果各怀短刃，即席斩焉。既屏其尸，以灰沙扫庭，张乐宴饮，坐客皆股慄，边藩遂安。时旧相出镇，不以军事为意。寇准虽有重名，所至终日游宴，则以所爱伶人或付富室，辄厚有得。张齐贤倜傥任情，获劫盗或至纵遣。帝闻之，称敏中曰："大臣出临四方，惟敏中尽心于民事尔。"于是有复用之意。二年，又以德明誓约未定，徙敏中为鄜延路都部署兼知延州，委以经略，改知河南府兼西京留守。

大中祥符初，议封泰山，以敏中旧德有人望，召入，权东京留守。礼成，拜尚书右丞。时吏部选人多稽滞者，命敏中与温仲舒领其事。俄兼秘书监，又领工部尚书，充资政殿大学士，赐御诗褒宠。祀汾阴，复为留守。敏中以厚重镇静，人情帖然，帝作诗遣使驰赐之。拜刑部尚书。五年，复拜同平章事，充集贤殿大学士，加中书侍郎。寻充景灵宫使，宫成，进兵部尚书，为兖州景灵宫庆成使。

天禧初，加吏部尚书，又为应天院奉安太祖圣容礼仪使。进右仆射兼门下侍郎，监修国史。是日，翰林学士李宗谔当对，帝曰："朕自即位，未尝除仆射，今命敏中，此殊命也，敏中应甚喜。"又曰："敏中今日贺客必多，卿往观之，勿言朕意也。"宗谔既至，敏中谢客，门阑寂然。宗谔与其亲径入，徐贺曰："今日闻降麻，士大夫莫不欢慰相庆。"敏中但唯唯。又曰："自上即位，未尝除端揆，非勋德隆重，眷倚殊越，何以至此。"敏中复唯唯。又历陈前世为仆射者勋德礼命之重，敏中亦唯唯，卒无一言。既退，使人问庖中，今日有亲宾饮宴否，亦无一人。明日，具以所见对。帝曰："向敏中大耐官职。"徙玉清昭应宫使。以年老累请致政，优诏不许。三年重阳，宴苑中，暮归中风眩，郊祀不任陪从。进左仆射、昭文馆大学士，奉表恳让，又表求解，皆不许。明年三月卒，年七十二。帝亲临，哭之恸，废朝三日，赠太尉、中书令，谥文简。五子、诸壻并迁官，亲校又官数人。

敏中姿表瓌硕，有仪矩，性端厚岂弟，多智，晓民政，善处繁剧，慎于采拔。居大任三十年，时以重德目之，为人主所优礼，故虽衰疾，终不得谢。及追命制入，帝特批曰："敏中淳谨温良，宜益此意。"其恩顾如此。有《文集》十五卷。

子传正，国子博士；传式，龙图阁直学士；传亮，驾部员外郎；传师，殿中丞；传范，娶南阳郡王惟吉女安福县主，为密州观察使，谥惠节。

传亮子经，定国军留后，谥康懿。经女即钦圣宪肃皇后也，以后族赠敏中燕王、传亮周王、经吴王。敏中余孙绎、绛，并官太子中书。

论曰：宋至真宗之世，号为盛治，而得人亦多。李沆为相，正大光明，其焚封妃之诏以格人主之私，请迁灵州之民以夺西夏之谋，无愧宰相之任矣。沆尝谓王旦，边患既息，人主侈心必生，而声色、土木、神仙祠祷之事将作，后王钦若、丁谓之徒果售其佞。又告真宗不可用新进喜事之人，中外所陈利害皆报罢之，后神宗信用安石变更之言，驯至梦扰。世称沆为“圣相”，其言虽过，诚有先知者乎！王旦当国最久，事至不膠，有谤不校，荐贤而不市恩，救罪辄宥而不费辞。澶渊之役，请于真宗曰：“十日不捷，何以处之？”真宗答之曰：“立太子。”契丹逾岁给而借币，西夏告民饥而假粮，皆一语定之，伟哉宰相才也。惟受王钦若之说，以遂天书之妄，斯则不及李沆尔。向敏中耻受赃物之赐以远其污，预避市舶之嫌以全其廉，坚拒皇甫侃之书以免其累，拜罢之际，喜愠不形，亦可谓有宰相之风焉。

王化基列传附王举正、王举元、王诏（《宋史》卷二百六十六）

王化基字永图，真定人。太平兴国二年，举进士，为大理评事，通判常州。迁太子右赞善大夫、知岚州。时赵普为相，建议以骤用人无益于治，改淮南节度判官，入为著作郎，迁右拾遗，抗疏自荐。太宗览奏曰：“化基自结人主，慷慨之士也。”召试，知制诰，以右谏议大夫权御史中丞。一日，侍便殿，问以边事，对曰：“治天下犹植木焉，所患根本未固，固则枝干不足忧。朝廷治，则边鄙何患乎不安？”又尝令荐士，即一疏数十人，王嗣宗、薛映、耿望，皆其人也。

化基尝慕范滂为人，献《澄清略》，言时事有五：

其一，复尚书省，曰：国家立制，动必法天。尚书省上应玄象，对临紫垣，故六卿拟喉舌之官，郎吏应星辰之位，斯实乾文昭著，故事具明。方今省署，名实未称。夫三司使额，乃近代权制；判官、推官、勾院、开拆、磨勘、凭由、理欠、孔目、勾押、前后行，皆州郡吏局之名。请废三司，止于尚书省设六尚书分掌其事；废判官、推官，设郎官分掌二十四司及左右司公事，使一人掌一司；废孔目、勾押、前后行为都事、主事、令史；废勾院、开拆、磨勘、凭由、理欠等司归比部及左右司。如此即事益精详，且尽去州郡

吏局之名也。六卿如阙，即选名品相近、有才望者权之；郎官如阙，则于两省三院选名干有清望者，依资除之。其二十四司公事，若繁简不同，望下本省府属参酌其类，均而行之。

其二，慎公举，曰：朝廷频年下诏，以类求人。但闻例得举官，未见择其举主。欲望自今先责朝官有声望者，各举所知，其举得官员则置籍，并举主名姓籍之。所举之官，实著廉能，则特旌举主；若所举贪冒败事，连坐举主。陛下自登宝位，十年于兹，七经选抡，得人多矣。然下僚远官，不无沉滞。望令采访司及州郡长吏，廉察以闻，籍以待用，则下无遗材矣。

其三，惩贪吏，曰：贪吏之于民，其损甚大。屈法烦刑，徇私肆虐，使民之受害甚于木之受蠹。若乃用非其人而不绳以法，虽夷、齐、颜、闵不能自见。盖中人之性，如水之在器，方员不常，顾用之者何如尔。望令诸路转运使副兼采访之名，责以觉察州、府、军、监长吏得失，俟其澄清部内，则待以不次之擢，置于侍从之间。所贵周知物理，能备顾问，且足为外官之劝也。

其四，省冗官，曰：古人建官，初不必备者，惟得其人也。国家封疆虽踰前世，而分设庶官实倍常数，意欲尽笼天下之利，而民物转加凋弊。二十年前，江、淮诸郡，扬、楚最居要冲，务穰事众，地广民繁。然止设知州一人署领官事，其余通判官、推官及州官等，悉皆分筦权务、仓库。当时事无不集，兼少狱讼。其后十年，臣任扬州时，朝廷添置监临、使臣等职，实踰本州官数。诸州冗员，似此非一。今以朝官、诸色使臣及县令、簿、尉等高卑相折而计之，一人月费不啻十千，以千人约之，岁计用十余万千，更倍万约之，万又过倍。使皆廉吏，止糜公帑；设或贪夫参错其间，则取于民者又加倍焉。望委各路转运使副，与知州同议裁减。若县令、簿、尉等官自前多不备置，可兼者兼之，如此则冗官汰矣。

其五，择远官，曰：负罪之人，多非良善，贪残凶暴，无所不至。若授以远方牧民之官，其或怙恶不悛，恃远肆毒。小民罹殃，卒莫上诉，甚非抚绥远人之意也。若自今以往，西川、广南长吏不任负罪之人，则远人受赐矣。

书奏，太宗嘉纳之。

初，柴禹锡任枢密，有奴受人金，而禹锡实不知也。参知政事陈恕欲因以中禹锡。太宗怒，引囚讯其事，化基为辨其诬。太宗感悟，以化基为长者。淳化中，拜中丞，俄知京朝官考课，迁工部侍郎。至道三年，超拜参知政事。

咸平四年，以工部尚书罢知扬州。移知河南府，进礼部尚书。大中祥符三年，卒，年六十七。赠右仆射，谥惠献。化基宽厚有容，喜愠不形，僚佐有相凌慢者，辄优容之。在中书，不以荫补诸子官，然善教训，故其子举正、举直、举善、举元皆有所立。

举正字伯仲，幼嗜学，厚重寡言。化基以为类己，器爱异诸子，以荫补秘书省校书郎。进士及第，知伊阙、任丘县，馆阁校勘、集贤校理、《真宗实录》院检讨、国史编修官。三迁尚书度支员外郎、直集贤院，修《三朝宝训》，同修起居注，擢知制诰。其妻父陈尧佐为相，改龙图阁待制。尧佐罢，以兵部郎中复知制诰，为翰林学士，拜右谏议大夫、参知政事。前一日，吏有驰报者，举正方燕居斋舍，徐谓吏曰："安得漏禁中语？"既入谢，仁宗曰："卿恬于进取，未尝干朝廷以私，故不次用卿。"

时陕西用兵，吕夷简以宰相判枢密院，举正曰："判名重，不可不避也。"乃改兼枢密使。迁给事中。御史台举李徽之为御史，举正友婿也，格不行。徽之讼曰："举正妻悍不能制，如谋国何？"欧阳修等亦论举正懦默不任事，举正亦自求去，遂以资政殿学士、尚书礼部侍郎知许州。光化军叛卒转寇傍境，而州兵有谋起为应者，举正潜捕首恶者斩之。徙知应天府，累迁左丞。

皇祐初，拜御史中丞，乃奏："张尧佐庸人，缘妃家，一日领四使，使贤士大夫无所劝。"不报，举正因留班廷诤，乃夺宣徽、景灵二使。又曰："先朝用人，虽守边累年者，官止遥郡刺史。今所用未尽得人，而觊期待迁，使后有功者何所劝耶？且转运使察官吏能否，生民休戚赖焉。命甫下而数更，不终岁而再易，恩泽所以未宣，民疾所以未瘳者，职此故也。"御史唐介坐言事贬春州，举正力言之，介得徙英州。居半岁，尧佐复为宣徽使。家居凡七上疏。及狄青为枢密使，又言青出兵伍不可为执政，力争不能夺，因请解言职。帝称其得风宪体，遣赐就第，赐白金三百两，除观文殿学士、礼部尚书、知河南府，入兼翰林侍读学士。每进读及前代治乱之际，必再三讽谕。

以太子少傅致仕，卒，赠太子太保，谥安简，赐黄金百两。文章雅厚如其为人，有《平山集》《中书制集》《内制集》五十卷。

举元字懿臣，以上父章赐进士出身。知潮州，江水败隄，盗乘间窃发，举元夜召里豪计事，盗既获，乃治隄。为河阴发运判官。或言大河决，将犯京师。举元适入对，具论地形证其妄，已而果然。历群牧、户部判官、京东转运使。沙门岛多流人，守吏顾货橐，阴杀之。举元请立监以较赏罚，自是全活者众。徙淮南、河东。夏人来争屈野地。举元从数骑度河，设幕与之议，示以赤心，夏人感服。

治平中，又徙成都。邛井盐岁入二百五十万，为丹棱卓箇所侵，积不售，下令止之，盐登于旧。召提举在京修造，英宗劳之曰："官庐舍害于水，仅有存者，卿究心公家，毋惮其劳。"俄进盐铁副使，拜天章阁待制，知沧州，改河北都转运使，知永兴军。庆人夏人屯境上，有窥我意。举元使二裨将以千骑扼其要害。长安遣从事来会兵泾原，戒勿轻举。大将窦舜卿锐意请行，不听。举元曰："不过三日，虏去矣。"至期果去。神宗以细札谘攻守策，举元请省官减戍，益备去兵，勿营亭障。舆论不合，遂引疾求解，徙陈州，未行而卒。官至给事中，年六十二。子诏。

诏字景献，用荫补官，通判广信军事，知博州。魏俗尚椎剽，奸盗相囊橐，诏请开反告杀并赎罪法，以携其党。元祐初，朝廷起回河之议，未决，而开河之役遽兴。诏言河朔秋潦，水淫为菑，民人流徙，赖发廪振赡恩，稍苏其生，谓宜安之，未可以力役伤也。从之。擢开封府推官。富民贷后绝僧牒为缗钱三十万，逾期复责倍输，身死赀籍，又锢其妻子，诏请免之。出为滑州。州属县有退滩百余顷，岁调民刈草给河隄，民病其役，诏募人佃之，而收其余。为度支郎中，使契丹。时方讨西夏，迓者耶律诚欲尝我，言曰："河西无礼，大国能容之乎？"诏曰："夏人侮边，既正其罪矣，何预两朝和好事？"入贺，故事，跪而饮，盖有误拜者，乃彊诏。诏曰："南北百年，所守者礼，其可纷更耶？"卒跪饮之。

崇宁中，由大理少卿为卿，徙司农。御史论诏在滁日请苏轼书《醉翁亭碑》，罢主崇福宫。旋知汝州，铸钱卒骂大校，诏斩以徇，而上章待罪。除直秘阁，言者复抉滁州事，罢去。起知深、兖二州，徙同州，过阙，留为左司郎中，迁卫尉、太府卿、刑部侍郎，详定救令。旧借绯紫者不佩鱼，诏言："章服所以辨上下，今与胥吏不异。"遂皆佩鱼。历工、兵、户三部侍郎，转开封尹。时子瓛使京西，摄尹洛。父子两京相望，人以为荣。

进刑部尚书，拜延康殿学士，提举上清宝箓宫，复为工部尚书。徽宗闵其老，命毋拜，诏皇恐，于是但朝朔望。俄以银青光禄大夫致仕，卒，年七十九。

论曰：自昔参大政、赞机务，非明敏特达之士，不能胜其任。若又饬以文雅，济以治具，则尽善矣。若水机鉴明敏，儒而知兵；李至刚严简重，好古博雅，其于柄用宜矣。王沔临事精密，能远私谒，而考课之议，颇伤苛刻；仲甫以吏事为时用，未免苟容之消，瑕瑜固不相掩也。仲舒见举于蒙正，而反攻其短；易简不能周恤光逢，而置之死地，其不可与郭贽辨曹彬之诬、化基伸禹锡之枉同日而语也明矣。此纯厚长者之称，所以独归于二子欤！举正继践台佐，得风宪体；举元任职边郡，有持重称。刿诏之父子又并尹两京，克济其美，何王氏子孙之多贤也！

宋湜列传（《宋史》卷二百八十七）

宋湜字持正，京兆长安人。曾祖择，牟平令。祖赞，万年令。父温故，晋天福中进士，至左补阙；弟温舒，亦进士，至职方员外郎，兄弟皆有时名。湜幼警悟，早孤，与兄泌励志笃学，事母以孝闻。温舒典耀州，湜侍行，代作笺奏，词敏而丽。温舒拊背曰："此儿真国器，恨吾兄不及见也。"

太平兴国五年进士，释褐将作监丞、通判梓州榷盐院，就迁右赞善大夫。宋准荐其文，拜著作郎、直史馆、赐绯。雍熙三年，以右补阙知制诰，与王化基、李沆并命，仍赐白金五百两、钱五十万。加户部员外郎，与苏易简同知贡举，俄判刑部，赐金紫。

淳化二年，妖尼道安讼大理断狱不当，湜坐累，降均州团练副使。时母老，湜留其室奉养。移汝州，与王禹偁并召入，为礼部员外郎、直昭文馆。五年，以职方员外郎再知制诰、判集贤院，知银台、通进、封驳司。至道元年，为翰林学士，知审官院、三班。又兼修国史、判昭文史馆事，加兵部郎中。

真宗即位，拜中书舍人。丁内艰，起复。咸平元年冬，改给事中，充枢密副使。真宗北巡，将次大名，以扈从军列为行阵，亲御铠甲于中，诸王、枢密介胄以从，命湜与王显分押后阵。驻跸数日，常召见便殿，方奏事，疾作仆地。内侍掖出，太医诊视，抚问相继，以疾亟闻。明年正月，真宗临视，许以先归，赐衾褥，曰："此朕尝御者，虽故暗，亦足御道途之寒。"又遣内侍护送供帐，至澶州，卒，年五十一。废朝，赠吏部侍郎。以子纶为太祝，纯为奉礼郎；弟某为光禄寺丞，湛为大理寺丞；姪孙选同学究出身。真宗再幸河朔，追悼之，加赠刑部尚书，谥曰忠定。

湜风貌秀整，有酝藉，器识冲远，好学，美文词，善谈论饮谑，晓音律，妙于弈棋。笔法遒媚，书帖之出，人多传效。喜引重后进有名者，又好趋人之急，当世士流，翕然宗仰之。有文集二十卷。

湜兄泌，太平兴国二年进士，至起居郎、直史馆、越王府记室参军。

温舒三子，沆、澥、涛。沆，刚率，喜谈兵。太平兴国五年进士，历左正言、京西转运使、度支判官。淳化二年，吕蒙正罢相，沆坐亲党，贬宜州团练副使，起为太子中允，换如京副使。咸平中，遣与梅询使西京为安抚使，未行，罢为环庆路都监。与知环州张从古擅发兵袭敌，不与部署叶谋，又士卒有死伤者，责授供奉官。后为文思副使、京西提点刑狱，卒。澥有清节，居长安不仕，与种放、

魏野游，多篇什酬唱。涛，端拱二年进士，历殿中丞、知襄城县，以政绩闻，赐绯鱼。历盐铁判官，累迁监察御史、知虢州。纯及泌子纬皆至殿中丞。

曹利用列传（《宋史》卷二百九十）

曹利用字用之，赵州宁晋人。父谏，擢明经第，仕至右补阙，以武备改崇仪使。利用少喜谈辩，慷慨有志操。谏卒，补殿前承旨，改右班殿直，选为鄜延路走马承受公事。

景德元年，契丹寇河北，真宗幸澶州，射杀契丹大将挞览，契丹欲收兵去，使王继忠议和，择可使契丹者。利用适奏事行在，枢密院以利用应选，帝曰："此重事也，毋轻用人。"明日，枢密使王继英又荐利用，遂授阁门祇候、崇仪副使，奉书诣契丹军。帝语利用曰："契丹南来，不求地则邀赂尔。关南地归中国已久，不可许；汉以玉帛赐单于，有故事。"利用愤契丹，色不平，对曰："彼若妄有所求，臣不敢生还。"帝壮其言。

利用驰至军中，耶律隆绪母见利用车上，车轫设横板，布食器，召与饮食，其从臣重行坐。饮食毕，果议关南地，利用拒之。遣其臣韩杞来报命，利用再使契丹。契丹母曰："晋德我，畀我关南地，周世宗取之，今宜还我。"利用曰："晋人以地界契丹，周人取之，我朝不知也。若岁求金帛以佐军，尚不知帝意可否，割地之请，利用不敢以闻。"其政事舍人高正始遽前曰："我引众以来，图复故地。若止得金帛归，则愧吾国人矣。"利用曰："子盍为契丹熟计，使契丹用子言，恐连兵结衅，不得而息，非国利也。"契丹度不可屈，和议遂定，利用奉约书以归。擢东上阁门使、忠州刺史，赐第京师。契丹遣使来聘，遂命利用迎劳之。

知宜州刘永规驭下残酷，军校乘众怨，杀永规叛，陷柳城县，围象州，分兵掠广州，岭南骚动。帝谓辅臣曰："向者司天占候当用兵，朕固忧远方守将非其人，以起边衅，今果然。曹利用晓方略，尽心于事，其以为广南安抚使。"利用至岭外，遇贼武仙县。贼持健标，蒙采盾，衣甲坚利，锋镝不能入。利用使士持巨斧长刀破盾，遂斩首以徇。岭南平，迁引进使。历客省使、嘉州防御使，出为鄜延路总管。大中祥符七年，拜枢密副使，加宣徽北院使、同知院事，进知院事，遂拜枢密使、同中书门下平章事。

利用在位既久，颇恃功。天禧二年，辅臣丁谓、李迪争论帝前，迪斥谓奸邪，因言利用与之为朋党。利用曰："以片文遇主，臣不如迪；捐躯以入不测之虏，迪不逮臣也。"迪坐是免，而利用以检校太师兼太子少保为会灵观使，进尚书右仆射。

乾兴初，加左仆射兼侍中、武宁军节度使、景灵宫使、诏如曹彬给公使钱岁万缗。契丹使者萧从顺桀骜，称疾留

馆下，不时发。朝廷遣使问劳，相望于道。利用请一切罢之，从顺乃引去。

加司空。旧制，枢密使虽检校三司兼侍中、尚书令，犹班宰相下。乾兴中，王曾由次相为会灵观使，利用由枢密使领景灵宫使，时重宫观使，诏利用班曾上，议者非之。未几，曾进昭文馆大学士、玉清昭应宫使，将告谢，而利用犹欲班曾上，阁门不敢裁。帝与太后坐承明殿久之，遣押班趣班，阁门惶惧莫知所出，曾抗声目吏曰："但奏宰臣王曾等告谢。"班既定，而利用快快不平。帝使同列慰晓之，仍诏宰臣、枢密使序班如故事，而利用益骄，尚居次相张知白上。寻召张旻于河阳，为枢密使，利用疑代己，始悔惧焉。

初，章献太后临朝，中人与贵戚稍能轩轾为祸福，而利用以勋旧自居，不恤也。凡内降恩，力持不予。左右多怨，太后亦严惮利用，称曰"侍中"而不名。利用奏事簾前，或以指爪击带鞓，左右指以示太后曰："利用在先帝时，何敢尔邪？"太后颔之。利用奏抑内降恩难屡却，亦有不得已从之者。人揣知之，或给太后曰："蒙恩得内降辄不从，今利用家媪阴诺臣请，其必可得矣。"下之而验，太后始疑其私，颇衔怒。

内侍罗崇勋得罪，太后使利用召崇勋戒敕之，利用去崇勋冠帻，诟斥良久，崇勋恨之。会从子讷为赵州兵马监押，而州民赵德崇诣阙告讷不法事。奏上，崇勋请往按治，遂穷探其狱。讷坐被酒衣黄衣，令人呼万岁，杖死。初，讷事起，即罢利用枢密使，加兼侍中判邓州。及讷诛，谪左千牛卫将军、知随州。又坐私贷景灵宫钱，贬崇信军节度副使，房州安置，命内侍杨怀敏护送；诸子各夺二官，没所赐第，籍其赀，黜亲属十余人。宦者多恶利用，行至襄阳驿，怀敏不肯前，以语逼之，利用素刚，遂投缳而绝，以暴卒闻。

后其家请居邓州，帝恻然许之，命其子内殿崇班渊监本州税。明道二年，追复节度兼侍中，后赠太傅，还诸子官，赐谥襄悼，命学士赵槩作神道碑，帝为篆其额曰"旌功之碑"，诏归所没旧产。

利用性悍梗少通，力裁侥幸，而其亲旧或有因缘以进者，故及于祸。然在朝廷忠荩有守，始终不为屈，死非其罪，天下冤之。

丁度列传（《宋史》卷二百九十二）

丁度字公雅，其先恩州清河人。祖颛，后唐清泰初陷契丹，逃归，徙居祥符。父逢吉，以医术事真宗藩邸，然好聚书，与儒者游。度强力学问，好读《尚书》，尝拟为《书命》十余篇。大中祥符中，登服勤词学科，为大理评事、通判通州，改太子中允、直集贤院。坐解送国子监进士失实，监齐州税。还知太常礼院，判吏部南曹。上书论六事：一、增讲读官；二、增谏员；三、补荫用大功以上亲；四、选河北、河东役兵补禁军；五、籍令佐垦田为殿最；六、凡缘公事坐私罪杖者，听保任迁官。章献太后善之。

旧制，监司及藩镇辞谒皆赐对。仁宗初即位，止令附中书、枢密奏之，度言，附奏非所以防壅蔽也。又尝献《王凤论》于章献太后，以戒外戚。历三司磨勘司、京西转运使。司天言永昌陵有白气，请增筑以厌之，有诏按视。度奏神道贵静，不可轻缮治，乃止。入知制诰，迁翰林学士，纠察在京刑狱，判太常礼院兼群牧使。

刘平、石元孙败，帝遣使问所以御边。度奏曰："今士气伤沮，若复追穷巢穴，馈粮千里，轻用人命以快一朝之意，非计之得也。唐都长安，天宝后河、湟覆没，泾州西门不开，京师距寇境不及五百里，屯重兵，严烽火，虽常有侵轶，然卒无事。太祖时，疆场之任，不用节将，但审擢材器，丰其廪赐，信其赏罚，方陲辑宁几二十年。为今之策，莫若谨亭障，远斥堠，控扼要害，为制御之全计。"因条上十策，名曰《备边要览》。

时西疆未宁，二府三司，虽旬不休不废务。度言："苻坚以百万师寇晋，谢安命驾出游以安人心。请给假如故，无使外夷窥朝廷浅深。"从之。累迁中书舍人，为承旨。

时叶清臣请商州置监铸大钱，以一当十。度奏曰："汉之五铢，唐之开元及国朝钱法，轻重大小，最为折中。历代改更，法虽精密，不能期年即复改铸。议者欲绳以峻法，革其盗铸。昔汉变钱币，盗铸死者无数十万。唐铸乾元及重轮乾元钱，钱轻币重，严刑不能禁止。今禁旅戍边，月给百钱，得大钱裁十，不可畸用，旧钱不出，新钱愈轻，则刍粮增价。臣尝知湖州，民有抵茶禁者，受千钱立契代鞭背。在京西，有强盗杀人，取其敝衣，直不过数百钱。盗铸之利，不啻数倍。复有湖山绝处，凶魁啸聚，炉冶日滋，居则铸钱，急则为盗。民间铜铅之器，悉为大钱，何以禁止。"

度又言："祥符、天圣间，牧马至十余万，其后言者以天下无事，不可虚费，遂废八监。然犹秦渭环阶麟府文州、火山保德岢岚军，岁市马二万二百匹，补京畿、塞下之阙。自西鄙用兵，四年所牧，三万而已。马少地闲，坊监诚可罢；若贼平马归，则不可阙。今河北、河东、京东西、淮南皆籍丁壮为兵，请令民畜一战马者，得免二丁，仍许赀产以升户等，则缓急有备，而国马蕃矣。"

庆历中，副杜衍宣抚河东。久之，迁端明殿学士、知审刑院。时江西转运使移属州，凡市米盐钞，每百缗贴纳钱三之一。通判古州李虞卿受财免贴纳，事觉，大理将以枉法论。度曰："枉法，谓于典宪有所阿曲。虞卿所违者，转运使移文尔。"遂贷虞卿死。

帝尝问，用人以资与才孰先？度对曰："承平时用资，边事未平宜用才。"时度在翰林已七年，而朝廷方用兵，故对以此。谏官孙甫论度所言，盖自求柄用，帝谕辅臣曰："度在侍从十五年，数论天下事，顾未尝及私，甫安从得是语。"

未几，擢工部侍郎、枢密副使。因言："周世宗募骁健，有朝出群盗、夕备宿卫者；太祖阅猛士实骑军。请择河北、河东、陕西就粮马军，以补禁旅之阙。"又言："契丹尝渝盟，预备不可忽。"因上《庆历兵录》五卷、《赡边录》一卷。明年，参加政事。会春旱，降秩中书舍人，踰月，复官。

后二年，卫士为变，事连宦官杨怀敏，枢密使夏竦请御史与宦官同于禁中鞫之，不可滋蔓，令反侧者不自安。度曰："宿卫有变，事关社稷，此而可忍孰不可忍！请付外台穷治党与。"争于帝前。仁宗从竦言，度遂求解政事，罢为紫宸殿学士兼侍读学士。御史何郯言，紫宸非官称所宜。改观文殿学士、知通进银台司、判尚书都省，再迁尚书右丞，卒。赠吏部尚书，谥文简。

度性淳质，不为威仪，居一室十余年，左右无姬侍。然喜论事，在经筵岁久，帝每以学士呼之而不名。尝问蓍龟占应之事，乃对："卜筮虽圣人所为，要之一技而已，不若以古之治乱为监。"又尝示以欹器曰："朕欲临天下以中正之道。"度对曰："臣等亦愿无倾满以事陛下。"因奏太宗尝作此器，真宗亦尝著论，于是帝制《后述》以赐之。

度著《迩英圣览》十卷、《龟鉴精义》三卷、《编年总录》八卷，奉诏领诸儒集《武经总要》四十卷。子讽，集贤校理。

江公望列传（《宋史》卷三百四十六）

江公望字民表，睦州人。举进士。建中靖国元年，由太常博士拜左司谏。时御史中丞赵挺之与户部尚书王古用赦恩理通欠，古多所蠲释，挺之劾古倾天下之财以为私惠。公望以为天子登极大赦，将与天下更始，故一切与民，岂容古行私惠于其间，乃上疏曰："人君所以知时政之利病、人臣之忠邪，无若谏官、御史之为可信。若挟情肆诬，快私忿以罔上听，不可不察也。臣闻挺之与古论事每不相合，屡见于辞气，怀不平之心，有待而发。俚语有之，'私事官雠'，此小人之所不为，而挺之安为之，岂忠臣乎？"

又上疏曰："自哲宗有绍述之意，辅政非其人，以媚于己为同，忠于君为异。一语不合时学，必目为流俗；一谈不侔时事，必指为横议。借威柄以快私隙，必以乱君臣父子之名分感动人主，使天下骚然，泰陵不得尽继述之美。元祐人才，皆出于熙宁、元丰培养之余，遭绍圣窜逐之后，

存者无几矣。神考与元祐之臣，其先非有射钩斩祛之隙也，先帝信仇人而黜之。陛下若立元祐为名，必有元丰、绍圣为之对，有对则争兴，争兴，则党复立矣。陛下改元诏旨，亦称思建皇极，盖尝端好恶以示人，本中和而立政，皇天后土，实闻斯言。今若欲渝之，奈皇天后土何？"

内苑稍畜珍禽奇兽，公望力言非初政所宜。它日入对，帝曰："已纵遣之矣，唯一白鹇畜之久，终不肯去。"先是，帝以挂杖逐鹇，鹇不去，乃刻公望姓名于杖头，以识其谏。蔡王似府史以语言疑似成狱，公望极言论救，出知淮阳军。未几，召为左司员外郎，以直龙图阁知寿州。蔡京为政，编管南安军。遇赦还家，卒。建炎中，与陈瓘同赠右谏议大夫。

耿南仲列传（《宋史》卷三百五十二）

耿南仲，开封人。与余深同年登第，历提举两浙常平，徙河北西路，改转运判官、提点广南东路及夔州路刑狱、荆湖江西两路转运副使，入为户部员外郎、辟雍司业，坐事罢知衢州。政和二年，以礼部员外郎为太子右庶子，改定王、嘉王侍读，俄试太子詹事、徽猷阁直学士，改宝文阁直学士。在东宫十年。

钦宗辞内禅，得疾，出卧福宁殿，宰相百官班俟，日暮不敢退。李邦彦曰："皇太子素亲耿南仲，可召之入。"南仲与吴敏至殿中侍疾。明日，帝即位，拜资政殿大学士、签书枢密院事。未几，免签书。帝以南仲东宫旧臣，礼重之，赐宅一区，升尚书左丞、门下侍郎。

金人再举乡京师，请割三镇以和，议者多主战守，唯南仲与吴开坚欲割地。康王使军前，请南仲偕。帝以其老，命其子中书舍人延禧代行。金人次洛阳，不复言三镇，直请画河为界。于是议遣大臣往，南仲以老辞，聂昌以亲辞。上大怒，即令南仲出河东、昌出河北，议割地。

初，南仲自谓事帝东宫，首当柄用，而吴敏、李纲越次进，位居己上，不能平。因每事异议，摈斥不附己者。纲等谓不可和，而南仲力沮之，惟主和议，故战守之备皆罢。康王在相州，南仲偕金使王汭往卫州。乡兵危杀汭，汭脱去，南仲独趣卫，卫人不纳。走相州，以上旨喻康王，起河北兵入卫京师，因连署募兵榜揭之，人情始安。二帝北行，南仲与文武官吏劝进。

高宗既即位，薄南仲为人，因其请老，罢为观文殿大学士、提举杭州洞霄宫。延禧以龙图阁直学知宣州。已而言者论其主和误国罪，诏镌学士秩，延禧亦落职与祠。寻责南仲临江军居住。御史中丞张澄又言："南仲趣李纲往救河东，以致师溃，盖不恤国事，用此报仇。"帝曰："南仲误渊圣，天下共知，朕尝欲手剑击之。"命降授别驾，安置南雄，行至吉州卒。建炎四年，复观文殿大学士。

鞠嗣复列传（《宋史》卷二百一十二）

鞠嗣复，不知何许人。宣和初，知歙州休宁县。方腊党破县，欲逼使降，面斩二士以怖之，嗣复骂曰："自古妖贼岂有长久者，尔当去逆从顺，因我而归朝，官爵尚可得，何为胁我使降？"嗣复知必死，不少慑，屡言何不速杀我，贼曰："我，县人也。明府宰邑有善政，我不忍杀。"乃委之而去。初，嗣复闻难，率吏民修城立门，众赴功，守备略就。朝廷知之，进其官二等，加直秘阁，擢知睦州。尝为贼所伤，自力度江乞师于宣抚使，未及行而卒。

韩肖胄列传（《宋史》卷三百七十九）

韩肖胄字似夫，相州安阳人。曾祖琦，祖忠彦，再世为相。父治。肖胄以荫补承务郎，历开封府司录。与府尹同对殿中，徽宗问其家世，赐同上舍出身，除卫尉少卿，赐三品服。

寻假给事中、充贺辽国生辰使。既还，时治守相州，请祠。肖胄因乞补外侍疾，诏除直秘阁、知相州，代其父任。陛辞，帝曰："先帝诏韩氏世官于相，卿父子相代，荣事也。"在相四年，王师傅燕，肖胄策幽蓟且有变，宜阴为守备。已而金骑入境，野无所掠而去。

建炎二年，知江州，入为祠部郎，迁左司。尝言："中原未复，所恃长江之险，淮南实为屏蔽。沃野千里，近多荒废，若广修农事，则转饷可省，兵食可足。"自是置局建康，行屯田于江淮。又应诏陈五事，曰：远斥堠，戢戍兵，防海道，援中原，修军政。擢工部侍郎。

时川、陕马纲路通塞不常，肖胄请于广西邕州置司，互市诸蕃马，诏行之。时召侍从问战守计，肖胄条奏千余言，帝称其所对事理简当。吏部尚书席益叹曰："援古证今，切于时用，非世官不能也。"

绍兴二年，诏百官各言省费裕国、强兵息民之策，肖胄言："天下财赋窠名，旧悉隶三司，今户部惟有上供之目而已。问诸路窠名于户部，户部不能悉，问诸州窠名于漕司，漕司不能悉，失一窠名，则此项遂亡。愿诏诸路漕司，括州县出纳，可罢罢之，可并并之，立为定籍。漕司总诸州，户部总诸路，则无失陷矣。经费之大，莫过养兵。今人亡而冒请者众，愿立诸军覈实之法，重将帅冒请之罪，则兵数得实，饷给不虚，省费裕国，此其大者。生民常赋之外，迫以军期，吏缘为奸，敛取百端。复为寇所迫逐，田桑失时，寇去复业，未及息肩，催科之吏已呼其门矣。愿诏郡邑，招集流散，官贷之种，俟及三年，始责其赋，置籍书之，以课殿最，强兵息民，此其先者。"时多所采纳。又请复天地、日月、星辰、社稷之祀，于是下有司定一岁祭礼。

迁吏部侍郎，时条例散失，吏因为奸，肖胄立重赏，俾各省记，编为条目，以次行之，舞文之弊始革。阵亡补官，得占射差遣，而在部常调人，守待不能注授，且有短使重难。肖胄请阵亡惟许本家用恩例，异姓候经任收使，遂无不均，且严六部出入之禁，而请托不行。

三年，拜端明殿学士、同签书枢密院事，充通问使，以胡松年副之，肖胄慨然受命。时金酋粘罕专执政，方恃兵强，持和战离合之策，行人皆危之。肖胄入奏曰："大臣各循己见，致和战未有定论。然和乃权时之宜，他日国家安疆，军声大振，誓当雪此仇耻。今臣等行，或半年不返命，必复有谋，宜速进兵，不可因臣等在彼而缓之也。"将行，母文语之曰："汝家世受国恩，当受命即行，勿以我老为念。"帝称为贤母，封荣国夫人。

肖胄至金国，金人知其家世，甚重之，往返才半年。自帝即位，使者凡六七年未尝报聘，至是始遣人偕来。肖胄先北使入对，与朱胜非议不合，力求去，以旧职知温州，提举临安府洞霄宫。

五年，诏问前宰执战守方略，肖胄言："女真等军皆畏服西兵劲锐喜战，今三帅所统多西人，吴玠继有捷奏，军声益振，敌意必摇，攻战之利，臣固知之。自荆、襄至江、淮，绵亘数千里，不若择文武臣僚按行计度，求险阻之地，屯兵积粮，则形势相接。今淮东、西虽命宣抚使，然将屯置司，乃在江上，所遣偏裨分守，不过资以轻兵，势孤力弱，难以责其固志。当移二将于江北，使藩篱可固。"又言："诸大将之兵，自主庭户，更相仇疾。若欲并遣进攻，宜先命总帅，分以精锐，自成一军，号令既一，则诸将畴敢不听命。畿甸、山东、关河之民怨金人入骨，当以安集流亡，招怀归附为先，今淮南、江东西荒田至多，若招境上之人，授田给粮，捐其赋租，必将接迹而至。"又奏："江之南岸，旷土甚多，沿江大将各分地而屯，军士旧为农者十之五六，择其非甚精锐者，使之力耕，农隙则试所习之技艺，秋成则均以所种之禾麦，或募江北流徙及江南无业愿迁之人分给之，创为营屯。止则固守，出则攻讨。"起知常州，召赴行在，提举万寿观，寻除签书枢密院事。

和议已定，复命肖胄为报谢使。接伴者逆于境，谓当称谢恩使。肖胄论难三四反，遂语塞。既至，金遣人就馆议事，肖胄随问随答，众皆耸听。其还，给氈车及顿递宴设，自肖胄始。

除资政殿学士、知绍兴府。寻奉祠，与其弟膺胄寓居于越几十年。事母以孝闻，弟不至不食，所得恩泽，皆先给宗族。卒，年七十六，谥元穆。

琦守相，作昼锦堂，治作荣归堂，肖胄又作荣事堂，三世守乡郡，人以为荣。

三、初步研究考证

《王䵔墓志》《江氏墓志》考

2005年,河北临城县文物保护管理所征集到两方北宋时期的墓志,据说为20世纪90年代出土于临城西磁窑沟村与张家沟村一带。因墓志涉及临城王氏家族与苏氏家族的关系问题,显得十分重要。

两方墓志中,一方为北宋王䵔墓志。志盖呈覆斗形,顶部为方形,四边阴刻双线为框,边长46.5厘米。内篆有铭名,4行,16字,为"宋故赠户部尚书谥忠穆太原王公墓铭"。四周为正梯形,分别阴刻四灵。志石长93、宽92、厚18.5厘米。正楷,42行,满行44字,共1494字。志石四侧边各阴刻3个人物像,共计12个。人物结跏持笏趺坐于莲花座上,雕刻简练生动。该墓志的录文如下:

宋故推诚保德功臣、金紫光禄大夫、行尚书工部侍郎、知河南府兼西京留守司、畿内劝农使、上柱国、太原郡开国」侯、食邑一千三百户、食实封四百户、赠户部尚书、谥忠穆王公墓志铭并序。」

朝散大夫、右谏议大夫、参知政事、上护军、祁县开国伯、食邑八百户、赐紫金鱼袋王举正撰。」

朝奉郎、守殿中丞、通判天雄军府兼管内河堤劝农同群牧事、上骑都尉、赐绯鱼袋宋选[1]篆盖。」

朝奉郎、守太子右赞善大夫、骑都尉周延让书。」

岁直辛巳春二月癸巳,河南守、工部侍郎、太原王公率著令亲谒汉光武祠于属邑。未毕奠拜,风眩暴」作,若将仆者。吏掖以兴,寮掾前视之,亟取良剂,进而疾加,遂革肩舆还府,即日不起,享年六十有四。讣至,」上深轸悼,为不视朝一日,以地官卿印绶告第,优赐赙布,录其子孙洎傍姻,凡七人。哀荣终始,恩典兼渥。」

公讳䵔,字揔之,赵州临城人。曾王父盛、王父忠信、烈考璘,皆以素风醇行见称州闾,卷智藏」用,未遑仕宦。逮公显达,以帝傅帝师洎紫微令之崇品,追贲三代,而曾王母李氏、王母孟氏、」妣田氏又彻陈鲁楚三国,锡小君之号。公七岁而孤,岿如异禀。及长,沉毅敏植,专治儒术,未尝预家事,宗党」或非之,公晏然不恤,通贯坟籍,于班氏史尤邃。雅好孟轲仁义之谈,间为文章,赡丽有规格。既冠,或趣其干禄,」公曰:"冲天惊人,必学优乃举,肩肩旅进,吾不取焉。"俄丁内艰,以善居闻。自尔安贫讲道,志业弥励。

大中祥符初,负笈」檐簦,计偕上都,椟玉发采,囊锥露颖,珍质利器,寖为人知。」章圣皇帝亲策造秀,公以词气蒙赏识,擢居甲等,解褐婺州观察推官,改著作佐郎,知并州祁县。州将任公」中正表公治迹为诸县最。满岁,通判湖州,登朝为秘书丞、太常博士,以课选提点梓州路刑狱事,增秩屯田」员外郎,入补户部判官,赐朱绂。命为淮南转运使,留不遣,判磨勘司。未几,兼侍御史知杂事,换三品绶,判吏」部铨;迁度支员外郎,充户部副使。会曹襄悼公[2]得罪,公坐里人,以司封员外郎出知湖州,旋移苏州,」召为盐铁副使。先是,许民入刍粟边郡,官以盐茗缗钱,若众货高其直,移给于佗所,京师坐贾侩其质剂,规时轻重,」以取奇赢。龙图阁待制马季良奏请官自创局以管其利。季良方贵,众多傅会无异辞,主计书者依违,久不断。」公独执不可,卒罢其事。上知之,他日面谕,形于褒激。迁天章阁待制,判大理寺,提举京」诸司,知审刑院。再领吏铨,加刑部郎中。前此,诏省诸路提点刑狱之职,公上言:"国家设官纠」振,所以示明慎之意,废之非便。"由是复置焉。寻受左司郎中、枢密直学士、知益州。戍卒一夕焚营舍,杀马,胁将校图」为变。公诘朝名捕行法,比决遣,外无知者。暇日访文翁石室,延耆儒说经,以劝厉学徒。蜀民状其善政,愿留」三载。外台以闻,玺札嘉奖。代还,道除右谏议大夫、同知枢密院事,逾年,遂参知政事。又逾年,超拜工部侍郎、」知枢密院事。于时党羌叛命,王师问罪,按边琐,调兵食,曾无虚日,公总冠枢近,机筹所寄,陟恪尽瘁,知无不」为。属议募乡军,同列奏事有不合,公以累罢。往釐洛郊,使符宫钥,表则方面。帝益虚伫,民斯具」瞻,谓当论道纳诲以毗元化,遘沵奄忽,未如命何。

公姿仪硕俨,举动方重,外若庄峻,中存宽裕,简言」默识,韵宇冲迈,用纯诚介节,自结明主,内外烦使,休有厥劳,终以弥纶事业,备股肱心吕之任。若夫绸」缪左右,密勿夙夜,周慎静晦,畏远嫌间;身居大位,不为亲族干横赏,徇公约己,靡有悔疵;前后三持节,抚淮,」服朔陲,蜀部再,将币至虏帐,三乘轺劳,饯邻国使,一主宾馆之礼,盖材猷望实,国之辉光者欤。累阶金紫,策」勋八柱,食赋千三百户,真食四百室,功臣再赐推诚保德之号。宠章福履,亦云厚矣。

娶宋氏,故枢密副使湜」之女,封仁寿郡夫人。子男二人,曰正思,将作监主簿;曰正路,右赞善大夫。女二人,长适殿中丞张景山,次适国子博」士向绶。而正思洎景山

之室皆早世，惟仁寿即吾舅之子也。公初就举，以文赞先君中令，|先君一见，许其远到。时仁寿未缨，甫择嘉对。先君因以公名字语宋族，遂卜妻焉。既而|公为柄臣，仁寿以鱼轩象服享从夫之贵，讫如先君言。

今年仲冬壬申，归葬其乡，祔先茔之原，将葬，|奉常易名忠穆，礼也。琬琰之刻，式昭遗躅，感慨畴昔，直书无让。铭曰：|

贰卿昂昂，蕴粹含章，德直方兮；縠儒致位，以道经世，|王佐器兮；佩玉华绅，荣阶要津，为尔臣兮；左符伏轼，镇靖偃息，殿藩国兮；乃赞持衡，乃职本兵，绩炳明兮；|宜膺介寿，宜荷图旧，栋丕构兮；命之不融，数亦有穷，|丧宗工兮；九京归祔，刊石表墓，旌贤辅兮。|

彭余庆刻石。

另一方为北宋江氏墓志。志盖长80、宽80、厚15厘米，顶篆铭名，3行，9字，为"宋蓬莱县君江氏墓铭"。四周素面无纹饰。志石长80、宽78、厚18厘米。正楷，22行，满行22字共433字。该墓志的录文如下：

宋故蓬莱县君江氏墓志铭|

兄朝奉郎、管句南京鸿庆宫、武骑尉、赐绯鱼袋公望撰|

承议郎、尚书司门员外郎、武骑尉沈济书|

承议郎致仕贺铸[3]篆盖|

蓬莱君江氏，予季父滋之女也。季父隐德不仕，尝语其母|刘氏曰："吾女审重似我，我衷爱之，必择其良"。择之三年，得|子敏而嫁之。子敏慷慨磊落，蓬莱君婉淑懿柔，实得其配。|归王氏，舅姑早没，念亡以供妇职。每岁时祭享，手馔以进，|恂恂如侍舅姑侧，彻祭无替容。子敏好士，喜宾客，又轻于|施予，饔饩周给，家无余訾。子敏为政主严而赞以慈良，为|治主断而辅之审重。迨子敏世无怨德，亦内助之力。遇婢|妾以恕，喜怒不见颜色。子敏死，教子有法度。在母家为淑|女，适人为贤妻，毓子为令母。享年三十有七。虽不得年而|死，亦可不憾矣。死之日，崇宁四年五月辛酉也。子敏，其夫|通字也。蓬莱君，子敏官至奉议郎所封之邑也。葬之日，政|和元年九月甲申也。临城县龙门乡两口原，葬之宅兆也。|

生三男子，廉、唐、广。二女与广皆早世，哀苦不能抑。闻凤翔|有好道术女子者，礼致而师事，学辟谷，憔悴骨立。尝晓之|曰：辟谷非道，但能莫求知解，泯绝万缘，离女妄心，即是真|性，虽未能了然于死生之际，亦脱然矣。廉、唐性资美好，学|甚力，能克其家者。请铭于舅氏。舅氏，钓台江公望也。兹以为铭。|

考王禼、江氏墓志，查阅苏轼《王子立墓志铭》[4]及相关资料可知，王禼系王蓬、王适、王遹兄弟的祖父，江氏是王遹的夫人。王氏家族为北宋时期河北一望族，祖籍赵州临城县龙门乡两口村。王氏兄弟系王家六代子孙，王蓬是苏轼、苏辙的朋友，王适为苏辙的女婿，王适、王遹还是苏轼、苏辙的学生和诗友。

据调查，两口村位于临城县南部，与内丘县接壤，地处太行山东麓丘陵地带。村子四面环山，环境优美，现有村民300余户，1200余人。据村民介绍，王姓为大姓，约占全村人口的三分之一，系该村原始居民。王氏家族墓地在村西南与内丘县交界的地带。

墓志等资料显示，王氏家族有7代可数，其世系表如下（见88页表1）：

王盛、王忠信和王璘系王氏家族的前三代，他们的情况，只有王禼墓志有所记载，即"皆以素风醇行见称州间，卷智藏用，未遑仕宦"。由此可知，此时的王氏家族可能仅仅是经济基础较好，知书达理的书香门第，而不是官宦之家。

王禼（978～1041年），字总之，王氏兄弟的祖父。《宋史》有传[5]。官至工部侍郎、知枢密院事。赠户部尚书，谥忠穆。可见，王氏家族的崛起应始自王禼。对于王禼的历史评价，《传记》和志文基本一致。禼七岁而孤，哀毁过人，嶷如异禀。既长，状貌奇伟，沉毅敏值，专治儒术。雅好孟轲仁义之谈，间为文章，赡丽有规格。大中祥符年间，举进士，以词气蒙真宗赏识。曾知祁县、湖州、苏州、益州和河南府。景祐五年（1038年），参加政事。明年，迁尚书工部侍郎，知枢密院事。王禼"为政有大体，不为苛察"，为人"姿仪硕俨，举动方正，外若庄峻，中存宽裕，简言默识，韶宇冲迈"。

在王禼的仕途中，因事遭贬谪两次。一是枢密使曹利用得罪，禼与其为同乡，因关系密切受到牵连，改到湖州任职。二是警惕性不高，不重视边事，被贬知河南府。王禼在被贬知河南府期间，率令亲谒汉光武祠时，风眩暴作，即日不起，卒于辛巳春二月癸巳，享年六十有四。查年表可知，其逝于仁宗康定二年（1041年）。依其年龄推算，禼当生于太宗太平兴国三年（978年）。禼死后，葬于"先茔之原"，即临城龙门乡两口村坟地。娶宋氏，系故枢密副使宋湜[6]之女。生子男二人，长曰正思，将作监主簿；次曰正路，右赞善大夫。生女二人。长子正思早亡。

王正路（？～1087年），字宜甫，王氏兄弟之父。有关他生平事迹，只能从苏轼、苏辙的诗文中略知一二。苏轼《王子立墓志铭》载："考讳正路，比部郎中，知濮州，赠光禄大夫。"《祭王宜甫文》云："呜呼宜父，笃厚宽中。德世其家，而立莫充。非不能充，知有天命。真已而行，不充何病。三公之子，所乏非财。风雨散之，如振浮埃。

百年梦幻，其究何获。不与皆亡，令名令德。公虽耆旧，我尚同时。不识其人，想见其姿。婚姻之好，义贯黄壤。有愧古人，不祖其往，往为赵人，子孙其昌。蒔其墓檟，我言不忘。鸣呼哀哉[7]。"苏辙作《故濮阳太守赠光禄大夫王君正路挽词二首》以悼念，言"悲伤闻故老，沦谢未衰翁。吴中试良守，濮上继嘉声。家贫久未葬，身去独留名"[8]。王正路卒于元祐二年，出生年月不详。

王蘧（？～1109年），字子开。原名王迥，字子高，子立、子敏之兄，卒于大观三年。官至中奉大夫，曾知江阴、涪州。与苏轼、苏辙关系密切，诗文信笺交往较多。苏轼赞其高才雅度，为其赋《芙蓉城》诗。死后葬于先茔之原。

王适（1055～1089年），字子立。终生未仕。元祐四年（1089年）十月二十五日卒，享年三十五岁。依年龄推算，其当生于仁宗至和二年（1055年）。熙宁十年，王适从学于苏轼，时年23岁。元丰二年或三年，娶苏辙次女为妻。

苏轼对学生王适的评价甚高，称其"知其贤而有文，喜怒不见，得丧若一"，"类子由者"。王适与苏轼、苏辙的子辈亦师亦友，苏轼曾说："余与子由有六男子，皆以童子从子立游，学文有师法，人人自重，不敢嬉宕，子立实使然。"王适与苏门弟子关系密切，苏轼言："子立与黄鲁直（庭坚）、张文潜（耒）、晁无咎（补之）、秦少游（观）、陈无己皆友善。"他还说："子由谓其文'朱弦疏越，一唱而三叹'者也。""百世之后，其姓名与我皆隐显也。"看来，王适的诗文和人品在苏门及其诸友中颇有影响。

王适既是苏辙的女婿，也是其学生。苏辙赞扬他"秀而和"，"始予自南都谪居江南，凡六年而归，适未尝一日不从也。既与余同忧患，至于涵咏图史，驰骛浮图，老子之说，亦未尝不同之。故其闻道益深，为文益高，而予观之亦益久。盖其于兄弟妻子，严而有恩，和而有礼，未尝有过。故予尝曰：'子非独予亲戚，亦朋友也[9]。'"

元祐七年十一月五日，其兄王蘧将其葬于临城龙门乡两口村先茔之侧。适生一女，绍圣四年（1097年）苏轼亲自求婚于王蘧，将适女嫁于其次孙苏符。另"有遗腹子裔"，但不知是男是女。王适有文集十五卷（已佚），苏辙为其作《王子立秀才文集引》，云："通裒君之文得诗若干、赋若干、杂文若干，分为若干卷以示予。予读之流涕，为此文冠之，庶几俟裔能立以畀之。"

王通（1057～1104年），字子敏，王蘧、王适之弟。生于嘉祐二年，卒于崇宁三年。

王通自熙宁十年从学于苏轼，之后曾登丙科，官至奉议郎，曾令陵台。王通为人慷慨磊落，好士喜宾客，为政主严而赞以慈良，为治主断而辅之审重。苏辙在《祭王子敏奉议文》中，对其给予了较高的评价："昔我在宋，吾

兄在徐。君家伯仲，来学诗书。行义不回，词章有余。我日可人，缀以婚姻。既亲且友，其行日新。伯氏不淑，殒于方春。君登丙科，又敏于政。惠于上官，民亦不病。娇然众中，气和而正。孝友之善，中发于诚。均其有无，以及孤茕。嫁女娶妇，期不负兄。我居颍川，君令陵台。十日税驾，为我徘徊。受法道师，不近酒杯。我顾君笑，自苦奚为？隙驹逝矣，为乐何时？去我三年，遂病以衰。失官居汝，启处未安。伏枕不兴，将没何言。有志弗从，使我永叹[10]。"

王通娶江氏，乃江公望[11]堂妹。生三男，曰廉、唐、广。生二女。广与二女早逝。廉、唐性资美好，学甚力，能克其家。

苏轼、苏辙与其父苏洵被尊称三苏，名列唐宋八大家，在中国文学史上占有举足轻重的位置。苏辙自称"苏自栾城，西宅于眉"[12]，故可称三苏祖籍为河北栾城，与王氏家族为同乡。三苏对故乡非常怀念，苏洵将平生所著《嘉祐集》署名"赵郡苏洵"。苏轼的诗文常署名"赵郡苏轼"、"赵郡苏氏"等，苏辙把自己的文集称为《栾城集》、《栾城后集》、《栾城三集》和《栾城应诏集》。

苏轼与王氏二兄弟（王适、王通）交往甚密。熙宁十年（1077年）四月，苏轼到徐州任职，从这时起，王适、王通兄弟二人开始从学于苏轼。苏轼《王子立墓志铭》谓"始予徐州，子立为州学生，……于其弟通子敏，皆从余于吴兴。学道日进，东南之士称之。"苏辙在《王子立秀才文集引》中亦有"君弟通，昔与君客徐，始识予兄子瞻。子瞻皆贤之"之句。

查苏轼著作，可见其与王氏二兄弟有关的文一篇、墓志铭一篇、诗十余篇。最早的诗句于元丰二年（1079年）二月作于徐州。一天夜晚，苏轼与王氏二兄弟及张师厚饮酒于杏花树下，赋《月夜与客饮杏花下》[13]诗一首。这是苏轼自己非常满意的诗作之一，作者运用幽雅清秀的诗句，既表现出自己畅快淋漓的心情，也描绘出此时此刻朋友、杏花、明月、美酒、洞箫相互映衬交融，"对月醻歌美清夜"的情景。因此，苏轼对这次与王氏二兄弟等饮酒赋诗印象颇深，常有思念和酬唱。

当年四月二十日，苏轼罢徐州，转任湖州知州，与王适、通一同到达湖州。七月二十八日，因御史中丞李定，御史舒亶、何正臣等诬苏轼谤讪朝政，使皇甫遵到湖州勾摄苏轼，轼遂罢湖州。行前，苏轼与妻子诀别，人们多怕受牵连而躲避，独王适、通兄弟送出郊外。苏轼在《王子立墓志铭》中说："余得罪于吴兴，亲戚故人皆惊散，独两王子不去，送余出郊，曰：'死生祸福，天也，公其如天何！'返取余家，致之南都。"王氏二兄弟在其恩师危

难之际，不畏权贵，挺身而出，送别恩师，安排家眷，他们的忠贞无疑会得到苏轼及家人们的赞赏。

元丰三年正月初一，苏轼离别京师，赴黄州贬谪地，二月一日到达。本月，苏轼作《次韵前篇》[14]，写出了“去年花落在徐州，对月酣歌美清夜”的不朽诗句，该诗表达了他对故人、故事的深情怀念和被贬谪后安闲孤苦的心情。元祐四年十月二十五日，王适卒。苏轼得知王适死后，悲痛万分，作《记黄州对月诗》[15]，对王氏二兄弟表示深切的怀念。苏轼写道：“仆在徐州，王子立、子敏皆馆于官舍，而蜀人张师厚来过。二王方少年，吹洞箫，饮酒杏花下。明年，余谪居黄州，对月独饮，尝有诗云：去年花落在徐州，对月酣歌美清夜。今年黄州见花发，小院闭门风露下。盖忆与二王饮时也。张师厚久已死，今年子立复为古人，哀哉！”这是苏轼数年中几次对对月诗的记述和唱和。

苏轼对王适的科考极为关心。元丰四年，王适还伴苏辙在筠州贬所居住。五月，适自筠州赴徐州参加秋举，过黄州，苏轼与侄婿游武昌西山，作《武昌酌菩萨泉送王子立》[16]。元丰五年三月，王适徐州解试不利，自徐州回筠州，路过黄州与苏轼于雪堂清夜赏月，苏轼作《归来引送王子立归筠州》[17]。

元祐四年（1089年），苏轼得知王适下世，悲痛不已，作《哭王子立次儿子迨韵三首》[18]。在该诗中，苏轼从十多年前认识王适开始回忆，赞扬其诗文秀丽，礼学尽然，咄咄逼人。叙说王适不年而亡，且无子嗣，可悲可叹。回忆十多年前与王适交往之事，历历在目，如同秋风中的黄叶，一逝而过，只能深切的留在记忆中。

苏辙与苏轼一样，与王适二兄弟的感情也非常深厚。元丰二年，苏轼得罪于湖州，苏辙力争以己官赎兄罪不可，反受牵连，也被贬为监筠州盐酒税。元丰二年八月，王氏二兄弟将苏轼家人送达南都，投奔苏辙。从此，两兄弟开始和苏辙一同居住。苏辙曾说：“始予自南都谪居江南，凡六年而归，适未尝一日不从也。”苏辙对王氏二兄弟非常赏识，既把他们当做至亲、学生，更把他们看做朋友、诗友。这些在他的《王子立秀才文集引》中叙述的非常清楚。

查苏辙诗集，可见他与王氏二兄弟的唱和诗达30余首，其中大部分是次韵诗和和王适的诗句。据考，这些诗文大多是在南京和筠州所作。苏辙与王氏二兄弟有关的诗句最早见于元丰三年，即《登南城有感示文务光、王遹秀才》[19]。本年中秋之前，苏辙到达贬所。中秋，面对清风明月，苏辙作《次子瞻夜字韵作中秋对月二篇一以赠王郎二以寄子瞻》[20]。诗人借诗抒怀，既评价了自己安静、休闲、孤独的生活，也对政敌表示了怨恨和恐惧。

苏辙对女婿的科考更是关心。元丰四年五月，王适自筠州赴徐州秋举过黄州，苏轼有同游诗及送归诗。苏辙对女婿倍加关心，作《送王适徐州赴举》[21]和《迎寄王适》[22]。苏辙充分表达了对女婿考试前的无限期望以及落第后的宽慰和鼓励。在送行诗中，他赞扬王适性如白玉，润滢可爱，诗文如朱弦，秀雅流畅。希望他像五月的春风杨柳一样，生机勃勃，来年金榜题名。在迎寄诗中，苏辙告戒王适不要气馁，勤奋攻读，只要潜心伴随诗人学习，终会如大鹏展翅，前程似锦。王适天资聪颖，诗文秀丽，勤奋好学。元丰六年，王适作《寒夜读书》和《炙背读书》诗，苏辙有和诗两首，一为《和王适寒夜读书》，另一为《和王适炙背读书》[23]。

对于王适的英年早逝，苏辙的确非常悲痛。元丰八年（1085年），苏辙以秘书省校书郎、右司谏回京师。元祐四年，擢升吏部侍郎。是年秋，苏辙奉诏使契丹，次年春方归。到达京城以前，他并不知道贤婿已于去年十月去世，而是到家以后才知晓的。元祐五年他所作的《王子立秀才文集引》对此有详细的说明：“九月，君以女弟将适人，将鬻济南之田以遗之，告予为一月之行。明年春，还自契丹，及境而君书不至，予固疑之。及家问之，曰：‘噫嘻！君未至济南，病没于奉高。’予哭之失声。”

苏辙对王遹也感情至深，他在《祭王子敏奉议文》中，从不同的角度给予王遹很高的评价。他首先叙述了王氏兄弟从学苏轼，诗书词章猛进，缀以婚姻，建立起“既亲且友”的关系。在苏辙居颍川时，王遹“令陵台”，而且为人“孝友之善，中发于诚”，为政“惠于上官，民也不病。矫然众中，气和而正”。

通过对两方墓志的考证，使我们对北宋时期临城王氏家族有了初步的了解，也为探究苏氏家族和王氏家族的关系提供了珍贵的资料。

附记：墓志录文得到河北省社会科学院孙继民和《文物春秋》编辑部张金栋先生的热心帮助。

（原载《文物》2008年第2期，志文标点收录时略有改动。）

注释

1. 宋选，与王巩为妻舅关系，系宋浞子侄。

2. 即曹利用。曹利用，字用之，赵州宁晋人，《宋史》有传，为北宋重臣，曾参与《澶渊之盟》议和。赐谥襄悼，《王巩墓志铭》中"会襄悼公得罪"之句，襄悼公即曹利用。

3. 贺铸，字方回，卫州人，《宋史》有传。官至通直郎，曾通判泗州，卒太平州。诗文卓著，曾以气侠雄爽知名江淮，有《庆湖遗老集》二十卷。

4. 孔凡礼点校《苏轼文集》卷一五，墓志铭，中华书局，1999年。

5. （元）脱脱等撰《宋史》卷二九一，中华书局。

6. 宋湜，字持正，京兆长安人。太平兴国五年举进士，曾拜中书舍人，充枢密使。赠刑部尚书，谥忠定。卒于真宗咸平二年，年五十一岁。

7. 同4，卷六三，祭文。

8. 陈宏天、高秀芳点校《苏辙集》《栾城集》卷一五，中华书局，1999年。

9. 陈宏天、高秀芳点校《苏辙集》《栾城后集》卷二一，中华书局，1999年。

10. 同9，卷二O。

11. 江公望，字民表，睦州人，《宋史》有传。举进士，官至左司员外郎、以直龙图阁知寿州，赠右谏议大夫。

12. 同9，卷二二。

13. 孔凡点校《苏轼诗集》卷一八，中华书局，1997年。

14. 同13，卷二O。

15. 同13，卷六八，题跋。

16. 同13，卷二一。

17. 同13，卷四八。

18. 同13，卷三一。

19. 同9，卷九。

20. 同9，卷一O。

21. 同9，卷一一。

22. 同9，卷一二。

23. 同22。

《王通墓志铭》考释

《王通墓志铭》是临城县文物保护管理所最近征集所得。王通系北宋临城王氏家族的重要成员，其夫人江氏的墓志铭已见报道[1]，现结合两方墓志铭及文献资料，就墓主人及相关问题作一简要考证。

王通墓志铭志盖、志石均为青石质。志盖覆斗形，有子母口，边长82厘米、厚15厘米。志盖顶部为方形，内篆铭名，3行，9字，为"宋奉议郎王君墓志铭"。志石方形，边长82厘米、厚15厘米。志文正楷，34行，满行34字，共计994字。墓志铭文如下：

宋故奉议郎王君墓志铭并序」

朝奉郎、管句南京鸿庆宫、武骑尉、赐绯鱼袋江公望撰」

承议郎、尚书司门员外郎、武骑尉沈济书」

承议郎致仕贺铸篆盖」

君讳通，字子敏，姓王氏，世为赵郡临城人。赠太师、中书令璘于君为曾大父；工部侍郎、知」枢密院事、赠司徒、谥忠穆韶于君为大父；比部郎中、知濮州、赠金紫光禄大夫正路于君」为元考。忠穆公器节勋业书在国史，流风馀习至君元考，虽未尽见于设施，然乐善好」士，士夫称之。生君，宜其光启克大于其后矣。君幼孤，为童稚已不群，克志励操，不为科举」学游彭门，太守苏公轼一见而器之，遇之如平生，学日益进，操节日益励。两预乡书，两黜」于春官，自誓曰："予不利，于今举则已矣。行为远引深遁之计，达则行所学，不达则取足于」一身，其乐顾不泰哉。"明年，与第进士，授信州司法参军，以故易应天府宁陵主簿。邑当水」陆之冲，奔走鞅掌无宁日，凡职事困悴，皆所不辞。留守孙公升喜士类，爱惜人才，命摄府」掾，以宁逸完养其气。

秩满，迁瀛州防御推官，知华州下邽县。下邽为繁剧狞狱，凶讼无日」无之，操刃行于盘根错节间，所过立断。至于善良，抚之如子。时朝廷发近郡夫，兴廊延」进筑之役，君董役，往返凡二年，顾佗邑亡者，如归君，竟事无一人舍役而亡者。为政有文」理，皆此类也。雍帅李公琮列君治状上之部，使者继之，君于进取未尝容心，虽荐者莫知」其谁何。代还，荐员溢格，改宣德郎，覃恩加奉议郎，知河南府登封县。庙堂有知君者，」强君掌教公族，卒以贫辞，除知开封府考城县，未行，改知河南府陵台令，兼知永安县」事。陵寝所在，中贵络绎，遇之稍失撙，则事有出于意表而非防闲之所及者，君处之有」刚柔之节，天材优赡，临事裕如也。

君风止可观，眼如点漆，肤理韶润皙白，自是风尘表物。」间居汝海精舍，以道术自持，泊然不累世事。一日

得疾，兴处如平常，淹月疾革，神观不乱，」家人问所以语，后者竟无一语而卒。实崇宁三年正月十八日也，享年四十有八。以其年」四月二十七日葬于临城龙门乡两口原。

母宋氏，咸宁郡太君；李氏，晋宁郡太君；李氏，会」宁郡太君。妻江氏，蓬莱县君。男三人：廉、唐、广。广早卒，二女亦先君而卒。越崇宁四年五月」二十五日，蓬莱君卒。政和元年九月二十四日，将合葬于君之堂。其子廉以承议郎陈端」礼所纂行状并书乞铭于江公望。君于公望为妹婿，平昔雅相知厚，义不得辞。

君天性纯」孝，笃于友爱，视长兄之疾通夕不解带，药不尝不进。次兄卒，抚遗腹子如己子。所与交皆」天下端人善士，朋友故旧非大故不弃。宾客至，随丰约必具肴豆以尽欢。至没齿，未尝一」言以及货利。学有胸襟，能作近体诗以自见。翰林苏公轼况之曰："美田，且非其种而植之，」莫不猥大，况以其种而益之以灌溉，其生达岂易量哉。"苏公弟侍郎辙亦曰："王氏之遗懿，」其在君乎？"呜呼！天不假之年而止于斯乎！铭曰：

堂堂天枢，妙幹忠穆。籍籍士口，允属临濮。」
天何为哉，永安之禄。庆莫裕后，年弗充德。」
厚土不诬，茂贻尔则。」

王通（1057—1104年），字子敏，赵州临城人，官至奉议郎。据考，王通生于北宋仁宗嘉祐二年，死于徽宗宁三年，享年48岁，历北宋仁宗、英宗、神宗、哲宗、徽宗五朝。

王通出生于官宦家庭，自幼天资聪颖，与众不同。成年后"克志励操"，就学于名家苏轼。苏公"一见而器之，遇之如平生"。"学道日进，东南之士称之[2]"。王通是于熙宁十年（1077年）始入苏门的，当时，苏轼任徐州知州，其为州学生，年21岁。元丰二年（1079年）四月，苏轼转守湖州，王通同其兄王适随同前往。七月下旬，苏轼因诗被诬得罪，赴御史台狱。王通二兄弟在湖州送别恩师后，于当年八月下旬将苏轼家人送达南都，投奔苏辙。依此推算，王通在徐州、湖州于苏轼门下游学整两年。自此，王适开始与苏辙一同居住，王通可能在中秋节后回到居住地徐州。此时，王通23岁。

之后，王通与其他学子一样，经历了残酷而漫长的科举考试。他的科考道路是坎坷的，曾"两预乡书，两黜春官"，极不成功，以至产生了"予不利于今举则已矣，行为远引深遁之计，达则行所学，不达则取足于一身，其乐顾不泰哉"的想法。经过努力，第三次科考终获成功，第进士，入仕途。

王通清秀和蔼，风止可观，才华横溢，学有胸襟，前程似锦。从学期间，苏轼曾有"从我两王子（王通、王适），

高鸿插修翎[3]"的赞美诗句。苏轼还用"美田"比喻王遹，他说"美田，且非其种而植之，莫不猥大，况以其种而益之以灌溉，其生达岂易量哉[4]"。苏轼寓意王遹是可塑造的优秀人材，在其极高禀赋的基础上，给以必要的点拨、雕琢，定能前途无量。苏辙也赞其"惠于上官，民亦不病。矫然众中，气和而正[5]"。苏轼、苏辙有关王遹的诗文很多，这里不予赘述。

王遹为官时间短暂，政绩较为突出，深得同僚的喜爱。历任信州司法参军、应天府宁陵主簿、瀛州防御推官兼知下邳县、河南府登封县知县、河南府陵台令兼知永安县事等。王遹为官有文理，临事裕如，江公望所言其"为政主严而赞以慈良，为治主断而辅之审重，"是对其为政恰如其分的概括。因之，他深得上级的喜爱，下属的尊重，人民的爱戴。王遹为人慷慨磊落，广交天下端人善士，尤其与苏门弟子和苏家子弟相交深厚。苏轼在《王子立墓志铭》中说："余与子由有六男子，皆以童子从子立游，学文有师法，人人自重，不敢喜宕，子立实使然"。上述活动，王遹多有参与。

王遹是因病离开官场的。元符三年，王遹还在陵台任上。当年，苏辙从南方贬所北归居于颍川，在《祭王子敏奉议文》中有"我居颍川，君令陵台。十日税驾，为我徘徊"之句，表明苏辙抵达颍川后，王遹很快便前往看望，并为苏辙安家忙碌十天。王遹因病离任居汝当在崇宁元年，苏辙在祭文中还说："去我三年，遂病以衰。失官居汝，启处未安。伏枕不兴，将没何言。右质弗从，使我永叹"。王遹在失官期间，居汝海精舍，泊然世事，持斋修道，休神养病。崇宁二年，王遹约苏轼幼子苏过来汝相会，苏过未至，却有《与王子敏相别十年，今在汝见招以书，将往从之，闻其斋素卧病，以诗劝之肉食》[6]诗。此时，苏过在郏县为父守丧。崇宁三年正月十八日，王遹病故，于当年四月二十七日归葬于临城门龙门乡两口原。看来，王遹是失官三年后而亡的。

江氏（1069—1105年），王遹之妻，生于北宋神宗熙宁二年，小王遹12岁；死于北宋徽宗崇宁四年，晚王遹一年。历七年之后的政和元年九月，遹葬于临城宅兆。江氏出身名门，其父江滋隐德不仕，对女儿万般喜爱，言"必择其良"而嫁。结果，"择之三年，得子敏而嫁之"。江氏"婉淑懿柔"，孝敬公婆，体贴丈夫，教子有法度。

江公望，系王遹和江氏墓志铭撰写者，江氏堂兄，与王遹为妹婿关系。江公望字民表，睦州人，《宋史》有传[7]，生死年月不详。江公望自称钓台人，钓台今为名胜古迹，系东汉名家严子陵隐居垂钓处，位于杭州市桐庐县南部富春江畔，北宋属睦州。江公望于熙宁六年举进士，建中靖国元年由太常博士擢升左司谏，崇宁间任朝奉郎、管勾南京鸿庆宫，后出知淮阳军，诏为左司员外郎，知寿州。因弹劾蔡京贬南安军，后予赦免还家而卒。建炎中赠右谏议大夫，著有《江司谏奏稿》、《江司谏文集》。江公望以不畏权势，刚直赤诚而著称，因此，深受人们的崇敬。宋徽宗的皇宫内苑畜养珍禽异兽，他敢以玩物丧志上谏迫徽宗不得不暂时接纳。

贺铸，系两墓志铭的篆盖者，与王遹、苏轼等关系密切。贺铸（1052—1125年），字方回，号庆湖遗老，卫州人，孝惠皇后之祖孙，《宋史》有传。初以外戚恩出仕，任右班殿直、监临城酒税等。元祐中，以李清臣、苏轼等举荐，换通直郎，通判泗州、太平州。"竟以尚气使酒，不得美官，悒悒不得志，食宫祠禄，退居吴下"，以承议郎致仕。贺铸博学强记，诗文卓著，为北宋填词名家，世称"贺梅子"。为人侠气仗义，善打抱不平，与米芾诡谲齐名。有《庆湖遗老集》二十卷。贺铸与王遹之兄王蓬也有较好的关系，王蓬辞世后，贺铸有挽词传世。贺铸为其篆盖之原因，除他们之间的友情外，可能也与曾在临城为官有关。

墓志铭资料显示，王遹之次兄王适之遗腹当为男子。苏轼撰王子立墓志铭曰："一女初晬，有遗腹子裔"，实男女不详。而江公望评价王遹说："君天性纯孝，笃于友爱，视长兄（王适）之疾通夕不解带，药不尝不进。次兄卒，抚遗腹子如己子"。由此看来，其为男子的可能性较大。

另外，王遹之父王正路卒于元祐二年，从苏轼《王子立墓志铭》中，只知"妣李氏，寿安县君"。而王遹墓志铭中则载：其母"宋氏，咸宁郡太君；李氏，普宁郡太君；李氏，会宁郡太君"。看来，王正路曾娶妻子三个，即宋氏和两李氏。

墓志铭照片由张慧女士提供，孙继民、杨超和孔凡礼先生给予过热心帮助，作者深表谢意。

编后语：

近年来，临城县文物保护管理所陆续征集到北宋临城王氏家族成员墓志铭6方，并了解到个人收藏1方，有线索的2方，文献中保存墓志铭1篇。

经初步研究得知，王氏家族祖籍赵州临城县龙门乡两口村，家族墓地位于两口村南，属于内丘县的张家沟村村东，至少埋葬着家族八代20多位成员。

王氏家族为北宋时期河北的名门望族，自王毓始步入仕途，身居要位，其子孙也历代为官。王毓孙辈王蓬系苏轼、苏辙的朋友，王适、王遹为苏轼、苏辙的学生，王适还是苏辙的女婿。因此，王氏兄弟与苏门及其弟子交往深厚，诗文往来较多，在文坛颇具影响。

由于官高位显，或因同里或因姻亲，王氏家族与眉山苏轼苏氏家族（祖籍赵州栾城）、河北真定王化基王氏家族、赵州宁晋曹利用曹氏家族、安阳韩琦韩氏家族、开封向敏中向氏家族、京兆宋湜宋氏家族、睦州江公望江氏家族等，关系频繁，交往密切。这些豪门纽带相连，对本家族及当时社会影响很大。

河北所见宋代墓志铭的数量较少，这批墓志铭的发现与研究，不仅大大丰富了墓志资料，也为宋代历史、王氏家族及与相关家族，特别是对其与苏氏家族关系的研究，提供了十分珍贵的历史资料。

（原载《河北大学学报》(哲学社会科学版）2008年第6期，志文标点收录时略有改动。）

注释

1.谢飞，张志忠：《〈王毓墓志〉〈江氏墓志考〉》《文物》，2008年2期。

2.苏轼著，孔凡礼点校，《苏轼文集》，中华书局，1999.

3.苏轼著，黄任轲、朱怀春点校：《苏轼诗集合注》，上海古籍出版社，2001.

4.苏轼著，孔凡礼点校：《苏轼文集》，中华书局，1999.据孔凡礼先生初步查阅，此句苏轼传世著述不载。推测其可能是元祐年间苏轼给王通信中的言语。

5.《苏辙.苏辙集·栾城后集》，中华书局，1999.

6.苏过，《斜川集》，巴蜀书社，1996.

7.脱脱等：《宋史》，中华书局，1977.

《宋氏墓志》考略

宋氏墓志是早年从临城王氏家族墓地出土的，现保存在私人收藏者手中。墓志的主人宋氏系宋工部侍郎、知枢密院事王鬷[1]之妻，史料价值较高。

墓志志盖已失。志石青石质，长61厘米，宽59厘米，厚10厘米，志文正楷，32行，满行32字，共计748字。录文如下：

宋故安康郡太夫人宋氏墓志铭并序」

侄朝奉郎、尚书主客员外郎、轻车都尉、赐绯鱼袋选篆盖」

侄新授将仕郎、守陈州项城县令迪撰文」

侄太庙斋郎适书丹」

夫人姓宋氏，枢密副使、赠司空之女，赠兵部尚书忠穆王公之妻。」曾王父而下皆有显德，为时名臣。夫人之生，司空尝语族人曰："兹虽」女子，音容不常，当为公侯之配。"方髫总，司空薨，母夫人尝以婚事托参知」政事王公化基。王于司空为肺附之亲，且矜其孤，多治宋氏家事之阙，以」夫人都美贤婉择所宜归。一日，梦人为谒门下，号尚书公。即寤，颇识其异。诘旦，有布」衣请见，气骨英伟，肖所梦者，即先忠穆公。因以今夫人妻焉。后举进」士，擢甲科，至景祐中知枢密院事。及薨，果赠户部尚书。夫人享封仁寿郡，」进封安康郡太夫人，从子贵也。

庆历七年二月戊辰以疾终，春秋五十有六。子二人：」曰正思，守将作监主簿；曰正路，殿中丞，温粹敏毅，克绍先烈。女二人，长适国子博士」张景山，次归西染院使向绶。长女暨正思皆早亡。孙五人，尚幼未立。」

夫人性纯重，不事侈靡，门虽日贵盛，凡服用费计，一若寒儒。家治闺阃，不严其色，莫」不肃恭而雍雍无间言，卒至小儿女子，无敢辄高语出声，戏嫚其傍。初，」皇上始有储嗣，夫人与外内命妇皆进贺中禁。上乘喜以金钱杂宝」玩散掷殿陛，俾从其所取，谓之利市。繇是多相夺攘，喧忿不恭。夫人独避」去，立东庑下，无一有取。上数顾问，宦者进对曰：某臣之妻。上特叹美，赐予」优异，宗族靡不称道。忠穆公居要位也，夫人以谨素之风多所翊助。」公常语人曰："吾保是贵仕而不危厉，仁寿之助也。"夫令德若是，而享年不」修，岂其命欤，岂其命欤？

自考终后六十有四日，开龟协祥，归祔于先忠穆公之」封。正路以夫人之侄子迪为知行实之详者，累然泣请为铭。迪抱棺长号，」持笔延悼，思备纪述，故不敢让。呜呼，士之服儒语，口以道其业，履一小善足信于人，」固为异行而争相轻重，况妇人能谨身正家，盛德若此，而通识远趣，资」先公之贤如安康者乎？其铭曰：

家人能为，或严而离；行人能思，或勉而违；」夫人其贤，粹和而不疵。为配闻人，谨严以辅，」训子睦姻，声猷并著。善人之赋，宜寿而昌。」今胡不淑，乌天道之不将。信其不充，留裕厥后。」子孙令贤，往焉无疚。」

汾阳郭随镌。」

宋氏，京兆长安人，生于太宗淳化三年（992年），卒于仁宗庆历七年（1047年），同年葬于临城龙门乡两口原，"归祔于先忠穆公（王鬷）之封"。

宋氏出身于官宦之家，自曾祖始"皆有显德，为时名臣"。其父宋湜，字持正。太平兴国五年（980年）进士，与王化基、李沆等同朝为官，官至枢密副使。卒赠吏部侍郎，又加赠刑部尚书，谥忠定。宋人对其评价较高，载曰："湜风貌秀整，有酝藉，器识冲远，好学，美文词，善谈论饮谑，晓音律，妙于弈棋。笔法道媚，书帖之出，人多传效。喜引重后进有名者，又好赴人之急，当世士流，翕然宗仰之。有文集二十卷[2]。"《宋史》有传。

宋湜十分喜爱其女宋氏，曾说："兹虽女子，音容不常，当为公侯之配。"可惜爱女尚未成年，宋湜即离开人间，其母只好将婚嫁之事托给参加政事王化基。王化基，字永图，真定人，太平兴国二年（977年）进士，历任工部侍郎、参知政事、礼部尚书，卒赠右仆射，谥惠献[3]。自王化基之后，其子王举正、王举元，其孙王诏皆为名臣。王化基与宋湜不仅同朝为官，而且是姻亲关系。据为王鬷撰写墓志铭的王举正之言，王化基娶宋湜之妹，宋湜系王举正的舅舅，王举正与宋氏为表兄妹关系。

关于宋氏与王鬷的婚配，《宋史》与墓志记载不甚一致。《宋史·王鬷传》载："鬷少时，馆礼部尚书王化基之门，枢密副使宋湜见而以女妻之。宋氏亲族或侮易之，化基曰：'后三十年，鬷富贵矣。'果如所言[4]。"从文字上看，王鬷是化基的门生，是宋湜见后喜欢而把女儿嫁给王鬷的，此说当有误。王鬷墓志言："公（王鬷）初就举以文贽先君（王化基）中令，先君一见，许其远到，时仁寿（宋氏）未缨，甫择嘉对。先君因以公名字语宋族，遂卜妻焉。"宋氏墓志记述的更为明白："（宋氏）方髫总，司空（宋湜）薨，母夫人尝以婚事托参知政事王公化基。"这说明是王化基为他们保媒的。在保媒之前，还发生一件离奇的故事：王化基梦见有人来访，号尚书公，醒来觉得奇异，清晨果然"有布衣请见，气骨英伟，肖所梦者，即先忠穆公。因为今夫人妻焉"，"及（王鬷）薨，果赠户部尚书。"两方墓志铭分别由王举正和宋迪撰写，王举正是宋氏的表兄，宋迪系宋氏的侄子，对王鬷和宋氏的婚配情况记述基本一致，较为可靠。据考，宋湜死于咸平二年（999年），宋氏生于淳化三年（992年）。当时，宋氏仅8岁，王鬷则22岁，宋湜生前给他们订婚的可能性几乎无存。

宋氏性情稳重，勤俭持家，体贴丈夫，教子有方。仁宗有太子，宋氏参加了进宫庆贺，仁宗兴起，散金钱宝玩于殿前台阶上，让众人拿抢，引起争吵。唯宋氏不为所动，娴静地站在廊庑下。仁宗看了多次，问旁边的大臣，知为王礿之妻，异常高兴，大大赏赐。王礿对宋氏非常满意，他常常对人说："吾保是贵仕而不危厉，仁寿之助也。"

宋氏墓志篆盖、撰文和书丹者都是她的侄子。宋迪、宋适不见史传，唯宋选在宋湜的传记中提到一句，即宋湜卒，以"侄孙选同学究出身"。王礿去世时，宋选的头衔是朝奉郎、守殿中丞、通判天雄军府兼管内河堤劝农同群牧事、上骑都尉、赐绯鱼袋，宋氏去世时，其头衔为朝奉郎、尚书主客员外郎、轻车都尉、赐绯鱼袋。

志文中的"孙五人，尚幼未立"，是指王礿和宋氏第二子王正路之子，即王蕙、王适和王遹等，详见王氏家族世系表[5]。

墓志照片由张慧女士提供，檀彦坤、杨超先生为本文付出了不少劳动，在此一并感谢。

（原载《文物春秋》2008年第5期，志文标点收录时略有改动。）

注释

1.谢飞、张志忠：《<王礿墓志><江氏墓志>考》，《文物》2008年2期。

2.《宋史》卷二八七，中华书局。

3.同[2]，卷二六六。

4.同[2]，卷二九一。

5.谢飞、张志忠：《<王康墓志铭><向氏墓志铭><张氏墓志铭>浅释》《文物》2009年8期。

《王康墓志铭》《向氏墓志铭》《张氏墓志铭》浅释

王礿墓志、江氏墓志的发现与研究，初步建立起北宋时期河北临城县王氏家族的世系，并就王氏家族和苏氏家族的关系作了初步探讨[1]。河北省临城县文物保护管理所对这一课题的研究非常重视，又陆续发现了王氏家族的一些墓志和墓志流失的重要线索。在磁窑沟村一带，新征集到墓志三方，即本文报道的王康墓志、向氏墓志和张氏墓志。

王康墓志：无志盖，青石质，方形，边长57、厚12厘米。志文楷书，17行，满行19字，共284字。录文如下：

宋故将仕郎苏州崑县尉王君墓志铭并序｜

朝奉大夫、直秘阁、权京东路计度转运副使兼｜劝农使、上骑都尉、赐紫金鱼袋韩向撰并书｜

君讳康，字彦国，姓王氏，世为赵人。曾祖礿，工部侍｜郎、知枢密院事，赠司徒、谥忠穆。祖正路，比部郎中、｜赠紫金光禄大夫。父蘧，中奉大夫。中公继室建｜安郡君张氏，君即建安次子也。自少端谨，学诗为｜文，作大字如成人。以赏延入官，补假承务郎，即试｜吏，易将仕郎，为苏州崑山尉。警捕不懈，民赖以安，｜庄重畏慎，同事咸得其欢心。守将荐其才，谓成远｜业。得疾未几，卒于官舍。之正寝实大观庚寅七月｜初二日也，享年二十五。娶蔡氏，生一子天化。乃以｜明年九月甲申葬于赵州临城县龙门乡，付中奉｜公之茔。君兄弟请铭于向，予娶君之姊，雅故相知，｜义不得辞。铭曰：｜

仕以世禄，福不永年。｜修短一致，往从其先。｜

向氏墓志：志盖为青石质覆斗形，长82、宽81.5、厚13厘米。顶部为方形，内篆铭名，3行，9字，为"宋齐安郡君向氏墓铭"。志石青石质，近方形，长81.5、宽81.3、厚14厘米。志文楷书，33行，满行33字，共900字。录文如下：

宋故齐安郡君向氏墓志铭｜

朝奉郎、守国子司业兼定王嘉王侍讲、骁骑尉、赐紫金鱼袋耿南仲[2]撰｜

朝请郎、守卫尉少卿、骑都尉、赐绯鱼袋巴宜书｜

朝议大夫、充徽猷阁待制、河北路计度都转运使兼劝农使、护军、赐紫金鱼袋王劼篆盖｜

齐安郡君向氏者，尚书左仆射、同中书门下平章事、谥文简讳敏中之曾孙，国子博士、｜赠太尉讳传正之孙，左藏库副使讳绶之女也。弱不习戏事，天资韶警，遇事能审处如｜成人。父固奇之，为选对甚严，年十七乃以归王公。及为王氏妇，逮事其舅姑，恭顺慈祥。｜春秋烝荐，修微必亲，而睦其族姻，内外宜之。后君舅捐馆舍，萧然垂橐，食指且众，家事｜悉仰给于公。夫人贬损服御，货

鬻填象，佐公料理之。姑饭，夫人亦饭；姑不食，夫人亦不｜食。抚其夫之弟妹，襁负抱携，至有室家，宁藉其子也。夫之诸妹所归，尽当世华腴上族，｜倾资遣致，人人均赡。公好贤下士，士多归之，舆马骎骎相属也。每馔客，未尝商有亡于｜内，夫人必曲折庀具，不以告乏。尝病，力犹自絮羹，中馈乐识如此。钦圣宪肃皇后｜于夫人为再从妹，岁时燕见宫省，眷礼优异，戚里歆艳。而夫人退归于家，谦畏自律，曾｜不婟夸，仪矩整暇。平生无疾言遽色，所居一日必使汛治。虽宴寝近玩物，物蠲洁新，若｜未触也。始封嘉兴县君，公寖显，追徙今封云。元丰二年三月十二日，以疾卒于淮阳军｜下邳县之官舍，享年四十有二。

子男八人，长曰育，试将作监主簿，未仕而卒；曰京，通仕｜郎、常州无锡县丞；曰襄，登仕郎、越州山阴县尉；曰爽，登仕郎、邢州内丘县丞；曰康，将仕｜郎、苏州崑山县尉，卒；曰庶，假承事郎；曰赓，卒；曰序，尚幼。女六人，长适朝奉大夫、直秘阁、｜权京东路计度转运副使韩向；次适朝散郎、新通判河州军州事鞠嗣复；次续适韩向；｜次适奉议郎、签书彰德军节度判官厅公事韩肖胄；两未行。公尝再娶张夫人，由爽而｜上，夫人所生也。孙男六人：詠、诠、谌、谟、询、许。孙女四人，其一归将仕郎、濮州鄄城县主簿｜韩述胄。

元祐三年十一月庚申，已葬于赵州临城县龙门乡两口原矣。政和元年九月｜甲申，因举公之丧与夫人同地，始以奉议郎陈君端礼状乞铭于予。呜呼，男子之行，其｜功过贤不肖之辨表襮于外，易以考订者也。至于妇人女子，非有伏节死谊之事，其隐｜德秘行如玉烟珠气，必久而后发，所以匿迹晦养其从来远也。有如万分一幸而得之，｜则再书特书，君子奚遴焉。公讳蘧，字子开，官至中奉大夫，是为全德大雅之老，所临有｜岂弟之政。铭曰：｜

孰封无邑，其大国都。婉彼齐安，德则有余。｜
文简之孙，钦圣之姊。有贵如是，弗骜弗侈。｜
燕其尊章，施及诸姑。匪有慈顺，识此或疏。｜
凡厥有家，爰求女宪。为妇为母，其则不远。｜
宰木葱蒨，龙门之丘。万有千岁，尚从公游。｜

张氏墓志：志盖青石质，覆斗形，边长82、厚14厘米。顶部方形，内篆铭名，3行，9字，为"宋建安郡君张氏墓铭"。志石青石质，方形，边长81.3、厚16厘米。志文楷书，32行，满行33字，共908字。录文如下：

宋故建安郡君张氏墓志铭｜

中奉大夫、直龙图阁、提点淮南东路刑狱公事兼本路劝农使、轻车都尉、赐｜紫金鱼袋孙鳌抃[3]撰｜

朝请郎、守卫尉少卿、骑都尉、赐绯鱼袋巴宜书｜

朝议大夫、充徽猷阁待制、河北路计度都转运使兼劝农使、护军、赐紫金」鱼袋王寯篆盖」

中奉大夫，临城王公讳蘧，字子开，之继室曰张氏，世为常州江阴人。曾、高皆隐德丘林，」不求闻达。父沪始肆进士业，不幸早世。初夫人之生有异气，旁礴郁葱，弥复庐上，过者」骇叹，咸谓诞贵之祥。夫人天性柔慧，不类凡女子。既孤，随其母刘鞠于乐氏。乐氏族望」高华，而夫人耳濡目染，益自贵珍淑问，藉藉乡人，争欲请婚，无当刘意者。久之，携夫人」至都下，乃以归公。

入门而媪御皆喜，已而族姻美其贤，子姓乐其均，诸妇安其慈也。从」公仕宦凡二十四年，勤俭率下，庆恤馈饷，戚疏多寡，咸有节。适佗日谓公曰："娣姒有婺」居者，族属有贫窭者，可悉收致馆之而给其终身。公宦成名立，当与此曹均飨」上赐，以尽于日，此求之古人几无而仅有者也。"公领许曰："不早言之，何其后！"卒如之。王」氏自忠穆公登宥密，而金紫暨公相继通显，子孙固不病禄仕。然夫人日夜课诸子学，」不俾遽官，故其子有数预乡物者；虽女子辈，亦勤诵习翰墨，弈弈可观。夫人实使然。

晚」读能仁契经。尝见道人宗本，得死生之说，遂捐货泉千万，即其所建法藏一区，以为楼」经之室，珥文礲彤，金翠之饰甚设。寝不御组绣、屏膏沐，奉持戒律，粲玉雪也。将终，神气」不扰，识者以谓或有助云。崇宁三年六月十三日，以疾卒于夔州转运使之官舍，享年」四十有二。始封崇安县君，后以公显，徙封建安郡君。

公初娶向氏，子男盖八人：曰育，试」将作监主簿，未及仕而卒；曰京，通仕郎、常州无锡县丞；曰襄，登仕郎、越州山阴县尉；曰」爽，登仕郎、邢州内丘县丞；曰康，将仕郎、苏州崑山县尉，卒官下；曰庶，假承事郎；曰赓，卒；」曰序，尚幼。女六人。长适朝奉大夫、直秘阁、权京东路计度转运副使韩向；次适朝散郎、」新通判河州军州事鞠嗣复；次续适韩向；次适奉议郎、签书彰德军节度判官厅公事」韩肖胄；两居室。由康而下夫人所生也。孙男六人：詠、诠、谌、谟、询、许，皆治学有闻。孙女四」人，其一适将仕郎、濮州鄄城县主簿韩述胄，余未行。政和元年九月甲申，诸孤将以公」之丧，与夫人合葬于赵州临城县龙门乡两口之原。前期乞铭于予，予顷奉使夔部，与」子开实联计事，且复厚善，以故知夫人为详，是宜铭。铭曰：」

显允夫人，内德茂兮。柔慧不凡，妙自幼兮。强委禽焉，推莫受兮。百两御之，始婚媾兮。鸤鸠均一，无薄厚兮。哺饥燠寒，唯恐后兮。」超然访道，绝氛垢兮。膏沐不御，捐组绣兮。云何不淑，理莫究兮。」不亡者存，斯则寿兮。传信行远，孰可久兮。窀穸埋辞，对不朽兮。」

王康（1086-1110年），字彦国。系王蘧第五子，张氏所生第一子。《向氏墓志》载："由爽而上，夫人（张氏）所生也"。由此可见，王康系张氏所生第一子。但是，《王康墓志》则载："君（王康）即建安次子也"。如此，就出现了分歧。看来，后者可能有误。王康自少端谨，学诗为文，作大字如成人。成年后以赏入官，补假承务郎，易将仕郎，任苏州崑山尉。王康从政时间短暂，但颇有政绩，且处世审慎，同事融洽，上司满意，是可造就之才。大观四年（1110年），卒于官舍，享年二十五岁，可谓英年早逝。次年，葬于州临城县龙门乡祖茔。康娶蔡氏，生一子，夭折。

向氏（1038-1079年），封齐安郡君，豪门望族出身，系向敏中[4]之曾孙，向传正[5]之孙，向绥[6]之女，神宗向皇后[7]之堂姐。向氏自幼聪颖，稳重大方，17岁嫁王蘧为妻。对公婆恭顺慈祥，体贴入微，对丈夫恭敬备至。向氏一向勤俭持家，"平生无疾言遽色"。皇后招见，礼遇优异，温文尔雅，人人羡慕；回家后从不喜言乐色，趾高气扬，而是谦畏自律。向氏卒于元丰二年（1079年）三月十二日，年四十有二。依此可知，其生于景祐五年（1038年）。元祐三年（1088年）先葬于临城祖茔，政和元年（1111年）才与王蘧合葬。向氏生有四子，称王育、王京、王襄和王爽。

张氏（1063-1104年），封建安郡君。生于殷实之家，曾祖、高祖皆隐德山林，自其父张沪始肆进士业，不幸早亡，家遂贫，因母改嫁而入望族乐氏之门。张氏初生散发香气，自幼天性柔慧，贵珍淑贤。十九岁为王蘧续妻，伴蘧为官二十四年。张氏在家勤俭率下，有礼有节，善待亲人，教子有方。晚年学道习经，持斋念佛。崇宁三年（1104年）六月十三日，卒于夔州转运使之官舍，年四十有二。推算可知，张氏生于嘉祐八年（1063年），小向氏二十五岁。政和元年，与王蘧、向氏合葬于祖茔。张氏亦生四子，即王康、王庶、王赓和王序。

王蘧（？——1109年）字子开。原名王迥，字子高。曾祖王璵，赠太师、中书令。祖王靧，工部侍郎、知枢密院事、赠户部尚书、谥忠穆。考王正路，比部郎中、知濮州、赠紫金光禄大夫。其兄弟三人，王蘧为长，王适（子立）次之，王遹（子敏）为季。

王蘧官至中奉大夫。正四品官，政绩不详。相关资料显示，其元丰二年知淮阳军下邳县，元祐二年在京师为官，元祐四年知江阴县，元祐七年因事涉苏辙，改知无为军，崇宁三年除夔州转运使。

王蘧有子男八人，女六人。其亡时，诸子女情况如下：王育，试将作监主簿，未仕而卒；王京，通仕郎、常州无锡县丞；王襄，登仕郎、越州山阴县尉；王爽，登仕郎、邢州内邱县丞；王康，字彦国，苏州崑山县尉，卒于官上，妻蔡氏，生一子，夭折；王庶，假丞事郎；王赓，卒；王序，幼。长女，适朝奉大夫、直密阁、权京东路计度转运副使韩向。次女，适朝散郎、新通判河州军州事鞠嗣复[8]。次女，续适韩向。次女适奉议郎、签书彰德军节度判官厅公事韩肖胄[9]。其余二女未行。

孙男六人：王詠、王诠、王谌、王谟、王询、王许。孙女四人，其一适将仕郎、濮州鄄城县主薄韩述胄，其他未嫁。

据陆游[10]《老学庵笔记》载："子开大观己丑（1109年）卒于江阴，而返葬临城[11]。"政和元年（1111年）葬于赵州临城县龙门乡两口之原。贺铸所作王子开挽词"和璧终归赵，干将不葬吴"，是对其归葬的记述。王蘧是和先逝的向氏、张氏合葬的。

三方墓志提供的珍贵资料，使得王氏家族的世系更加完善，兹列表如下：（见92页表1）

这些墓志所涉及的问题多而零散，现仅以王蘧与苏轼、苏辙交往的考察为切入点，进一步揭示王氏家族与苏氏家族的密切关系。

分析历史资料可知，王氏与苏氏家族的来往始于熙宁十年。当时，苏轼知徐州，王适、王遹为州学生，从此确立了师生关系。不久，王适成为苏辙的女婿，王苏两家形成联姻关系。之后，王蘧兄弟三人都成为苏家诸子的朋友，同时也与苏门诸弟子建立了良好的关系。

苏轼与王蘧交往只晚于王适、王遹一年。元丰元年三月，苏轼与王蘧首次晤面，并为其作《芙蓉城》诗[12]。此时，苏轼尚在徐州任上。苏轼在叙中说："世传王迥子高与仙人周瑶英游芙蓉城。元丰元年三月，余始识子高，问之，信然。乃作此诗，极其情而归之正，亦变风止乎礼仪之意也。"此诗当作于当年当月。诗云："芙蓉城中花冥冥，谁其主者石与丁。珠帘玉案翡翠屏，霞舒云卷千婷婷。中有一人长眉青，炯如微云淡疏星。往来三世空炼形，竟做误读黄庭经。天门夜开飞爽灵，无复白日乘云軿。俗缘千仞磨不尽，翠被冷落凄馀馨。因过缑山朝帝廷，夜闻笙箫弹节听。飘然而来谁使令，皎如明月入窗棂。忽然而去不可执，寒衾虚幌风泠泠。仙宫洞房本不局，梦中同蹋凤凰翎。径度万里如奔霆，玉楼浮空耸亭亭。天书云篆谁所铭，遗楼飞步高伶俜。仙风锵然韵流铃，蘧蘧形开如酒醒。芳卿寄谢空丁宁，一朝覆水不返瓶，罗巾别泪空荧荧。春风花开秋叶零，世间罗绮纷膻腥。此身流浪随沧溟，偶然相值两浮萍。愿君收视观三庭，勿与嘉谷生螟螣。从渠一念三千岭，下作人间尹与邢。"

王蘧遇鬼是一件奇事，也是一种游戏，当苏轼《芙蓉城》诗问世以后，这件事影响更加广泛。苏轼作此诗之前，已有胡微之所作《王子高传》[13]传世，该传精辟地记述了故事的整个过程。《芙蓉城》诗大体依传记而作，王安石[14]有和诗，诗首云："神仙出没藏杳冥，帝遣万鬼驱六丁。"当人问之，安石说："此戏耳，不可以为训。"王安石的表述，道出了人们对王蘧遇鬼一事的真实理解。苏轼《芙蓉城》诗对王蘧影响极大，甚至他依"仙风锵然韵流铃，蘧蘧形开如酒醒"之句，将原名、原字更改，由王迥、字子高改称王蘧、字子开。

元祐二年，苏轼在京师，除翰林学士、知制诰。王蘧也在京师，任朝请郎。正月八日晚，苏轼与王蘧共饮，朋友相见，故事重提。苏轼作《正月八日招子高饮》诗。诗曰："屋雪号风苦战贫，纸窗迎日稍知春。正如薝卜林中坐，更对芙蓉城里人。昨想玉堂空冷彻，谁分银梋送清醇。海山知有东南角，正着归鸿作小辇[15]。"苏辙也有《次韵子瞻招王蘧朝请晚饮》诗，诗曰："娇娇公孙才不贫，白驹衔雪喜新春。忽过银阙迷归路，误认瑶台寻故人。访我不嫌泥正滑，留君深愧酒非醇。归时九陌铺寒月，清绝空教仆御辇[16]。"苏辙的次韵诗也提及王蘧芙蓉城遇仙人戏事。

查苏轼文集，有他给王蘧的书信三封[17]。元祐四年，苏轼知杭州，长子苏迈酸棘尉任满回杭，过江阴，与时任江阴知县王蘧会面，蘧有手书致苏轼。因此，苏轼第一简当为此书之复信。苏轼在信简中希望王蘧"游刃一邑，风遥之美，即自闻上，翘俟殊擢，以塞众望。"苏轼第二简对王蘧之大郎（王育）去世表示哀悼，劝慰其节哀保重，"愿深自爱，已慰亲友之望。"苏轼对王蘧有较高的评价，"高才雅度"之赞语即出自此简。

苏轼的《东坡志林》中送别的第一首即是《别子开》[18]。此文记述，某年冬至的前一天，王蘧领旨去河北，节后即出发，苏轼专到王家贺节送别。"案上有此佳纸，故为作草，露书数纸。"并相约，当来春王蘧返回时，再置菜肴蔬果，"复从公饮也。"

元祐八年九月，苏轼除知定州，十月到任。次年（绍圣元年），被贬知英州，四月离开定州，开始了一贬再贬的坎坷之路。绍圣四年闰二月，苏轼又被责授琼州别驾，移昌化军安置。三月，苏轼作启，为次孙符[19]求婚于王蘧。女子系王蘧的侄女，弟王适之爱女"第十四小娘子"。王适娶苏辙次女，苏符为苏轼长子苏迈第二子，娶王适女，姻亲关系更加紧密。

附记：墓志铭的释文得到张金栋和孙继民先生的热心帮助，笔者深表谢意。

（原载《文物》2009年第8期，志文收录时标点略有改动。）

注释

1.谢飞、张志忠《<王黻墓志><江氏墓志>考》，《文物》2008年第2期。

2.耿南仲，开封人。北宋末重臣，曾拜资政殿大学士，签书枢密院事。又升尚书右丞、门下侍郎。后因与金议和，力主割地丧权被贬谪。

3.孙鳌抃，在《宋史》卷一百九十八只有一条记载："崇宁四年，提举程之邵、孙鳌抃以额外市战马及二万匹各迁一官。鳌抃乃赐三品服。"

4.向敏中，字长之，开封人。《宋史》有传。宋太宗、真宗时期重臣，曾任兵部侍郎、参加政事、尚书右丞、刑部尚书、中书侍郎、吏部尚书、右仆射兼门下侍郎、左仆射等要职，充资政殿大学士、昭文馆大学士等。赠太尉、中书令，谥文简。因为系向皇后族亲赠燕王。有文集15卷。

5.向传正，向敏中长子，国子监博士，赠太尉。

6.向绶，左藏库副使，国子监博士，曾知永静军。《宋史》有传记载涉及向绶两处一事。一是在吴育传记中，曰："向绶知永静军，为不法，疑通判江中立发其阴事，因构狱以危法中之，中立自经死。绶宰相子，大臣有营助，裕传轻法。育曰：'不杀绶，无以示天下。'卒减死一等，流南方。"二是在贾昌朝传中也提及此事，言明向绶迫令江中立自杀得罪，贾昌朝力保，吴育力伐，导致吴育官罢。

7.向皇后，与向氏同辈姐妹，系向敏中第三子向传亮（周王）之孙，向经（吴王）之女。宋神宗之妻。神宗继位，立为皇后。哲宗立，尊为皇太后。《宋史》有传。

8.鞠嗣复，《宋史》有传曰："不知何许人。"因姓名相同，年代一致，应为同一人。宣和初知休宁县，后加官直密阁、知睦州。

9.韩肖胄，字似夫，相州安阳人。曾祖韩琦，祖韩忠彦，都权至相位。父韩治。肖胄在北宋末、南宋初为官，曾充使辽，使金使。曾知温州、常州、绍兴府等，除端明殿学士、资政殿学士、同签书枢密院事。谥元穆。

10.陆游，字务观，号放翁，越州山阴人。南宋著名爱国诗人，为政坎坷，官职低微，至礼部郎中、宝章阁待制。

11.陆游撰《老学庵笔记》卷五，中华书局，2005年。

12.孔凡礼点校《苏轼诗集》卷一六，中华书局，1997年。

13.胡微之《王子高传》（见《芙蓉城》诗注）：王迥子高，初遇一女，自言周太尉女，冥契当侍巾帻。既去，衾枕之属，馀香不散。由此倏忽去来。一夕，梦周道服而至，谓王曰："我居幽僻，君能一往否？"喜而从之。但觉其身飘然。须臾过一岭，珍禽佳木，清流怪石，殿阁金碧相照。遂与王自东厢门入循廊。至一殿亭，甚雄壮，下有三楼，相视而耸，亦甚雄丽。廊间半开，周忽入，王少留须臾，周与一女郎至。周曰："三山之事息乎？"曰："虽已息，奈情何。"于是拊掌而去，遂巡东廊之门。门启，有女流道装而出者百余人，立于庭下。俄闻殿上卷帘，有美丈夫一人，招服凭几，而庭下之女，循次而上。少顷，凭几者起，帘复下，诸女流亦复不见，周遂命王登东厢之楼，梁上题曰碧云，其字则《真诰》，八龙云篆。王未及下，一女郎登，年可十五，容色娇媚，亦周之比。周谓王曰："此芳卿也。"梦之明日，周来，王语以梦，周笑曰："芳卿之意甚勤也。"王问："何地？"周曰："芙蓉城也。"曰："凭几者谁？三山之事何谓？"周皆不对。王问："芳卿何姓？"曰"与我同。"王感其事，作诗遗周。周临别，留诗云：久事屏帏不暂闲，今朝离异尚阑珊。临行惟有相思泪，滴在罗衣一半斑。

14.王安石，子介甫，抚州临州人……

15.同11，卷二七。

16.陈宏天、高秀芳点校《苏辙集》卷一五，中华书局，1999年。

17.孔凡礼点校《苏轼文集》卷五七，中华书局，1999年。

18.苏轼《东坡志林》卷一，中华书局，2006年。

19.苏符，字仲虎。苏轼次孙。苏迈次子，侍奉苏轼十五年。南宋绍兴年间赐同进士出身，官至中书舍人、礼部尚书。

《王璘墓志铭》简识

2009年4月中旬，临城县文保所又征集到墓志一方。志主王璘是北宋临城王氏家族的重要成员，系王忠信之子，王瓒之父。王璘墓志的发现，在很大程度上弥补了王氏家族前期成员相关材料的不足，特别是对其家族郡望、迁居临城及迁祖坟于两口村的确切时间等问题，提供了较为翔实的文字资料。

志盖青石质，覆斗形。长60、宽62.8、厚16.5厘米。顶部方形，内篆铭名，3行，9字，为"大宋故王府君墓志铭"。志石青石质，近方形。长60、宽61、厚18.6厘米。志文计30行，满行35字，共964字。录文如下：

大宋赠秘书少监王府君墓志铭并序｜

朝散大夫、行尚书兵部员外郎、知制诰、权判吏部流内铨、兼判尚书刑部登闻检院、护军、济阳县开国男、食邑三百户、赐紫金鱼袋丁度撰｜

翰林书艺文林郎、守少府监主簿、御书院祗候孔令仪书并篆盖｜

府君讳璘，字温其，常山[1]人，代为北州望族。曾祖讳傑，器识雄远，材略邃茂。李唐之世兵柄在｜方镇，王元逵之杖钺真定也，列于麾下。以战获立功名，掌枭骑之锋，气敢自任。祖讳盛，考讳｜忠信，服儒笃学，节行称于乡里。尔世不显，皆身退而家肥，华缨荣禄故不及焉。妣平昌郡孟氏。｜府君中正温恕，廉让孝谨，涉道嗜学，研几烛理。为文长于奏记，惇惇振藻，蔚其古风。酷好司｜马迁《史记》，班固、范晔《汉书》，皆自手写，备巾箱之玩。博涉众艺，号为毕给。

周显德中，梁光祚授｜节符之重，守于赵郡。稔公之名，召致戎幕。儒服从容，府望增重，累署本郡上佐，掌临城关市｜之赋。安早侯时所莅居，最慕其风土，因而家焉。五运下衰，荐仍世故，魁垒之士多在外藩。｜太祖之受命也，畴咨延访，唯恐不及，丞诏诸侯，咸得论奏。光祚以公与故八作史祁延昭荐｜名于朝。会衔橛之变，步趋既梗，喟然叹曰："吾材备时用，不克利见王庭。"其道寒蛱，退居衡庐，｜笃终焉之志。跌宕文史，究览古今。其为学也号为宏富，其履行也笃于友悌，而胸臆结约，盖｜屈于命。雍熙甲申岁二月十一日[2]感疾而终，年六十三。

夫人天水赵氏，华宗淑喆，姻党宜之。｜继室田氏，以慈仁裕家道，以柔明修梱范，追封京兆郡太君。五男，长曰义方，事昭成太子，于｜宫邸最为亲信。曰德方，以经行修明至泗州盱眙县令。曰仲方，曰瓒，曰赟。仲方洎赟无禄。今｜世惟第四子文预英雄之彀，才备皇王之用，杂理宪法，以孤峻任职，参制财利，以精敏应务，历｜天章阁待制，今为尚书左司郎中、枢密直学士、知益州。天

子倚之方任，士流推其国器。女｜三人。长适赵郡康维翰，次适侍禁段珧，次适真定窦琮。式是柔仪，俱享遐纪。孙｜八人。曰淳，太｜学馆学究，今即亡矣。曰正献，越州会稽县主簿。曰正己，右班殿直。曰正平，故浔州桂平县主｜簿。曰正规，试将作监主簿。曰正思，故将作监主簿。曰｜正臣，试将作监主簿。曰正路，太常寺太｜祝，积德垂裕，怀才竞爽，远大之望未易量焉。

夫杨名显亲，孝子之心也。初，赠府君廷尉｜评，凡六追命至麟台。少列密学，以凤雁悯凶，连失怙恃，弗克｜茵鼎之养，未遑封树之事。谋及｜龟筮，岁利癸酉[3]，卜兆于临城县龙门乡之两口原。经启宅兆，用宁体魄，露章请告，力营襄事。｜冬十月辛酉[4]，自曾门而下十有四表，启泉垆而迁祔焉。且岸谷之变不可以不识，篆兹乐石，｜且无愧辞。铭曰：｜

燕赵之间，古称奇士。地且深厚，材多粹美。英英王君，抱道怀文，颉颃之姿，｜超世逸群。筮仕侯邦，利宾王国。疾废数奇，吁嗟懿德。有美令嗣，乃炽而昌。｜永怀顾复，孝思不忘。膴膴鲜原，阴阴宰树，刻铭下泉，传信终古。｜

中书省玉册官、御书祗候邹义、王守清刻。

据考，此墓志并非王璘去世时随葬之原物，而是其子王瓒迁祖坟时为父所作。墓志铭的篆盖和书丹系孔令仪，其为宫廷翰林御书院文官，不见经传。撰文者丁度，字公雅，其先恩州清河人，后徙居祥符，《宋史》有传[5]。大中祥符中，为大理评事、通判通州。后迁端明殿学士、知审刑院。再擢工部侍郎、枢密副使、参知政事。改观文殿学士、知通进银台司、判尚书都省，再迁尚书右丞。卒赠吏部尚书，谥文简。王瓒也是大中祥符初年进士，与丁度同时入仕，同朝为官，关系当非常紧密，故王瓒请其为父墓志铭撰文。墓志镌刻者为邹义和王守清，他们的职衔为中书省玉册官、御书祗候，当为皇帝宫廷刻匠。其中，王守清曾在曲阳北岳庙存大中祥符八年（1015年）宋真宗撰《北岳醮告文》碑镌刻者留有姓名，其职衔为御书院祗应臣[6]。此碑镌刻时间比墓志早二十年，看来，王守清当是资深刻家。

王璘，史书不载，据墓志铭可知，王璘（922—984年），字温其，卒于雍熙甲申岁二月十一日，即北宋太平兴国九年（984年）二月十一日，享年六十三岁。依年表计，王璘应生于后梁龙德三年（922年）。志载，王璘系常山人，代为北州望族，没有具体交代其祖籍详情。后周显德年间（954—959年），王璘被梁光祚招入赵郡幕府，掌管临城县关市之赋，因赏识本地风土人情，举家搬迁到临城居住。自此，王氏家族开始家于临城。但是，王家是否一到临城就定居在龙门乡两口村，没有确切资料予以说明，推测应

当如此。王璘去世后，并没有埋葬于临城，推测会归葬于老家祖茔。

王璘去世后的第五十个年头，即明道二年（1033年），王瞻已经具有了"天子倚之方任，士流推其国器"地位，以枢密直学士统帅益州。此时，王瞻及其家族的声望已经相当显赫。王瞻为了却"弗克茵鼎之养，未遑封树之事"之心愿，计议将祖茔迁至居住地临城。经过反复堪舆，最终相准风水宝地，"卜兆于临城县龙门乡之两口原"。是年十月十九日，王瞻将自其父以上十四丧迁葬于龙门乡两口村坟茔，并"篆之勒石，且无愧辞"。

王璘生于战争年代北州之地的富庶之家，其祖上虽无"华缨荣禄"，却也是"服儒笃学，节行称于乡里"的书香门第，因此，自幼受到了良好的教育。青年时期的王璘即具备了"中正温恕，廉让孝谨，研几烛理"的品质，培养了"为文长于奏记，惮惮振藻，蔚其古风，酷好司马迁《史记》、班固、范晔《汉书》"的学风。

后周显德年间，王璘三十多岁，风华正茂。此时，赵郡守梁光祚主事，将其招为郡府幕僚。自此，王璘"儒服从容，府望增重，累署本郡上佐，掌临城关市之赋"。陈桥兵变，赵匡胤黄袍加身，是为大宋肇始（960年）。郡守梁光祚又把王璘荐于大宋朝廷。宋太祖驾崩（976年），王璘已经五十过半，举官路途更为艰难，无奈采取"吾材备时用，不克利见王庭"的处世哲学。最终"其道塞欤，退居衡庐，笃终焉之志。跌宕文史，究览古今"成为世外高人。"其为学也，号为宏富；其履行也，笃于友悌"。

王璘去世之后，随着其子王瞻官职的升迁，初赠廷尉评[7]，最终追命至麟台[8]，也有资料显示被赠中书令[9]。妻天水赵氏[10]。续妻田氏，追封京兆郡太君。五男：曰王义方，事昭成太子[11]；曰王德方，官至泗州盱眙县[12]令；曰王仲方，未仕；曰王瞻，官至知枢密院事；王瞻，未仕。三女：长女适赵郡康维翰，次女适侍禁段耽，次女适真定窦琼。孙八人：曰王淳，太学馆学究；曰王正献，越州会稽县[13]主簿；曰王正己，右班殿直；曰王正平，曾任浔州桂平县[14]主簿；曰王正规，试将作监主簿；曰王正思，将作监主簿；曰王正臣，试将作监主簿；曰王正路，太常寺太祝。

王瞻等多方墓志铭的发现与初步研究，使我们对临城王氏家族有了较深入的认识，也基本上建立起王氏家族的世系构架[15]。王璘墓志的问世，为王氏家族的研究提供了非常珍贵的资料。其一，知其高祖王杰唐藩镇割据时期，曾在镇州（真定）王元逵[16]麾下为武官；其二，知其郡望为常山，代为北州望族。其三，后周显德年间，王璘举家迁居临城。其四，宋仁宗明道二年，王瞻将祖坟迁至临城

龙门乡两口村。其五，王氏家族世系得到扩展和补充，向前追至王璘高祖王杰，王瞻及其子辈成员得到补充。依据王璘墓志资料完善的王氏家族世系表如下（见93页表2）。

王氏家族是河北北宋时期名门望族，祖籍赵州临城县龙门乡两口村，村名至今未变，现属临城县临城镇管辖。两口村是一个非常古老的村庄，唐代以前即已存在，如今村子保存尚好，村内的崇福寺大殿虽然破败不堪，但还保留着明代建筑风格。其内原有嘉祐五年的顶尊陀罗尼经幢，现存临城县文保所。村内溪流上还存有清代晚期至民国时期的古石拱桥三座，曰无名桥、关桥和义合桥。另外，还有一定数量的晚清、民国时期的古民居。

王氏家族的墓地在两口村西南约2500米处，原属临城县两口村，现为内丘县张家沟村耕地。墓地已被河北省人民政府公布为省级文物保护单位。考古勘探发现墓葬12座，葬有王氏家族的七代人。墓地的自然环境较好，非常符合古代堪舆学所崇尚的圈椅形阴宅地貌。

自唐代晚期始，王氏家族就已经是富庶之家，书香门第。五代晚期，王瞻之父王璘为赵郡幕僚，举家迁到临城县后，仍然保持着家族的优越地位。王氏家族飞黄腾达始于王瞻。王瞻为大中祥符初年进士，得宋真宗赏识，曾知祁县、通判湖州，很快又升任梓州知州。在知益州任上，成就卓著，深得民心，并受到皇帝的褒奖。也正是在此任上，他将祖坟迁于临城两口村。在此后的短短数年中，他屡有升迁，从同知枢密院事迁参知政事，再升知枢密院事，正三品或从二品。这是他一生最高的职务。

王瞻子辈人丁不旺，仅生有两个儿子。长子早亡。次子王正路较为平庸，官职稍显，曾为一方知州。王瞻孙辈三人，王蘧、王适和王通。王适未仕，王通官职平平。王蘧稍显，曾知无为军、夔州等，官至四品、赐三品服。在施州，曾捉杀部蛮叛军，拓地幅员五百里，受到皇帝的奖赏，连升三级。

总体评价，王蘧三兄弟在仕途上的成绩，远远不及在文学上的贡献和影响。王蘧是苏轼、苏辙的朋友，王适、王通是苏轼的学生，王适既是苏辙的学生，又是他的女婿。三兄弟不仅与苏家关系非同一般，与苏门四学士及弟子们也非常亲近，诗文往来频繁。王蘧有古律诗342首，《施州开录录》十卷（尽失）。苏轼为其作诗二、书札三、送别一、启一。苏辙作诗一、贺铸诗五、张耒诗三。苏辙说：王适有"诗若干、赋若干，杂文若干，分为若干卷"，但也遗失不存。苏轼为其作诗十五、文二。苏辙诗四十二、文一。黄庭坚诗一、贺铸歌四、李廌诗三。王通的著述多少没有记载，确知苏轼为其作诗二、苏辙文一、张耒诗二、李廌诗一、苏过诗一。

三兄弟的文学成就，以王适最大，史料略有记载。其中，苏轼在为学生王适撰写的墓志铭中评论道："百年之后，其姓名与我皆隐显也"。苏轼虽然是在赞美王适，似乎也暗示出他们兄弟三人在当时文坛是有一定建树的。

注释

1. 常山，即常山郡，汉始置，后屡有更革，唐元和十五年改为镇州，五代唐改为真定府，北宋因之，亦称常山郡。汉治所在今河北省元氏县，隋以后长治真定县，即今河北省正定县。王璿出生时此地应为镇州。

2. 雍熙甲申岁二月十一日，即宋太宗太平兴国九年二月十一日（984年3月16日）。其年十一月方改元雍熙元年。

3. 癸酉，当为宋仁宗明道二年（1033年），其年六月以王随为枢密直学士、知益州。

4. 十月辛酉，即仁宗明道二年十月二十九日（1033年11月23日）。

5. 元脱脱撰，《宋史》卷二百九十二，中华书局。

6. 韩成武、王丽敏编著，《北岳庙碑刻选注》，中国文联出版社，2003年。

7. 廷尉评，即大理寺评事，宋前期为文臣迁转官阶，无职事，从八品下。

8. 麟台，即秘书监，北宋前期为文臣迁转官阶，无职事，从三品。

9. 孔凡礼点校，《苏轼文集》，卷五十《王子立墓志铭》，中华书局，1999年。

10. 天水赵氏，指为皇族。

11. 昭成太子，名元僖，太宗第二子，颇富才干，雍熙三年（986年）暴卒。

12. 泗州盱眙县，今江苏省盱眙县。

13. 越州会稽县，今浙江省绍兴市。

14. 浔州桂平县，今广西桂平市西。

15. 谢飞、张志忠，《〈王随墓志〉〈江氏墓志〉考》，《文物》2008年第2期；《〈宋氏墓志〉考略》，《文物春秋》2008年第5期；《〈王遹墓志铭〉考略》，《河北大学学报（哲学社会科学版）》2008年第33卷第6期；《〈王康墓志铭〉〈向氏墓志铭〉〈张氏墓志铭〉浅释》，《文物》2009年8期。

16. 王元逵，字茂远，祖籍晋阳（今山西省太原市）。其父王庭凑拥兵自立，封成德军节度使。唐文宗大和九年（835年）王元逵亦官封成德军节度使，镇、冀、深、赵等州观察处置使，唐宣宗大中八年（854年）逝于任上。近年，考古人员于河北正定发现王元逵家族墓群。

第四章 家族世系与成员考

一、家族世系与亲族

临城王氏家族是北宋时期河北的名门望族，对此，史籍的记载却微乎其微，地方志记述也寥无数言。(清)《临城县志》的编撰者之一杨宽在人物志中提到："临邑唐之李贞公、宋之王忠穆，宦迹昭著，史册流光。"其中，王忠穆即王氏家族的开拓者王曙。该志记载王曙还被临城县列入乡贤榜，"入祀乡贤"，并抄录《宋史》王曙之《列传》于志书中。可惜的是，该志对王氏家族其它情况的记载一概不见，甚至连其确切的籍贯也未作交代。

2005年，临城县文物保护管理所征集到王曙及江氏墓志铭后，发现这些材料显示王家与苏轼家族有关，显得非常重要。经初步考证，了解了王氏家族的历史地位，家族主要成员的基本情况和与一些重要家族的关系，并建立起能显示其7代的王氏家族世系表（表1）[1]：

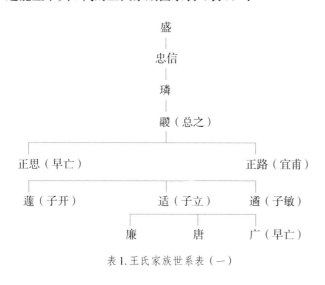

盛
忠信
璘
曙（总之）
正思（早亡）　　　　正路（宜甫）
蘧（子开）　　　适（子立）　　遹（子敏）
廉　　　唐　　　广（早亡）

表1.王氏家族世系表（一）

之后，临城县文物保护管理所又先后征集到王氏家族中王通、王康、向氏和张氏墓志铭，并了解到宋氏墓志铭的下落。这批珍贵资料的面世，使我们对王氏家族的基本情况有了更加全面的了解[2,3]，不仅使其家族第七代成员得到补充，而且也显现出其第九代成员的一些情况，得到了较为充实的王氏家族世系表[4]：

最近，从我们得到的王璘墓志铭拓片初步研究可知，王璘之高祖王杰在晚唐藩镇割据时期曾在镇州（真定）王元逵麾下为下层武官，使其世系前知一代。王氏家族郡望

为常山地，代为北州望族。直到后周显德年间，王璘在赵郡幕府，管临城"关市之赋"时，举家迁居临城。北宋明道二年，王曙知益州时，又将祖坟迁至临地县龙门乡两口村。王璘先后两妻室，共五男，而不是已知的王曙一子。另有孙八人，并非已知的正思和正路。这些珍贵材料，不仅为王氏家族郡望及迁居临城提供了可靠依据，同时也很大程度地弥补了其家族前期成员相关材料的不足，进一步完善了王氏家族世系表（表2）：

从王氏家族世系表及墓志铭提供的资料分析，自王曙始，同乡和姻亲关系的建立在其家族发展壮大中起着非常重要作用。王曙在科考之前即投奔同乡王化基[5]门下求学，时年22岁。在王化基门下时间不长，王曙便得到赏识，王化基又将王曙引见给亲戚及同事宋湜[6]，并亲自保媒，使王曙成为宋湜的爱婿。对于王曙而言，此举受益极大，同时得到了两个后台、两大家族的支持。王化基，真定人，太宗时期重臣，官至礼部尚书，卒赠右仆射，谥惠献。宋湜，京兆长安人，权枢密副使，卒赠刑部尚书，谥忠定。王曙依此入仕为官，应当十分有利。

天圣七年（1029年），王曙在三司户部副使任上，因同乡曹利用[7]得罪受到牵连，以司封员外郎出知湖州。曹利用，赵州宁晋人，北宋真宗、仁宗朝重臣，曾任枢密使、尚书右仆射、又加司空。死后追赠太傅，谥襄悼，后为其作神道碑，帝为篆其额曰"旌功之碑"。曹利用得罪后，"黜亲属十余人"，王曙列在其中。仅从这一点看来，他们两家除为同乡外，在政治上的关系也是非常亲密，非同一般的。

王曙的子辈与其他家族的关系因资料缺乏不甚明了。自孙辈开始，则显现出日益强烈的趋势。王曙长孙王蘧可能因入党籍的影响，官位虽不显赫，其妻向氏则出自名门望族的向敏中[8]向氏家族，她系向敏中之曾孙，向传正之孙，向绶[9]之女，神宗向皇后[10]之堂姐。而王蘧之次女嫁给韩肖胄[11]，韩肖胄则是韩琦[12]之曾孙，韩忠彦[13]之孙，韩治之子。韩肖胄也曾身居要位，为端明殿学士，签书枢密院事，卒谥元穆。

王曙的另外两孙王适、王通都为苏轼[14]、苏辙[15]的学生，王适之妻系苏辙之次女。王适之女嫁给苏轼之孙，苏

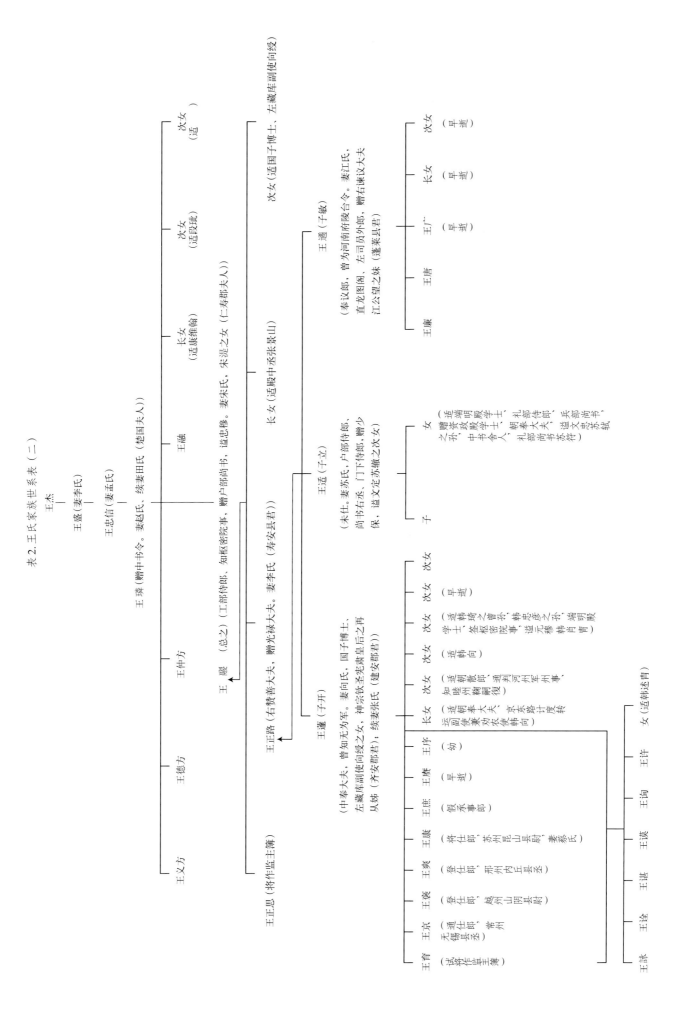

表 2. 王氏家族世系表（二）

迈之子苏符[16]。苏符曾任南朝中书舍人、礼部尚书。如此，王氏家族与苏氏家族建立起既为门生，又是亲戚的良好关系，以至王适去世后，苏轼亲自为其作墓志铭。王通的官位一般，其妻为直龙图阁、左司员外郎、卒赠右谏议大夫江公望[17]之堂妹。

注释

1.谢飞、张志忠，《<王颙墓志><江氏墓志>考》，《文物》2008年第2期。

2.谢飞、张志忠，《<宋氏墓志>考略》，《文物春秋》2008年5期。

3.谢飞、张志忠，《<王通墓志铭>考释》，《河北大学学报（哲学社会科学版）》第33卷第6期，2008年。

4.谢飞、张志忠，《<王康墓志><向氏墓志><张氏墓志>浅释》，《文物》2009年8期。

5.王化基，字永图，真定人。太宗时期重臣，官至礼部尚书，《宋史》有传（见附录三）。卒赠右仆射，谥惠献。

6.宋湜，字持正，京兆长安人。太平兴国五年举进士，曾拜中书舍人，充枢密副使，《宋史》有传（见三章二节相关人物传记）。卒赠刑部尚书，谥忠定。

7.曹利用，字用之，北宋赵州宁晋（今河北省宁晋县）人，仁宗时官至枢密使、参知政事。《宋史》有传（见三章二节相关人物传记）。仁宗天圣七年，因人告其从子赵汭谋逆，得罪遭贬，后被逼自缢而亡。

8.向敏中，字常之，开封（今河南省开封市）人。宋真宗时名相，《宋史》有传（见三章二节相关人物传记）。卒赠太尉、中书令，谥文简，又以后族赠燕王。

9.向绶，向敏中之孙。左藏库副使，国子监博士。在知永静军任上为不法，疑通判江中立发其阴事，因构狱以危法中之，中立自经死，流南方。为此，包拯曾有《乞断向绶》两章。

10.神宗向皇后，即钦圣宪肃皇后。系向敏中之曾孙，向传亮之孙，向经之女。神宗即位立为皇后，哲宗立尊为皇太后。《传记》见三章二节相关人物传记。

11.韩肖胄，字似夫，相州安阳人。《宋史》有传（见三章二节相关人物传记）。曾祖韩琦，祖韩忠彦，都权至相位。父韩治。肖胄在北宋末、南宋初为官，曾充使辽，使金使。曾知温州、绍兴府等，除端明殿学士、资政殿学士、同签书枢密院事。卒谥元穆。

12.韩琦，字雅圭，相州安阳人，《宋史》有传。北宋前期重臣，曾知定州、并州，历任枢密使、门下侍郎、右仆射，被封魏国公。卒赠尚书令，谥忠献。

13.韩忠彦，字师朴，韩琦之子，北宋重臣。曾知定州、相州、大名府，官至左仆射门下侍郎，封仪国公。后被贬为磁州团练副使，以宣奉大夫致仕。

14.苏轼，字子瞻，眉山人（祖籍赵州栾城）。北宋著名文学家、书法家、诗人，唐宋八大家之一，《宋史》有传（见三章二节相关人物传记）。曾知杭州、湖州、定州，任礼部尚书、兵部尚书。卒赠资政殿学士、朝奉大夫，谥文忠。

15.苏辙，字子由，苏轼之弟。北宋著名文学家、诗人，唐宋八大家之一，《宋史》有传（见三章二节相关人物传记）。曾任户部侍郎、尚书右丞、门下侍郎。卒赠少保，谥文定。

16.苏符，字仲虎，苏迈次子，苏轼之"作诗孙"。南宋时为官，为中书舍人、礼部尚书，曾知遂宁府。致仕迁右朝奉大夫，卒赠中奉大夫（见三章二节相关人物传记苏符行状）。

17.江公望，字民表，睦州桐庐（今浙江省桐庐县）人，《宋史》有传（见三章二节相关人物传记）。徽宗朝曾为左司员外郎，以直龙图阁知寿州。后被贬南安军，遇赦还家，建炎中赠右谏议大夫。

二、 王氏家族成员事迹考

王杰、王盛与王忠信

王杰，王曙之高祖。其应生于唐代，生卒年月不详。晚唐藩镇割据，王元逵[1]为真定刺史时，将其列于麾下。因资料限制，王杰的其他情况不得而知，可能为地位低下的武将，因为他曾"以战获立功名，掌枭骑之锋，气敢自任。"

王盛，王曙之曾祖，生卒年月不详。王忠信，王曙之祖父，生卒年月不详。他们的基本情况史料不载，只有在王璘和王曙的墓志铭中有简要记述。王璘墓志铭中说他们"服儒笃学，节行称于乡里。尔世不显，皆身退而家肥，华缨荣禄故不及焉"。王曙墓志铭中则言"皆以素风醇行见称州闾，卷智藏用，未遑仕宦"。由此可知，在王曙出仕之前，高祖王杰为地位低下的武将官，曾祖及祖父两代未仕，父王璘系一般幕僚。其家庭当为经济富足，知书达理的书香门第。自王曙入仕为官，步入青云，一举成为河北的名门望族。

王璘

王璘（922–984年），字温其，王曙之父。生于后梁龙德二年（922年），卒于北宋太平兴国九年（984年），享年六十三岁。其为常山[2]人，代为北州望族，具体住址不详。后周显德年间（954–959年），王璘入赵郡幕府，掌管临城县关市之赋，因赏识临城风土人情，举家搬迁到临城居住，自此，王氏家族家于临城县。但是，王家是否一到就定居在龙门乡两口村，没有确切资料予以证实。王璘死后葬于何地，也没有任何资料可考，估计不会葬于临城，归附老家祖茔的可能性大些。

王璘去世后第五十个年头的明道二年（1033年），王曙尚在益州任知州，此时，王氏家族的地位已比较显赫。王曙为尽孝心，解决"弗克茵鼎之养，未遑封树之事"之问题，计议迁祖茔。经过反复勘察，终于相准风水宝地，最终"卜兆于临城县龙门乡之两口原"。是年十月十九日，王曙将自其父以上十四丧迁于龙门乡两口原，并"篆之勒石，且无愧辞"。

王璘生于战乱年代，因出于富庶望族，受到了良好的教育。年轻的王璘应该是"中正温恕，廉让孝谨，研几烛理。为文长于奏记，惇惇振藻，蔚其古风。酷好司马迁《史记》、班固、范晔《汉书》，皆自手写，备巾箱之玩。博涉众艺，号为毕给"。

后周显德年间，王璘三十多岁，正当年华正茂。当时，梁光祚守赵郡，王璘被招为幕僚，"儒服从容，府望增重，累署本郡上佐，掌临城关市之赋"。陈桥兵变，赵匡胤黄袍加身，是为大宋起始，王璘又被梁光祚荐于大宋朝廷。宋太祖驾崩，王璘举官路途艰难，自以为"吾材备时用，不克利见王庭。""其道蹇欤，退居衡庐，笃终焉之志。跌宕文史，究览古今。其为学也，号为宏富；其履行也，笃于友悌"。

王璘去世，初被赠廷尉[3]，最终追命至麟台[4]，也有资料显示被赠中书令[5]。妻天水赵氏。续妻田氏，追封京兆郡太君。五男：曰王义方，事昭成太子[6]；曰王德方，官至泗州盱眙县[7]令；曰王仲方，未仕；曰王曙，官至知枢密院事；王晡，未仕。三女：长女适赵郡康维翰，次女适侍禁段玭，次女适真定窦琮。孙八人：曰王淳，太学馆学究；曰王正猷，越州会稽县[8]主薄；曰王正己，右班殿直；曰王正平，曾任浔州桂平县[9]主薄；曰王正规，试将作监主薄；曰王正思，将作监主薄；曰王正臣，试将作监主薄；曰王正路，太常寺太祝。

王曙

王曙（978－1041年），字总之，北宋前期重臣，官至尚书工部侍郎、知枢密院事，《宋史》有传[10]，方志多有载。王曙生于太宗太平兴国三年（978年），卒于仁宗康定二年（1041年）二月十四日，卒赠户部尚书，谥忠穆。当年仲冬壬申（康定二年十一月二十六日），归葬其乡，祔先茔之原。

王曙娶宋氏，枢密副使宋湜之女。生男二人，长曰正思，次曰正路；女二人，长适殿中承张景山[11]，次适国子博士向绶。正思及景山室皆早逝。

王曙年仅七岁即成为孤儿，家庭虽不贫困，生活则显得孤独而凄惨。正是这种生活环境，使得他自孩童时期练就其聪颖、好学、自立、自强的性格，在同龄儿童中斩露头角。随着年龄的增长，渐渐成为相貌奇伟，沉毅敏植，专治儒术的优秀青年，他最为喜欢的是孟轲仁义之谈。青年时期的王曙朝气蓬勃，勤奋耕耘，树雄心、立壮志，力求科举考试一举成名。他曾说："冲天惊人，必学优乃举，屑屑旅进，吾不取焉[12]。"

咸平二年（999年），年方二十二岁的王曙就学于礼部尚书王化基门下。王化基世为真定人，系王曙同乡，时在朝任参知政事，权高位重。王礼的到来受到王家的欢迎和赏识。此前，还发生了一个很有趣的故事。一晚，王化基在梦寐中见有人拜于门下，号尚书公。梦醒，颇识其异。不几日，果然见有一位气骨英伟的布衣青年请见，其相貌同梦中人，此人便是王礼。在就馆于王化基期间，王礼受到很好的熏陶和教育，并得到王氏家族的喜爱，王化基亲自保媒，使他成为王家姻亲、京兆宋湜之爱婿。

大中祥符初年，王礼的学业大有长进，已经达到"负笈檐簦，计偕上都，楸玉发采，囊锥露颖，珍质利器，寖为人知"的境界。这时，他参加了科举考试，如愿以偿，榜上有名。又蒙真宗亲策造秀，他"以词气蒙赏识，擢居甲等"[13]，进士及第，步入仕途。

王礼初授官职为婺州观察推官，其任职起始时间及政绩史书不载。王礼婺州职满回朝面圣，受到皇帝的重视，"真宗见而异之，特迁秘书省著作左郎、知祁县[14]"。王礼任祁县知县的准确时限也不得而知，《山西通志》只有王礼"宋真宗时知祁县"的粗略记载。尽管王礼在祁县任知县的政绩也不甚清楚，但应当非常出色，理由有二：一是州官向上禀报，祁县的"治迹为诸县之最。"二是"岁满，通判湖州[15]"。看来，王礼这一时期的仕途是一帆风顺的。

王礼湖州任满后返京，课选太常博士、提点梓州路刑狱事，又增秩屯田员外郎。王礼的梓州之任，当始于天禧初年。因为，在天禧四年（1020年）七月庚戌朔先天节，群臣上寿。吕夷简等重臣议论，梓州路劝农使王礼知梓州。真宗"诏有司记其姓名，代还日升陟任使[16]"。尽管王礼除知梓州是十多年以后的事情，但此事可证明王礼以屯田员外郎、提点梓州路刑狱事时，应在天禧四年之前。

梓州任满回朝，权三司户部判官，赐朱绶。乾兴元年（1022年）八月，屯田员外郎王礼与刘晔、郭志言、刘怀德奉使契丹，贺契丹主生辰[17]。据王礼《传记》载，此时的王礼当在权三司户部判官任上，而且该任直至天圣元年（1023年）三月。之后，王礼又被命为淮南转运使，不遣，判都磨堪司，遂以度支员外郎兼侍御史知杂事。

王礼是在天圣五年（1027年）九月之前出任度支员外郎兼侍御史知杂事的。天圣五年七月丙辰，朝廷"发丁夫三万八千、卒二万一千、缗钱五十万塞滑州决河[18]"。九月，王礼在此任之上上言："方调兵塞决河，而近郡灾歉，民力凋敝，请罢土木之不急者。"这一建议，仁宗予以采纳，从之[19]。

天圣六年（1028年），王礼改任三司户部副使。本年八月，河决于澶州之王楚埽，王礼以户部副使、度支员外郎的身份，出任河北缘边水灾州军安抚使、六宅使[20]。多年来，河北继以凶年，水灾、旱灾不断，民不聊生，大批流亡。王礼等受命了解灾情、民情，惩治贪暴，输囚徒，安抚灾民。

天圣七年正月，枢密使曹利用得罪，王礼因与其为同乡，关系非常密切而受到牵连，以司封员外郎出知湖州，旋移苏州。曹利用系赵州宁晋人，真宗、仁宗朝重臣，在宋辽议定"澶渊之盟"中起过重要作用。仁宗继位，章献太后临朝，听信他人诬陷曹利用持权骄横，不可辅主的谗言，并受他人所利用，以从子汭逆谋得罪。"初，汭事起，即罢利用枢密使，加兼侍中判邓州。及汭诛，谪左千牛卫将军、知随州。又坐私贷景灵宫钱，贬崇信军节度副使，房州安置。""诸子夺二官，没所赐第，籍其赀，黜亲属十余人[21]。"王礼可能是其中之一。

王礼从苏州被召回除三司盐铁副使应在天圣九年（1031年）六月之前，因为，当年六月，契丹主丧，京师及河北、河东缘边禁音乐七日，王礼以盐铁副使、司封员外郎为国主吊慰使[22]。王礼在盐铁副使任上，不畏权贵，为民作主，得到好评。"时龙图阁待制马季良[23]方用事，建置京师贾人常以贱价居茶盐交引，请官置务收市之。季良挟章献（太后）姻家，众莫敢迕其意，礼独不可，曰：'与民竞利，岂国体耶[24]！'"此举得到仁宗的赏识。"他日，上（仁宗）见礼，劳之曰：'官市交引赖卿力言罢之，甚善，有司临事当如是也[25]。'"

天圣九年闰十月，王礼升迁为天章阁待制、判大理寺、提举在京诸司库务。之后，王礼再领吏铨，加刑部郎中。

明道元年（1032年）三月，王礼以天章阁待制出任淮南灾伤州军体量安抚使[26]。明道二年（1033年）二月，益、利路旱灾，王礼等又领赴益、利路安抚使，分路走马承受公事。当年六月，诏王礼和范讽、范仲淹同审刑院大理寺详定天下当配隶罪人刑名[27]。自天圣六年开始，朝廷罢提点刑狱官，天圣八年（1030年）复置，旋即又停。王礼上言："国家设官纠振，所以示明慎之意，废之非便。"王礼"尝建此议，上采用之[28]"。复置提点刑狱之职。

自明道二年六月至景祐四年四月，王礼以左司郎中、枢密直学士知益州，历时近四年。在益州任上，发生了一起文献记载颇多的故事。"戍卒有夜焚营、杀马、胁军校为乱者，礼潜遣兵环营，下令曰：'不乱者敛手出门，无所问。'于是众皆出，命军校指乱者，得十余人，即戮之。及旦，人莫知也[29]。"对此突发事件，王礼以沉着镇静，积极稳妥的方式果断处置，得到同僚们的好评。王礼在益州的政绩非常突出，"其为政有大体，不为苛察，蜀人爱之[30]。""暇日访文翁石室，延耆儒说经，以劝厉学徒。蜀民状其善政，愿留三载。外台以闻，玺扎嘉奖[31]。"的确，在《成都文类》[32]卷十七存有《赐王礼父老借留奖谕诏》：

敕王鬷：

"省益州路转运司奏，云：春兹右蜀，素号名藩，委任非轻，事权尤剧。卿问望兼著，中外荐更，爰自近班，出分重寄。奉扬宽大之诏，茂宣恺悌之风；洽威惠于吏民，载歌谣于道路。舆情胥悦，列奏爰来，减予宵旰之忧，称乃循良之选，其在嘉叹，不忘于怀。故兹奖谕，想宜知悉。夏热，卿比平安好，遣书，指不多及。"

对此，益州路提刑李定于景祐三年有详细记载：

"国家奎舆鬼之分、梁益之区，拒上国千里之遥，为西蜀一都之会，控制蛮獠，抚遏边陲，利害所生，安危是系。非道积廊庙，名高搢绅，万里隐乎金城，五兵森乎武库，长谋足以经远，厚德可以镇浮，文有纬俗之方，武有安民之略者，不得预焉。今府尹枢密直学士太原王公，负经济之才，挺诚明之性，运沉几而察物，韫清识以照微，高表竦乎百寻，雅量汪其万顷。按刑梓部，黎庶于是不冤；掌宪柏台，佞幸因之知惧。自兹紫宸选贤，若云之从龙；丹陛告猷，如石之投水。暨参延阁之贵，屡膺出境之命。皇上嘉其亮节，惠彼远方，丞升宥密之严，施委藩方之寄。公饮水祇命，叱驭遵途，过剑山而物得阳春，涉锦水而岁逢甘雨。暨黄堂布政，彤禧问俗。始乃明教化、示诏条，遂扬恺悌之风，诞变轻浮之俗。次则恤民隐、革吏奸，讼清而丛棘常空，令正而寒霜自凛。终则诫浮情、戢兵师，力田而旷土皆耕，以律而私门不犯。然又招延秀异，旌劝良平，殄奸究之徒，苗之去莠，籍孤惸之户，网之举纲。已而董之以威，示之以信，怀之以德，绥之以仁，导之以诗书，训之以礼让。迄至群心帖泰，庶物休和，多稼丰登，连薨富寿。两川安堵，固无夜户之虞；千里向风，尽有春台之乐。一旦乃有十邑之叟，四郭之彦。惜凤书之将至，恐熊轼之斯迈，乃与沥诚，于外计奏功于中宸。列牍初上，当宁称叹，乃降玺书以劳之，示圣主得贤而远方受赐也。宸章昭晰，睿旨渊冲，焕乎日月之丽天，皦如金石之荐庙。宣扬兑泽，诚告神方，仰观惟睿之辞，实劝事君之节。既而阖府衙校，耆耋缁黄等谍曰，圣主示十行之札，形一字之褒，虽闻纪勒郡斋，庶传于不朽，岂若标题仙观，用功于后来，而又罔弃颛蒙，恳求纪述。然念叙贤人之事业，虽学之于师，察圣后之刑章，幸居之于职，复乃得实状，宁假饰辞。时景祐三年冬十月二十日，益州路提刑李定记。"

景祐四年（1037年）四月，王鬷返回京师，除右谏议大夫、同知枢密院事[33]。景祐五年（1038年）三月（当年十一月改元宝元），王鬷、李若谷并参知政事。宝元二年（1039年）十一月，超拜工部侍郎、知枢密院事[34、35]。康定元年（1040年）三月，王鬷同右谏议大夫、知枢密院事

陈执中、给事中、同知枢密院事张观一并被罢免。王鬷出知河南府兼西京留守[36]。

在短短的三年中，王鬷从同知枢密院事，迁参知政事，又升知枢密院事，可谓青云直上，步步登高。可惜的是，在知枢密院任上仅仅四个月，便与同僚一起被罢职。原因非常简单，就是不懂军事，不重边事。西夏叛乱，没有对策。

自景祐以来，北宋王朝内部党争不断，外部契丹渝盟，宋夏战事也屡有发生，朝廷面临内忧外患的不利局面。至康定元年初，北宋王朝拒绝西夏元昊称帝的要求，在未做任何军事准备的情况下，悬赏捕杀元昊。元昊集结主力，突然袭击，一举攻占金明寨，乘胜围攻延州，从而引发长达六年的宋夏战争。在战争发生的紧要关头，掌管军事的王鬷惊慌失措，仁宗数问边计不能对，议刺乡兵又久不决，故被罢官。

王鬷被罢枢密院事，其《列传》有载，其他记述和评论也较多，甚至成为后人为官引以为戒的教训。据苏轼从其侄婿王适得到的实情记述，早在天圣六年，王鬷以三司副使出使河北赈灾，疏决囚徒时，过定州，晤州守曹玮[37]。曹玮称赞王鬷："君相甚贵，当为枢密使。"同时介绍，他守秦州时所见闻，西夏主德明之子元昊，十三岁即有富国强兵之谋略，曹玮说："吾闻而异之，使人图其形，信奇伟。"并劝告王鬷说："若德明死，此子必为中国患，其当君为枢府之时呼？盍自今学兵讲边事！"苏轼评论说："鬷虽受教，盖亦未必信也。"而王鬷的《传记》也有评论：论曰："吴育刚毅不挠，而设施无闻，其才不逮志者与？宋绶博洽明敏，若谷务长厚，博文习吏事，当仁宗时，先后为政，仅能恭慎寡过，保有禄位，施及后嗣。敏求、淑具练达典故，傅以文采，而淑以倾险败德，视畴之介特，数建忠谋，则贤不肖之相去远矣。王鬷不留意曹玮之言，卒以昧于边事见黜，宜哉！

王鬷知河南府恰巧一年，于康定二年二月十四日卒于任上，享年64岁。

宋氏

宋氏（992—1047年），京兆长安人，王鬷之妻。生于太宗淳化三年（992年），卒于仁宗庆历七年（1047年）二月二十三日，同年四月二十八日葬于临城龙门乡两口原，"归祔于先忠穆公（王鬷）之茔"。宋氏比王鬷晚去世八年。

宋氏出身于官宦之家，自曾祖始"皆有显德，为时名臣"。其父宋湜，字持正，《宋史》有传。宋湜太平兴国五年进士及第，与王化基、李沆等同朝为官，官至枢密副使。卒赠吏部侍郎，又加赠刑部尚书，谥忠定。宋人对其评价较高，列传记载："湜风貌秀整，有酝藉，器识冲远，

好学，美文词，善谈论饮谑，晓音律，妙于奕棋。笔法遒媚，书帖之出，人多传效。喜引重后进有名者，又好趋人之急，当世士流，翕然宗仰之。有文集二十卷[38]。"

宋氏生，宋湜十分喜爱，曾说："兹虽女子，音容不常，当为公侯之配[39]。"可惜，宋氏尚未成年，宋湜即离开人间，宋氏之母只好将其婚事托给参知政事王化基。王化基，字永图，真定人，《宋史》有传[40]。太平兴国二年（977年）进士，历任工部侍郎、参知政事、礼部尚书，卒赠右仆射，谥惠献。自王化基之后，其子王举正、王举元，其孙王诏皆为名臣。王化基与宋湜不仅同朝为官，而且是亲戚。据为王靆撰写墓志铭的王举正之言，王化基娶宋湜之妹，宋湜系王举正的舅舅，王举正与宋氏为表兄妹关系。

关于宋氏与王靆的婚配，正史和墓志铭记载不甚一致。王靆传记载："靆少时，馆礼部尚书王化基之门，枢密副使宋湜见而以女妻之。宋氏亲族或侮易之，化基曰：'后三十年，靆富贵矣。'果如所言[41]。"从文字上看，王靆作为王化基的门生，是宋湜见到后喜欢，才把女儿嫁给王靆的。此说稍有出入。王靆墓志铭言："公（王靆）初就举以文赞先君（王化基）中令，先君一见，许其远到，时仁寿（宋氏）未缨，甫择嘉对。先君因以公名字语宋族，遂卜妻焉。"宋氏墓志铭记述的较为详尽："（宋氏）方髫总，司空（宋湜）薨，母夫人尝以婚事托参知政事王化基。"这些说明，是王化基首先将王靆的情况告知宋家，宋家同意后才为他们保媒的。王靆和宋氏的墓志铭分别由王举正和宋迪撰写，王举正是宋氏的表兄，宋迪系宋氏的侄子，两人对王靆和宋氏的婚配情况记述基本一致，较为可靠。据考，宋湜死于咸平二年（999年），即王靆从学王化基的第一年，宋氏则生于淳化三年（992年）。当时，宋氏仅8岁，王靆则22岁，宋湜死于当年，其生前就给他们订婚的可能性较小。

宋氏性情稳重，婚后勤俭持家，体贴丈夫，教子有方。仁宗有储嗣，宋氏等进贺中禁，仁宗兴起，散金钱宝玩于殿前台阶上，可随便拿取，别人多拿抢，唯宋氏站立不取。仁宗问之，答曰王靆之妻，非常高兴，大大赏赐。此举被传为佳话，深得宗族的赞扬。王靆对宋氏也非常满意，他常常对人说："吾保是贵仕而不危厉，仁寿之助也[42]。"

宋氏墓志铭篆盖、撰文和书丹者都是她的侄子。其中，宋迪、宋适不见经传，唯宋选[43]在宋湜的传记中提到一句，即宋湜卒，以"侄孙选同学究出身。"王靆去世时，宋选的头衔是朝奉郎、守殿中丞、通判天雄军府兼管内河堤劝农同群牧事、上骑都尉、赐绯鱼袋。宋氏去世时，其头衔为朝奉郎、尚书主客员外郎、轻车都尉、赐绯鱼袋。

王正思

王正思，王靆之长子，生卒年月不详，曾任将作监主簿，早亡。

王正路

王正路，字宜甫，王靆之次子。有关他的生平事迹，在苏轼、苏辙的诗文和王璘墓志铭中可见一斑。明道二年，王璘迁葬于龙门乡两口村墓地时，丁度为王璘撰写的墓志铭中说，其孙王正路，"太常寺太祝（从九品），积德垂裕，怀才竞爽，远大之望未易量焉。"此时，王正路刚刚入仕，官居下品，年轻气盛，前途无量。据王蘧墓志载，王正路去世后，"家无赢粮"，"更二十年贫不能葬"。"岁在丁卯，力办大事，而疎戚之族合三十有四棺，一举而归之祖茔。"丁卯即北宋哲宗元祐二年，说明王正路死后二十年后才葬于祖茔的。苏辙的"家贫久未葬，身去独留名"之句与之相符。据此推算，王正路当卒于宋英宗治平四年（1068年）前后。此时，距明道二年已35年，那么，他应是60岁左右去世的。至于王正路的为人、事迹及官衔，苏轼《王子立墓志铭》载："考讳正路，比部郎中，知濮州，赠光禄大夫。"《祭王宜甫文》云："呜呼宜甫，笃厚宽中。德世其家，而立莫充。非不能充，知有天命。真己而行，不充何病。三公之子，所乏非财。风雨散之，如振浮埃。百年梦幻，其究何获。不与皆亡，令名令德。公虽耆旧，我尚同时。不识其人，想见其姿。婚姻之好，义贯黄壤。有愧古人，不祖其往。往为赵人，子孙其昌。蒔其墓楄，我言不忘。呜呼哀哉[44]。"苏辙作《故濮阳太守赠光禄大夫王君正路挽词二首》以悼念，言"悲伤闻故老，沦谢未衰翁。吴中试良守，濮上继嘉声。家贫久未葬，身去独留名[45]。"由上可知，王正路从政数十年，官位稍显，曾任濮阳知州。

王蘧

王蘧（1037—1110年），字子开。原名王迥，字子高。王靆之孙，王正路之长子，王适、王逎之兄。王蘧卒于大观庚寅闰八月二十二日，享年74岁。大观庚寅即大观四年（1110年）。依其年岁推算，他当生于宋仁宗景祐四年（1037年）。陆游《老学庵笔记》所载："子开大观己丑（大观三年，1109年）卒于江阴"有误[46]。政和元年（1111年）九月二十四日归葬于临城县龙门乡两口村祖茔。

王蘧娶向氏，续娶张氏，生男子八人，女子六人。其亡时，诸子女情况如下：王育，试将作监主簿，未仕而卒；王京，通仕郎、常州无锡县丞；王衮，登仕郎、越州山阴县尉；王爽，登仕郎、邢州内邱县丞；王康，字彦国，苏州昆山县尉，卒于官上。妻蔡氏，生一子，夭折；王庶，假承事郎；王赓，卒；王序，幼。长女，适朝奉大夫、直秘阁、权京东路计度转运副使韩向[47]。次女，适朝散郎、新通判河州军州事鞠嗣复[48]。次女，续适韩向。次女，适奉议郎、签书彰德军节度判官厅公事韩肖胄[49]。其余二女未行。孙男六人：王詠、王诠、王谌、王谟、王询、王许。孙女四人，其一适将仕郎、濮州鄄城县主簿韩述胄，其他未嫁。在王氏家族中，王蓬的家庭最为美满，子孙满堂，正如贺铸诗中所言："当代三公后，惟君五福全[50]。"

王蓬一生进士未第，荫补入仕，"积十有七迁，累官至中奉大夫、勋上柱国、开国临城县、爵伯、食邑九百户、赐佩服三品。"官知下邳县、无为军和夔州等，晚年提举杭州洞霄宫。

王蓬"童幼颖悟，读书开卷，文义毕通，忠穆公（王馈）爱之，奏授秘书省校书郎。"而少年时期的王蓬则酷爱与当时豪杰、文士游学，多次科考无所建树，只有自我感叹："命也，家世以忠恪报国，苟可藉之以行义，奚必科举耶？"耿南仲也评价他"好贤下士，士多归之，舆马骎骎相属也[51]。"

王蓬喜欢古史，善于工笔，他的诗文在当时的文坛当有一定的影响，有古律诗342首，《施州开边录》十卷（皆失）。元丰元年（1078年）之前，王蓬已经小有名气，他芙蓉城遇鬼之事在社会传的沸沸扬扬，胡微之[52]为其作传。

元丰元年三月，他在京城与苏轼会面，苏轼询问梦中之事后，为其作《芙蓉城》[53]诗。此后，他依苏诗"仙风锵然韵流铃，蓬蓬形开如酒醒"之句，将原名王迥、字子高改为王蓬、字子开。由此，王蓬名气大振，并很快融入到苏门弟子们的诗文酬唱之中。关于王蓬名字更改，其墓志铭有另一说，即"初讳迥，字子高，犯外祖名，奏易今讳。"此说当更为可信。苏轼对王蓬评价较高，称其"高才雅度[54]"，并以"棠棣并为天下士，芙蓉曾到海边郡[55]"的诗句赞美其兄弟三人。苏辙"矫矫公孙才不贫，白驹衡雪喜新春[56]"之诗句，也是对其的客观评价。对于王蓬，贺铸[57]则留有"墨妙今初贵，诗名久已传[58]"的诗句。文献中与王蓬相关的诗文数量不少，有苏轼诗二首，文五篇，其中书札三，送别一，启一；苏辙诗一首；胡微之文一篇；贺铸诗五首；张耒[59]诗三首。

王蓬的为官历程是非常坎坷不平的，由于科考不第，并与苏轼、苏辙家结为亲戚，又归属苏门，受他们的影响应该很大。王蓬最早步入官场当在宋英宗治平年间以前，治平四年其父过世丁忧除服后，到徐州出任监徐州酒。之前，他的第一任职为监杭州北郭税，后调监婺州酒。元丰三年（1080年），王蓬始知淮阳军下邳县。本年三月，其妻向氏卒，墓志铭中有"以疾卒于淮阳军下邳县之官舍"

之句，知其此时在下邳县任。在下邳县任上，他整治恶霸，判解密案，为民谋利。因此，"奸吏畏公如神明，百姓爱公如父母，而邑大治。"

下邳县任满，改知开封府鄢陵县事。在此任事迹有二，一是兴学养士，二是乡兵讲武。都取得了较好的成绩。王蓬在乡兵练武时亲自督习，"故艺绝为王畿十九邑之最"，甚至令天子嘉叹。

元祐二年，王蓬解职鄢陵，在京师为朝请郎，任市易务点检官。本年正月，苏轼招王蓬共饮，有《正月八日招子高饮》诗[60]。不久，苏辙又与王蓬相约见，有《次韵子瞻招王蓬朝请晚饮》诗[61]，知此时王蓬在京任职无疑。元祐三年（1088年）四月，王蓬仍在京师为官。当时，王蓬背生痈疽（毒疮），召国医治疗无效，病情越来越重，又请徐州萧县人张生为其医治。此事医学史籍多有记述[62]。

元祐四年（1089年），王蓬为江阴知县。当年，苏轼长子苏迈曾路过江阴与其见面，捎回其手书呈苏轼，苏轼又有手札于王蓬，因此可断定其任江阴令。另外，其续妻张氏墓志铭中有"从公仕宦凡二十四年"之说，张氏卒于崇宁三年（1104年），推算其应是元祐四年嫁给王蓬的。张氏为江阴人，王蓬在江阴为官，于实情相吻合。当年上半年，王蓬背疮不愈，以疾致仕，在江阴养病。根据元祐三年三月郑雍言"以病致仕已经三年"，吴立礼言"前岁因病背疮遂乞致仕，偶幸不死，而二年之后复乞从官"语，王蓬致仕的时间当在元祐四年上半年至元祐七年（1092年）三月间[63]。对此，张耒称之为"以病谢事[64]"，并赠诗三首。

元祐七年三月，王蓬病情好转，遂乞从官，由吏部尚书苏颂、杭州太守林希等推荐，哲宗诏右朝请郎王蓬除知秀州。对此，御史中丞郑雍、殿中侍御史吴立礼、杨畏以王蓬初任通判，资序不够；在江阴娶富户女，素为士论所薄；致仕后复乞从官；系右丞苏辙婿王适之兄等缘由发难，诏改以王蓬知无为军[65]。此事，与元祐年间激烈的党争有关，王蓬不能知秀州而知无为军，是受苏轼、苏辙的牵连。绍圣初年，王蓬仍在无为军任上。《明一统志》、《大清一统志》、《江南通志》对王蓬知无为军时的善政略有记载，内容相仿佛，即绍圣初年，王蓬知无为军，兴修三圩，开十二井，筑北岭以捍水患，世蒙其利[66]。因此，"百姓德公，刻石以纪三圩，比公召杜，而名其岭曰"王公岭"，井曰"太守泉"。

大概在元符年间，王蓬代还，知夔州，又除夔州转运使。建中靖国元年，王蓬还在此任上。《蜀中广记》载："治平中，知州贾昌言刻十二石于北园，岁久字漫灭。建中靖国元年，通判王蓬新为十碑，今碑在漕司北园[67]。"对此，倪涛所撰《六艺之一录》卷一百八也有记载。至少至崇宁三年，他仍在夔州。因当年六月，其续妻张氏"以疾卒于夔州转运使之官舍"，由此而知，此时其已除夔州转运使。崇宁中，王蘧曾暂领施州州事。当时，庞恭孙为施州通判，部蛮向文疆叛（王蘧墓志中曰向文强），朝廷急诏时任夔州转运使王蘧来施州，领道讨伐叛军事宜[68]。

在夔州任上，王蘧处理过几桩棘手的事件，一件是建中靖国元年赵谂在渝州（恭州）谋反事发，他动作迅速，赵谂及同谋被擒，慎密审问槛送回京。另一件是崇宁二年，施州安确寨部蛮向文疆寇边，王蘧受命监督官军捉杀。王蘧帅军直捣贼巢穴，向文疆闻迅而逃。最终，他设计将向文疆擒拿，诛之。这一征讨招降，"得生地幅员五百里，为寨二，为隘五，为铺十有三。"王蘧因讨荡功进官一级，升为本路转运副使。因招降向文疆残部，有旨进官二级，代还后受到皇帝的称赞。

对于进二官吏部并未兑现，只迁左朝议大夫一级，除提举舒州灵仙观。王蘧不从，又授右中散大夫，权管句北京留司御史台公事。因年过70岁，又得提举杭州洞霄宫。在这一虚职上，他两次连任，第一任恩加左中散大夫，第二任改中奉大夫。这是他终生最高职衔，为正四品官，赐三品服。

在王蘧的著述中，《施州开边录》十卷虽已失，但应非常重要，当是他一生政绩中最为显眼而值得炫耀的地方。实际上，仍是上文提及其诛杀何文强，得地幅员五百里，及在管理上所做的贡献。一是妥善处理向氏残党，二是合理利用田洪照及其族人，三是对地方官员缺位及不负职责的管理，以上的做法得到了皇帝的认可，交差时，徽宗有"施州拓土五百里不费朝廷一钱"的赞语。

向氏

向氏（1038—1079年），开封人。其生于景祐五年，卒于元丰二年（1079年）三月十二日，享年四十二岁。元祐三年十一月十八日先葬于临城祖茔，政和元年九月二十四日与王蘧合葬。

向氏出生于豪门望族，系向敏中之曾孙，向传正之孙，向绶之女，神宗向皇后之堂姐。向敏中，字长之，开封人。《宋史》有传[69]。宋太宗、真宗时期重臣，曾任兵部侍郎、参知政事、尚书右丞、刑部尚书、中书侍郎、吏部尚书、右仆射兼门下侍郎、左仆射等要职，充资政殿大学士、昭文馆大学士等。卒赠太尉、中书令，谥文简。因为系向皇后族亲赠燕王。有文集十五卷。向传正，向敏中长子，国子监博士，卒赠太尉。向绶，左藏库副使，国子监博士，曾知永静军。《宋史》记载涉及向绶两处一事。一是在吴

育传记中，曰："向绶知永静军，为不法，疑通判江中立发其阴事，因构狱以危法中之，中立自经死。绶宰相子，大臣有营助，裕传轻法。育曰：'不杀绶，无以示天下。'卒减死一等，流南方[70]。"二是在贾昌朝传中也提及此事，言明向绶迫令江中立自杀得罪，贾昌朝力保，吴育力伐，导致吴育官罢[71]。为此，包拯曾有《乞断向绶》两章[72]。向皇后，与向氏同辈姐妹，系向敏中第三子向传亮（周王）之孙，向经（吴王）之女。宋神宗之妻。神宗继位，立为皇后。哲宗立，尊为皇太后。《宋史》有传[73]。

向氏自幼聪颖，稳重大方，17岁嫁王蘧为妻。婚后对公婆恭顺慈祥，体贴入微，对丈夫恭敬备至。向氏虽出身高贵，却一向勤俭持家，"平生无疾言遽色"。向皇后招见，礼遇优异，温文尔雅，人人羡慕；回家后从不喜言乐色，趾高气扬，而是谦畏自律。向氏生有四子，称王育、王京、王襄和王爽。

张氏

张氏（1063—1104年），江阴人，王蘧之续妻。生于嘉祐八年（1063年），卒于崇宁三年六月十三日，政和元年九月二十四日与王蘧、向氏合葬于王氏祖茔。

张氏出身于殷实之家，其曾祖、高祖皆隐德山林，自父张沪始肆进士业。因其父不幸早亡，家遂贫。又因其母刘氏改嫁而入当地望族乐氏之门。张氏初生散发香气，自幼天性柔慧，贵珍淑贤。19岁为王蘧续妻，伴丈夫为官二十四年。张氏在家勤俭率下，有礼有节，善待亲人，教子有方。晚年学道习经，持斋念佛。崇宁三年卒于夔州转运使之官舍，年四十有二。张氏亦生四子，即王康、王庶、王赓和王序。

王适

王适（1055—1089年），字子立。王蘧之弟，王遹之兄。终生未仕。王适生于仁宗至和二年（1055年），卒于元祐四年十月二十五日，享年35岁。元祐七年十一月五日，归葬于赵州临城龙门乡两口村先茔之侧。苏轼为其作墓志铭。

元丰二或三年，王适娶苏辙次女为妻。王适的美梦使得其与苏氏的婚姻颇有戏剧性，似有未卜先知之嫌。苏轼在《哭王子立次儿子追韵三首》诗的自注中说："余为密州，子立未尝相识，忽告同舍生曰：'吾梦为密州婿，何也？'已而果以子由之子妻之。"诗的注者则言："君子之异梦，非妄而已也，必有事故焉[74]。"其实，如同其兄王蘧芙蓉城遇鬼一样，这也只是一种游戏，以借此表明王适对苏门的追崇。当时，王适梦在徐州，苏轼为密州知州，他们还

不曾结识，王适却在梦境中成了他们的女婿，难道这不是怪异之事吗？

王适属英年早逝，生前只有一女，另有"遗腹子裔"。据考，其为男子的可能性较大。绍圣四年（1097年），应苏轼的请求，王适之女"第十四小娘子"嫁给苏符，苏符乃苏迈之子，苏轼之孙。《苏符行状》[75]中记载："先夫人王氏，故枢密使毂之曾孙、适字子立之女。方先公在秦亭，家留颍昌，遇靖康兵祸[76]，先夫人与七子俱没房中。山独后死，得忍死以奉蒇葬。一女，适故工部侍郎刘公观之次子右承事郎安牧。"由此可知，苏符与王氏有子八人，女一人。除苏山外，其母王氏与余七子均被战火吞没。

在历史文献中，对王适幼年的生活、学习情况没有记载。熙宁十年（1077年），苏轼知徐州，王适和王遹为州学生，开始从学于苏轼。这时的王适已经成为23岁的青年。王适就学于苏轼历徐州、湖州两地，算起来两年有余。元丰二年（1079年）七月，苏轼受诬陷湖州就逮，恐慌之极，唯独王适兄弟泰然处置，将苏轼送出郊外。之后，于当年八月下旬又把苏轼家眷送达南京苏辙处。自此至元丰八年（1085年），王适又伴随苏辙在贬谪地筠州学习了六年。

根据苏轼诗句"照眼白而长"[77]可知，王适皮肤皙白，个子高高，当是一个帅气小伙。王适的性格沉稳冷静，苏轼言其"喜怒不见，得丧若一[78]，"与岳父苏辙的脾气相近。王适聪明好学，文学底子深厚，是可造就之才。特别是师从苏门后，经名家指点，进步迅速。如苏轼所言："学道日进，东南之士称之[79]。"

王适一生立志求学，目标当然是登科入仕，但事与愿违。元丰四年（1081年）和元丰七年（1084），王适两次自筠州跋涉徐州参加考试，均告失败，伤心之至。为此，苏辙以诗相慰，劝解他"干时岂为斗升禄，闻道应忘宠辱惊[80]。"其实，自元丰六年始，他的身体变得越来越差，病情越来越重，实际上已经没有能力和机会进行考试了。之后的第五个年头，王适含恨辞世。其实，王适生前的心情是非常复杂的。试想，一名从幼年读书直至青年，23岁后跟随苏轼学习二年多，又从苏辙学习六年，经历二十多年寒窗之苦，两试皆空，前途渺茫，脸面尽失，思想压力是可想而知的。两考落榜后，王适出现了远离烦躁的社会，与家人寻找世外桃源隐居的想法，苏轼"非无伯鸾志"[81]之诗句即是对此最好的说明。

考查王适的一生，以宽慰、磊落、忠诚的道德品质为人所称颂。元丰二年七月，因御史中丞李定、御史舒亶、何正臣等诬陷苏轼以诗谤讪朝政，遣皇甫遵前来湖州擒拿苏轼，苏轼遂罢湖州。当时，苏轼惊恐万分，不知所措。衙府大乱，苏家大乱，亲戚朋友多怕受牵连而躲避。此时

此刻，唯有王适、王遹兄弟临危不惧，镇定自若。他们把老师送出郊外，又历尽辛苦，将恩师家人送往南京苏辙处。对此，苏轼感激之至，说："余得罪于吴兴，亲戚故人皆惊散，独两王子不去，送余出郊，曰：'死生祸福，天也，公其如天何！'返取余家，致之南都[82]。"苏轼得罪被贬，苏辙受牵连，也被流放到筠州。从元丰二年至元丰八年，王适一直陪伴在苏轼左右，一是求学，二是尽孝，危难之际见真情。苏辙称赞他说："始予自南都谪居江南，凡六年而归，适未尝一日不从也。既与余同忧患，至于涵咏图史，驰骛浮图、老子之说，亦未尝不同之。故其闻道益深，为文益高，而予观之亦益久。""子非独吾亲戚，亦朋友也[83]。"

对于家人、朋友，王适也诚心相待，深得好评和爱戴。苏轼说："余与子由有六男子，皆以童子从子立游，学文有师法，人人自重，不敢嬉宕，子立实使然。""子立与黄鲁直（庭坚）[84]、张文潜（耒）、晁无咎（补之）[85]、秦少游（观）[86]、陈无己[87]皆友善[88]。"苏辙则赞扬王适"秀而和。""盖其于兄弟妻子，严而有恩，和而有礼，未尝有过[89]。"

王适虽然科考未第，但其多年以诗邀游于苏门及诗坛，学术上可谓小有成就，在社会及苏门诸友中颇有影响。从学期间，苏轼就赞美其"从我两王子，高鸿插修翎[90]。""咄咄真相逼，诸生敢雁行[91]？""高论无穷如锯屑，小诗有味似连珠"[92]。并评论说："子由谓其文'朱弦疏越，一唱而三叹'[93]者也。"在向他的学生李鹰[94]推荐王适时说："词学德性，皆过人也[95]。"苏辙的确有诗赞扬王适，"性如白玉烧犹冷，文似朱弦叩愈深[96]。"

王适是一位多产的文学作家，有文集十五卷（已佚），苏辙在《王子立秀才文集引》，云：（王适去世后）"遹（王遹，其弟）哀君之文之得诗若干、赋若干、杂文若干、分为若干卷以示予。予读之流涕，为此文冠之，庶几俟裔能立以界之[97]。"在曹学佺的《蜀中广记》卷九十八有《王子立文集》的记载。王适所作的诗文数量已不得而知，而所存苏轼、苏辙及其诗友们与王适有关的诗文有：苏轼诗十五首，文二篇；苏辙诗四十二首，文一篇；黄庭坚诗一首；李鹰诗三首；贺铸除作《彭城三咏》外，还有《渔歌》一篇。

在王适过世之后，苏轼断言："百世之后，其姓名与我皆隐显也[98]。"这一高尚的评价，足以说明王适在当时文坛和苏门的显要地位和影响。明代陆深评论说："宋朝王氏文章盛出于一时者，临川王安石（介甫）、王安礼（和甫）、王安国（平甫），介甫之子雱（元泽），侯官王回（深父），王向（子直）、王同（容季）皆一家。又有扬州王令（逢原）并称大家。又有王鞏（定国）、王诜（晋卿）、王无咎（补之）（疑王字为晁字之误）。稍后有王适（子立)，苏颍滨婿也[99]。"看来，

王适在宋代文文坛上还真的占有一席之地。

苏氏

苏氏，王适之妻，苏辙之次女，生卒年月及其基本情况不详。苏辙除三子苏迟、苏适、苏逊外，有女五人，另有二女早年夭折。除苏氏许配王适外，苏辙长女嫁文务光，三女嫁曹焕，四女嫁王浚明，五女配曾纵。从前文可见，王适在认识苏轼并拜于门下从学之前，曾产生过为苏门女婿的幻觉。王适于熙宁十年始就学于苏轼，这时，王适23岁，为英俊潇洒的青年。据考，王适与苏氏的完婚，大概在元丰二年或三年，前者的可能性大些。元丰二年八月，苏轼就逮，王适、王通将苏轼家人送到南都苏辙家后，便留在苏辙身边。元丰三年正月，苏辙受其兄牵连被贬筠州，王适随行左右。在此前后，王适与苏辙长婿来往频繁，似已成家，推测他们可能在元丰二年年底前完婚的。

元祐四年王适去世时，已生一女，即苏符之妻。另外，还有遗腹子裔，说明苏氏还健在。此后，文献中再没有关苏氏的任何记载。

王通

王通（1057－1104年），字子敏，官至奉议郎。王通系王蓬、王适之弟，生于北宋仁宗嘉祐二年（1057年），死于徽宗崇宁三年正月十八日，享年48岁。当年四月二十七日，葬于临城县龙门乡两口村祖茔。江公望为其作铭，贺铸篆盖。

王通娶江氏，系江公望之堂妹。王通生廉、唐、广三男，二女，二女与广早亡。只知王廉、王唐"性资美好，学甚力，能克其家[100]。"其他情况不明。

王通自幼成为孤儿，凭借天资聪颖勤奋好学，渐渐显示出其与众不同的品格。成年后，出息成"风止可观，眼如点漆，肤理韶润皙白，自是风尘表物[101]"的潇洒男儿。年方21岁时，和其兄王适就学于名家苏轼。苏公"一见而器之，遇之如平生，学日益进，操节日益励[102]。"王通在徐州和湖州，伴苏轼学习二年。元丰二年七月下旬，苏轼因诗被诬得罪，赴御史台狱。王通二兄弟在湖州送别恩师后，于当年八月下旬将苏轼家人送达南都，投奔苏辙。自此，王适开始与苏辙一同居住，王通则在中秋节后回到居住地徐州，准备科举考试。

王通与其他学子一样，踏上了残酷而坎坷不平的科举考试征程。前两次考试，与其兄如出一辙，"两预乡书，两黜春官"，极不成功。两次科考落榜，对王通打击很大，心灰意冷，使他产生了"予不利于今举则已矣，行为远引深遁之计，达则行所学，不达则取足于一身，其乐顾不泰

哉[103]"的想法。功夫不负有心人，经过辛勤努力，他的第三次科考终获成功，终于第进士，入仕途。

王通是一位才华横溢，学有胸襟，前程似锦才子，从学期间，经常得到恩师苏轼的称赞，留下不少赞美他的诗句。苏轼还把王通比喻作"美田"："美田，且非其种而植之，莫不猥大，况以其种而益之以灌溉，其生达岂易量哉[104]"。苏轼寓意王通是可塑造的优秀人材，在其极高禀赋的基础上，给以必要的点拨、雕琢，定能前途无量。苏轼的此段议论文献不载，是新的发现。

王通对恩师和朋友忠诚和蔼，品德高尚，苏辙在为他所作的祭文中给予了极高的评价。元丰二年苏轼遇难，他同其兄舍身诚心帮助，得到苏门及社会的高度评价。苏辙赞美他"矫然众中，气和而正[105]。"和苏家"既亲且友。"王通为人慷慨磊落，笃于友爱，广交天下端人善士，尤其与苏门弟子和苏家子弟相交深厚。次兄王适病后，王通经常探视，"通夕不解带，药不尝不进。"王适病故，王通"抚遗腹子如己子[106]，"深得人们的赞许。

王通的诗文的数量远不及王适，在文坛的影响也较小，现存与其有关的诗文有：苏轼诗二首；苏辙诗二首，文一篇；张耒诗一首；李鹰诗一首；苏过诗一首。

王通为官大约在元祐六年或稍早，作为苏门弟子，首当其冲地卷入了元祐党争之中。自元祐八年，苏轼、苏辙开始走下坡路，自此一贬再贬，从未翻身。因此，王通从政十多年，受苏轼、苏辙的牵连，官职一直非常低微，历任信州司法参军、应天府宁陵县主簿、瀛州防御推官兼知下邳县、河南府登封县知县、河南府陵台令兼知永安县事等。王通虽然官职低下，但政绩却颇为突出，深得民心，也得到同僚的喜爱。

王通初授信州司法参军，因故易应天府宁陵主簿。实际上，这是王通入仕后的第一任官职。该任任职的准确时间史书不载，根据元祐七年苏轼、秦观、李鹰为王通、秦觌[107]等所作的送行诗文往来时间，可以推断王通到宁陵任职应在元祐七年五月以前。又根据《续资治通鉴长编》卷四百六十三载，元祐六年（1091年）八月，侍御史贾易论苏轼元丰八年扬州题诗意存不善，事情涉及到苏辙、秦观、王通等。王通是受苏轼之托面见贾易，文字中有"主簿王通来相看"之句。此事表明一是王通直接参与了元祐党争，二是王通任宁陵县主簿当在元祐六年八月之前。王通在应天府宁陵县主簿任上奋力工作，"凡职事困悴，皆所不辞。"他的表现深得"喜士类，爱惜人才"的应天府留守孙升的赞许，为"宁逸完养其气"，将其放在府内的岗位上磨练。

任职期满，升瀛州防御推官，再知华州下邳县。下

邦县凶狱事繁多，几乎无日无之，王遹所过立断。对于恶徒，严惩不贷；对于善良，抚之如子，深得人心。在任期间，朝廷发动附近民夫兴建筑工程，王遹董其役，历时二年，组织得力。此事深得雍帅李琮的认同，并向上方治状表扬。代还，改宣德郎，覃恩加奉议郎，知河南府登封县，以贫辞。除知开封府考城县，未行，改知河南府陵台令兼知永安县事。这里为皇陵所在地，祭奠活动中，皇亲国戚及各方官员来往频繁，王遹"处之有刚柔之节，天才优赡，临事裕如也[108]。"

作为下层官吏，王遹的所作所为显示了自己的才能，江公望所言其"为政主严而赞以慈良，为治主断而辅之审重[109]"是对王遹为政恰如其分的概括。因之，他深得上级的喜爱，下属的尊重，人民的爱戴。

王遹是因病离开官场的。元符三年（1100年），王遹还在陵台任上。根据苏辙《祭王子敏奉议文》中"我居颍川，君令陵台。十日税驾，为我徘徊"之句推断，当年，苏辙从南方贬所北归居颍川，刚刚抵达颍川，王遹便前往看望，并为苏辙安家忙碌十天。王遹因病离任居汝当在崇宁元年，苏辙在祭文中还说："去我三年，遂病以衰。失官居汝，启处未安。伏枕不兴，将没何言。有志弗从，使我永叹"[110]。王遹在失官期间，居汝海精舍，泊然世事，持斋修道，休神养病。崇宁二年（1103年），王遹约苏轼幼子苏过来汝相会，苏过未至，却有《与王子敏相别十年，今在汝见招以书，将往从之，闻其斋素卧病，以诗劝之肉食》[111]诗。此时，苏过在郏县为父守丧。王遹病故于崇宁三年正月十八日，由此看来，王遹是失官三年后而亡的。

江氏

江氏（1069－1105年），睦州人，王遹之妻。生于北宋熙宁二年（1069年），死于崇宁四年（1105年）五月二十五日，于政和元年九月二十四日，祔葬于临城宅兆。

江氏出身名门，系江公望之堂妹。其父江滋隐德不仕，对女儿万般喜爱。对其母刘氏曾说："吾女审重似我，我衷爱之，必择其良"。结果，"择之三年，得子敏而嫁之"。江氏"婉淑懿柔"，孝敬公婆，体贴丈夫，教子有法度。公婆去世后，"念亡以供妇职，每岁时祭享，手馔以进，恂恂如侍舅姑侧，彻祭无替容。"后因二女与小儿早亡，"哀苦不能抑"而修道术，学辟谷，有评论说："辟谷非道，但能莫求知解，泯绝万缘，离女妄心即是真性，虽未能了然于死生之际，亦脱然矣。"

王康

王康（1086－1110年），字彦国。大观四年（1110年），卒于官舍，享年25岁，可谓英年早逝。据推算，他应生于元祐元年（1086年）。政和元年九月甲申（二十四日）与其父王蘧、其母向氏、张氏、其姊江氏同日葬于两口村祖茔。

王康系王蘧第五子，张氏所生第一子。向氏墓志铭载："由爽而上，夫人（向氏）所生也。"张氏墓志铭载："由康而下，夫人（张氏）所生也"。由此可见，王康系张氏所生第一子。但是，王康墓志铭则言："君（王康）即建安次子也"。如此，就出现了分歧。看来，后者可能有误。王康自少端谨，学诗为文，作大字如成人。成年后以赏入官，补假承务郎，易将仕郎，任苏州昆山尉。王康从政时间短暂，但颇有政绩，且处世审慎，同事融洽，上司满意，是可造就之才。次年，葬于赵州临城县龙门乡祖茔。康娶蔡氏，生一子，夭折。

注释

1、王元逵，字茂远，祖籍晋阳（今山西省太原市）。唐文宗大和九年（835年）官封成德军节度使，镇、冀、深、赵等州观察处置使。

2、常山，即常山郡，汉始置，后屡有更革，唐元和十五年改为镇州，五代改为真定府，北宋因之，亦称常山郡。汉治所在今河北省地元氏县，隋以后长治真定县，即今河北省正定县。王璘出生时此地应为镇州。

3、廷尉评，即大理寺评事，宋前期为文臣迁转官阶，无职事，从八品下。

4、麟台，即秘书监，北宋前期为文官迁转官阶，无职事，从三品。

5、孔凡礼点校，《苏轼文集》，卷五十《王子立墓志铭》，中华书局，1999年。

6、昭成太子，名元僖，太宗第二子，颇富才干，雍熙三年（986年）暴卒。

7、泗州盱眙县，今江苏省盱眙县。

8、越州会稽县，今浙江省绍兴市。

9、浔州桂平县，今广西桂平市西。

10.（元）脱脱等撰，《宋史》卷二百九十一，中华书局，1997年。

11. 张景山，据宋郑獬《郧溪集》卷二十六《送张景山知康州》诗，知其字择甫，北宋雷州海康（今广东省遂溪县）人，曾知康州。景山与蔡襄、欧阳修等人均有来往。

12. 引自王举正撰《王襄墓志铭》。
13. 引自王举正撰《王襄墓志铭》。
14.（元）脱脱等撰《宋史》卷二百九十一，中华书局，1997年。
15. 引自王举正撰《王襄墓志铭》。
16.（宋）李焘撰《续资治通鉴长编》卷九十六，钦定四库全书电子版。
17.（宋）李焘撰《续资治通鉴长编》卷九十九，钦定四库全书电子版。
18.（元）脱脱等撰《宋史》卷九，中华书局，1997年。
19.（宋）李焘撰《续资治通鉴长编》卷一百五，钦定四库全书电子版。
20.（宋）李焘撰《续资治通鉴长编》卷一百六，钦定四库全书电子版。
21.（元）脱脱等撰《宋史》卷二百九十，中华书局，1997年。
22.（宋）李焘撰《续资治通鉴长编》卷一百十，钦定四库全书电子版。
23. 马季良，字元之，开封府尉氏人，家本茶商。初补越州上虞尉，改秘书省校书郎，知明州鄞县。太后临朝得赏识，升龙图阁待制，迁尚书工部员外郎，龙图阁直学士同知审官院。后遭贬谪，最后在寿州致仕。
24.（元）脱脱等撰《宋史》卷二百九十一，中华书局，1997年。
25.（宋）李焘撰《续资治通鉴长编》卷一百十，钦定四库全书电子版。
26.（宋）李焘撰《续资治通鉴长编》卷一百十一，钦定四库全书电子版。
27.（宋）李焘撰《续资治通鉴长编》卷一百十二，钦定四库全书电子版。
28.（宋）李焘撰《续资治通鉴长编》卷一百十三，钦定四库全书电子版。
29.（元）脱脱等撰《宋史》卷二百九十一，中华书局，1997年。
30.（元）脱脱等撰《宋史》卷二百九十一，中华书局，1997年。
31. 引自王举正撰《王襄墓志铭》。
32.（宋）扈仲容等编《成都文类》卷十七，诏敕制，钦定四库全书电子版。
33.（宋）李焘撰《续资治通鉴长编》卷一百二十，钦定四库全书电子版。
34.（元）脱脱等撰《宋史》卷二百九十一，中华书局，1997年。
35.（宋）徐自明著《宋宰辅编年录》卷四，钦定四库全书电子版。
36.（宋）李焘撰《续资治通鉴长编》卷一百二十五，钦定四库全书电子版。
37. 曹玮字宝臣，真定灵寿人，宋初名将重臣曹彬之子。曾多年守西部边陲，与西夏对垒，战功显赫。天圣年间为真定府、定州都总管。王襄使河北见曹玮当在定州，依苏轼所记为实。
38.（元）脱脱等撰《宋史》卷二八七，中华书局，1997年。
39. 引自宋迪撰《宋氏墓志铭》。
40.（元）脱脱等撰《宋史》卷二六六，中华书局，1997年。
41.（元）脱脱等撰《宋史》卷二九一，中华书局，1997年。
42. 引自宋迪撰《宋氏墓志铭》。
43. 宋选，京兆长安（今陕西省西安市）人，宋湜侄孙，仁宗咸平二年以宋湜荫，赐同学究科进士出身。
44. 孔凡礼点校，《苏轼文集》，卷六十三，祭文。中华书局，1999年。
45. 陈宏天、高秀芳点校，《苏辙集》《栾城集》卷十五，中华书局，1999年。
46. 李剑雄、刘德权点校，（宋）陆游撰《老学庵笔记》卷五，中华书局，2005年。
47. 韩向，宋史不载。其给内弟王康撰写墓志铭时的职衔全称为："朝奉大夫、直秘阁、权京东路计度转运副使兼劝农使、上骑都尉、赐紫金鱼袋。"
48. 鞠嗣复，《宋史》有传（见三章二节相关人物传记）。传曰："不知何许人。"因姓名相同，年代一致，应为同一人。宣和初知休宁县，后加官直秘阁、知睦州。
49. 韩述胄，史料中有此名称，但不见记事。
50.（宋）秦观撰《淮海集》卷三，钦定四库全书电子版。
51. 引自耿南仲撰《向氏墓志铭》。
52. 胡微之，史料有载，仅见于苏轼诗注，其他事迹不详。
53. 孔凡礼点校，《苏轼诗集》卷十六，古今体诗六十一首，中华书局，1997年。
54. 孔凡礼点校，《苏轼文集》卷五十七，尺牍，中华书局，1999年。
55. 孔凡礼点校，《苏轼诗集》卷二十二，古今体诗四十一首，中华书局，1997年。
56. 陈宏天、高秀芳点校，《苏辙集》卷十五，诗八十五首，中华书局，1999年。
57. 贺铸，字方回，卫州（今河南省新乡市）人。北宋著名文学家。有《庆湖遗老集》传世。《宋史》有传（见三章二节相关人物传记）。
58. 宋秦观撰《淮海集》卷三，文渊阁四库全书电子版。据初步考证，虽然该诗见于秦观的《淮海集》，但据秦观讲，该诗实为贺铸所作。
59. 张耒，字文潜，楚州淮阴人，《宋史》有传（见三章二节相关人物传记）。著名文学家，长于词，苏门四学士之一，坐党籍。曾知润州、颍州、汝州。
60. 孔凡礼点校，《苏轼诗集》卷二十七，古今体诗三十九首，中华书局，1997年。
61. 陈宏天、高秀芳点校，《苏辙集》卷十五，诗八十五首，中华书局，1999年。
62.（宋）许叔微撰《类证普济本事方》卷六，钱塘魏之琇撰《续名医类案》卷五十一，钦定四库全书电子版。
63.（宋）李焘撰《续资治通鉴长编》卷四百七十一，钦定四库全书电子版。
64. 李逸安、孙通海、傅信点校《张耒集》卷七，五言古诗，中华书局，2005年。
65.（宋）李焘撰《续资治通鉴长编》卷四百七十一，钦定四库全书电子版。

66.（明）李贤等撰《明一统志》卷十四，庐州府，钦定四库全书电子版。

67.（元）脱脱等撰《宋史》卷三百十一，列传第七十，中华书局，1997年。

68.（明）李学佺撰《蜀中广记》卷二十一，夔州，钦定四库全书电子版。

69.（元）脱脱等撰《宋史》卷二百八十二，列传第四十一，中华书局。

70.（元）脱脱等撰《宋史》卷二百九十一，列传第五十，中华书局，1997年。

71.（元）脱脱等撰《宋史》卷二百八十五，列传第四十四，中华书局，1997年。

72.（宋）包拯撰《包孝肃奏议集》卷四，《乞断向绶》，钦定四库全书电子版。

73.（元）脱脱等撰《宋史》卷二百四十三，列传第二，中华书局，1997年。

74. 孔凡礼点校，《苏轼诗集》卷三十一，古今体诗四十四首，中华书局，1997年。

75. 舒大刚著，《三苏后代研究》附录一（录自曾枣庄教授家藏拓本），巴蜀书社，1995年。

76. 史称"靖康之变"，靖康元年（1125年），金兵攻破汴梁，次年掠宋徽宗、钦宗及宗室、后妃、技工、文籍、宝器北返，北宋亡。

77. 孔凡礼点校，《苏轼诗集》卷三十一，古今体诗四十四首，中华书局，1997年。

78. 引自苏轼撰《王子立墓志铭》。

79. 引自苏轼撰《王子立墓志铭》。

80. 陈宏天、高秀芳点校，《苏辙集》《栾城集》卷十三，诗八十六首，中华书局，1999年。

81. 孔凡礼点校，《苏轼诗集》卷三十一，古今体诗四十四首，中华书局，1997年。

82. 引自苏轼撰《王子立墓志铭》。

83. 陈宏天、高秀芳点校，《苏辙集》《栾城后集》卷二十一，杂文十三首，中华书局，1999年。

84. 黄庭坚，字鲁直，号山谷道人，洪州分宁人，《宋史》有传（见三章二节相关人物传记）。北宋著名文学家、书法家，书法自成一家，长于诗，苏门四学士之一。曾知鄂州、舒州。

85. 晁补之，字无咎，济州巨野（今山东巨野县）人。著名文学家，系苏门四学士之一。曾知齐州、河中府、泗州。因坐党籍，屡遭贬谪。

86. 秦观，字少游，一字太虚，扬州高邮人。著名文学家，长于词，苏门四学士之一。因坐党籍，官职低微，曾任定海主簿，蔡州教授，杭州通判，后屡遭贬谪。《传记》见三章二节相关人物传记。

87. 陈师道，字无己，又字履常，彭城(今江苏徐州)人。著名文学家，长于诗，系苏门六君子之一。曾任颖州教授，因非科第被罢，调彭泽令不赴，家贫，卒于秘书省正字任上。

88. 黄任轲、朱怀春校点，《苏轼诗集合注》卷三十一，《哭王子立次儿子迨韵三首》苏轼自注，上海古籍出版社，2001年。

89. 陈宏天、高秀芳点校，《苏辙集》《栾城后集》卷二十一，杂文十三首，中华书局，1999年。

90. 孔凡礼点校，《苏轼诗集》卷十九，古今体诗四十八首，中华书局，1997年。

91. 孔凡礼点校，《苏轼诗集》卷三十一，古今体诗四十四首，中华书局，1997年。

92. 孔凡礼点校，《苏轼诗集》卷二十二，古今体诗四十一首，中华书局，1997年。

93. 孔凡礼点校，《苏轼诗集》卷三十，古今体诗六十三首，见注释。中华书局，1997年。

94. 李廌，字方叔，华州（今陕西华县）人。著名文学家，举试未第，游于苏门，系苏门六君子之一。苏轼卒，所作"皇天后土，鉴一生忠义之心，名山大川，还万古英灵之气"之句受世人所爱。《传记》见三章二节相关人物传记。

95. 孔凡礼点校，《苏轼文集》卷五十三，尺牍，中华书局，1999年。

96. 陈宏天、高秀芳点校，《苏辙集》《栾城集》卷十一，诗八十六首，中华书局，1999年。

97. 陈宏天、高秀芳点校，《苏辙集》《栾城后集》卷二十一，杂文十三首，中华书局，1999年。

98. 引自苏轼《王子立墓志铭》。

99.（明）陆深撰《俨山外集》卷十六，钦定四库全书电子版。

100. 引自江公望撰《江氏墓志铭》。

101. 引自江公望撰《王通墓志铭》。

102. 引自江公望撰《王通墓志铭》。

103. 引自江公望撰《王通墓志铭》。

104. 引自江公望撰《王通墓志铭》。据孔凡礼先生初步查阅，此句苏轼传世著述不载。推测其可能是元祐年间苏轼给王通信中的语言。此为苏轼佚文的新发现。

105. 陈宏天、高秀芳点校《苏辙集》《栾城集后集》卷二〇，中华书局，1999年。

106. 引自江公望撰《王通墓志铭》。

107. 秦觌，字少章，秦观之弟。从苏轼学于杭州，与苏门及其弟子关系深厚。黄庭坚、陈师道与其诗文往来频繁。

108. 引自江公望撰《王通墓志铭》。

109. 引自江公望撰《江氏墓志铭》。

110. 陈宏天、高秀芳点校，《苏辙集》《栾城后集》卷二十，祭文十八首，中华书局，1999年。

111. 舒大刚、蒋宗许、李家生、李良生校注《斜川集校注》卷二，巴蜀书社，1996年。

第五章　士子诗文唱酬考

因王氏家族所有成员的诗文均未流传于世，现只能通过对苏轼、苏辙、贺铸、黄庭坚、秦观、张耒、李廌、苏过等著作中所保留下的相关诗文及背景分析，了解王适家族成员，特别是三王（王蘧、王适、王遹）在当时文坛的地位及影响。在王氏家族成员中，王翚当为二苏（苏轼、苏辙）的长辈，王正路与二苏为同辈，他们之间并没有诗文交往。当王氏与苏家成为亲家之后，才有少许与他们有关的记事和悼念诗文留在二苏的著作中。三王是二苏的晚辈、好友、学生和亲戚，诗文往来非常频繁，因之，也使得三王在当时的文坛小有影响。

一、苏轼、苏辙诗文考

王翚：

王翚比苏轼大58岁，王翚下世时，苏轼仅5岁，不是同一辈人。资料显示，在社会活动中，他们从来没有见过面。苏轼关注王翚当是他步入仕途之后，特别是认识王翚之孙王蘧、王适和王遹之后。在苏轼的文集中，有关王翚事的记载仅一篇，即《曹玮知人料事》[1]，且记述得非常精彩。今录文如下：

"天圣中，曹玮[2]以节镇定州。王翚为三司副使，疏决河北囚徒。至定州，玮谓翚曰："君相甚贵，当为枢密使。然吾昔为秦州，时闻德明岁使人以羊马贸易于边，课所获多少为赏罚。时将以此杀人。其子元昊年十三，谏曰：'吾本以羊马为国，今反以资中原，所得皆茶彩轻浮之物，适足以骄惰吾民。今又欲以此杀人，茶彩日增，羊马日减，吾国其削呼？'乃止不戮。吾闻而异之，使人图其形，信奇伟。若德明死，此子必为中国患，其当君为枢府之时乎？盍自今学兵讲边事！"翚虽受教，盖亦未毕信也。其后翚与张观、陈执中[3]在枢密府，元昊反，杨义上书论土兵事，上问三人，皆不知，遂皆罢去。翚之孙为黄门婿，故知之。"

文中的"黄门婿"指的是苏辙次女之夫王适，他所记述的事件是从侄婿那里得知的。对于此事，王翚传记和相关史籍中也有很多记载，因其不听曹玮劝告，昧于边事，元昊造反，没有对策，仁宗皇帝大怒，连同陈执中、张观一起罢枢密院职。王翚被命出知河南府，不久，暴卒于任上。

王正路：

王正路，字宜甫，王翚次子，生卒年月不祥，与苏轼、苏辙当为同辈人。元祐年间，苏轼为翰林学士知制诰，苏辙为中书舍人，是兄弟二人最为辉煌时期。此时，他们与王蘧、王适、王遹已经相识10年，王适也已成为苏辙的

女婿。据考证，王正路卒于宋英宗治平四年前后，当在苏轼认识王家兄弟十年之前，因此，现存文献没有王正路与苏轼、苏辙兄弟会面的记载。

王正路去世后二十年的元祐二年，王蘧才将其父等三十棺运回祖茔归葬。作为亲家，苏轼、苏辙以祭文和挽词的形式向他表示哀悼和怀念。苏轼所作《祭王宜甫文》[4]云：

"维元祐二年岁次丁卯九月庚戌朔十九日戊辰，具位苏轼，谨以酒果之奠，昭告于故比部郎中赠光禄大夫王公宜甫亲家翁之灵。呜呼宜父，笃厚宽中。德世其家，而立莫充。非不能充，知有天命。真己而行，不充何病。三公之子，所乏非财。风雨散之，如振浮埃。百年梦幻，其究何获。不与皆亡，令名令德。公虽耆旧，我尚同时。不识其人，想见其姿。婚姻之好，义贯黄壤。有愧古人，不祖其往。往为赵人，子孙其昌。蒋其墓楗，我言不忘。呜呼哀哉。"

苏辙则作《故濮阳太守赠光禄大夫王君正路挽词二首》[5]。

诗云：
其一：
落落承平佐，英英嗣世风。
芝兰讬庭户，鸾鹄峙椅桐。
结客贤豪际，倾财缓急中。
悲伤闻故老，沦谢未衰翁。
其二：
吴中试良守，濮上继嘉声。
平赋权家恨，蠲租盗俗清。
家贫久未葬，身去独留名。
天报多男子，终存好弟兄。

王蘧:

王蘧（1037—1110年），字子开。原名王迥，字子高，系王正路长子。王蘧官至中奉大夫，正四品官，赐三品服，为官五十余年，政绩较为突出。王蘧精通古史，善于楷书，以古体诗见长，其所作古律诗342首和《施州开边录》十卷皆不存。在苏轼的作品中，可见诗二、书札三、送别一、启一。

王蘧结识苏轼比其二兄弟稍晚，他们首次会面在元丰元年三月。当时，苏轼尚在徐州知州任上，可知他们是在徐州相见的。可能是由于其弟王适、王通从学于苏轼的缘故，此前他们彼此非常了解，关系比较深厚，因为第一次见面，苏轼便为王蘧作了著名的《芙蓉城》诗[6]。苏轼在诗叙中说：

"世传王迥子高与仙人周瑶英游芙蓉城。元丰元年三月，余始识子高，问之，信然。乃作此诗，极其情而归之正，亦变风止乎礼义之意也。"

诗云：

芙蓉城中花冥冥，谁其主者石与丁。

珠帘玉案翡翠屏，霞舒云卷千娉婷。

中有一人长眉青，炯如微云淡疏星。

往来三世空炼形，竟坐误读《黄庭经》。

天门夜开飞爽灵，无复白日乘云轓。

俗缘千劫磨不尽，翠被冷落凄馀馨。

因过缑山朝帝廷，夜闻笙箫弭节听。

飘然而来谁使令，皎如明月入窗棂。

忽然而去不可执，寒衾虚幌风泠泠。

仙宫洞房本不扃，梦中同蹑凤凰翎。

径度万里如奔霆，玉楼浮空耸亭亭。

天书云篆谁所铭，绕楼飞步高玲珑。

仙风锵然韵流铃，蘧蘧形开如酒醒。

芳卿寄谢空丁宁，一朝覆水不返瓶，罗巾别泪空荧荧。

春风花开秋叶零，世间罗绮纷靘颒。

此身流浪随沧溟，偶然相值两浮萍。

愿君收视观三庭，勿与嘉谷生螟螣。

从渠一念三千龄，下作人间尹与邢。

王蘧梦寐中在芙蓉城遇鬼是一件奇事，也可看做是一种游戏，社会广为传播。当苏轼《芙蓉城》诗问世以后，这件事对王蘧的影响剧增。其实，在苏轼作此诗之前，已有胡微之所作《芙蓉城传》[7]传世，传曰：

"王迥子高，初遇一女，自言周太尉女，冥契当侍巾帻。既去，衾枕之属，余香不散。由此倏忽去来。一夕，梦周道服而至，谓王曰：'我居幽僻，君能一往否？'喜而从之。但觉其身飘然。须臾过一岭，珍禽佳木，清流怪石，殿阁金碧相照。遂与王自东厢门入循廊。至一殿亭，甚雄壮，下有三楼，相视而耸，亦甚雄丽。廊间半开，周忽入，王少留须史，周与一女郎至。周曰：'三山之事息乎？'曰：'虽已息，奈情何。'于是拊掌而去，逡巡东廊之门。门启，有女流道装而出者百余人，立于庭下。俄闻殿上卷帘，有美丈夫一人，朝服凭几，而庭下之女，循次而上。少顷，凭几者起，帘复下，诸女流亦复不见。周遂命王登东厢之楼，梁上题曰碧云，其字则《真诰》，八龙云篆。王未及下，一女郎登，年可十五，容色娇媚，亦周之比。周谓王曰：'此芳卿也。'梦之明日，周来，王语以梦，周笑曰：'芳卿之意甚勤也。'王问：'何地？'周曰：'芙蓉城也。'曰：'凭几者谁？三山之事何谓？'周皆不对。王问：'芳卿何姓？'曰：'与我同。'王感其事，作诗遗周。周临别，留诗云：久事屏帏不暂闲，今朝离意尚阑珊。临行惟有相思泪，滴在罗衣一半斑。"

胡微之本人不见经传，但他的《芙蓉城传》精辟地记述了王蘧遇鬼故事的整个过程，而苏轼的《芙蓉城》诗大体依传记而作。对于《芙蓉城》诗，王安石有和，诗首云："神仙出没藏杳冥，帝遣万鬼驱六丁。"当人问之，安石说："此戏耳，不可以为训。"苏轼与王安石的表述，道出了人们对王蘧遇鬼一事的真实理解。苏轼的《芙蓉城》诗对王蘧影响极大，甚至他依"仙风锵然韵流铃，蘧蘧形开如酒醒"之句，将原名、原字更改，由王迥字子高，改称王蘧字子开。

元祐二年（1087年），苏轼在京师，除翰林学士、知制诰。王蘧也在京师，任朝请郎。正月八日晚，苏轼与王蘧共饮，朋友相见，故事重提。苏轼作《正月八日招子高饮》[8]。

诗云：

屋雪号风苦战贫，纸窗迎日稍知春。

正如薝卜林中坐，更忆芙蓉城里人。

昨想玉堂空冷彻，谁分银榼送清醇。

海山知有东南角，正着归鸿作小鞿。

除诗作外，在苏轼文集中还保存有他给王蘧的书札三封[9]，这种情况在其他王氏家族成员中是没有的。

其一：

某启。多懒少便，久不奉状。儿子自北还，辱手书，且审起居佳安，为慰。游刃一邑，风谣之美，即自闻上，翘俟殊擢，以塞众望。会合未涯，伏冀倍万自爱。区区之祷。不宣。

其二：

某惊闻大郎监簿，遽弃左右，伏惟悲悼痛裂，酸苦难堪，奈何！奈何！逝者已矣，空复追念，痛苦何益，但有损尔。窃望以明识照之，纵不能无念，随念随拂，勿使久留胸中。子高高才雅度，此去当一日千里，以发久滞。愿深自爱，以慰亲友之望。无由面慰，临书哽塞。不一一。

其三：

率而乱道，何足上石，有书可劝令罢也。若更刻却二红饭一帖，遂传作一世界笑矣。

苏轼的第一简约作于元祐四年，此时苏轼知杭州，长子苏迈酸棘尉任满回杭，过江阴，与知县王蓬会面，蓬有手书致苏轼，因此，该简当为复函。苏轼在信简中希望王蓬"游刃一邑，风谣之美，即自闻上，翘俟殊擢，以塞众望。"苏轼第二简不知作于何时，主要对王蓬之大郎王育去世表示哀悼，劝慰其节哀保重，"愿深自爱，以慰亲友之望。"同时，苏轼对王蓬的赞誉之语"高才雅度"即出自此简。

苏轼文集中有《书别子开》[10]一文，而在《东坡志林》中，此文被列为送别的第一首，即是《别子开》[11]。文曰：

"子开将往河北，想度河宁。以冬至前一日被旨，过节遂行。仆以节日来贺，且别之，留饮数盏，颓然竟醉。案上有此佳纸，故为作草，露书数纸。迟其北还，则又春矣，当为我置酒、蟹、山药、桃、杏，是时当复从公饮也。"

此文虽然简短，所记述的事情也颇为单调，但字里行间却充满了感情，约定王蓬返回时再饮酒接风，显示出他们之间的亲密关系。苏轼的《别子开》当作于元祐初年在朝期间。

元祐八年九月，苏轼除知定州，十月到任。次年（绍圣元年），被贬知英州，四月离开定州，开始了一贬再贬的坎坷之路。绍圣四年闰二月，苏轼又被责授琼州别驾，移昌化军安置。三月，苏轼作《求婚启》[12]，为次孙苏符求婚于王蓬。文云：

"结缡早岁，已联昆弟之姻亲；垂白南荒，尚念子孙之嫁娶。敢凭良妁，往疑高阌。轼长子某之第二子符，天资下中，生有蓬麻之陋；祖风绵邈，庶几弓冶之馀。伏承故令弟子立先辈之爱女第十四小娘子，禀粹德门，教成家庙。中郎坟典之付，岂在他人；太真姑舅之婚，复见今日。仰缘凤契，只德俞音。"

此启是苏轼屡遭贬谪，流落他乡，在"垂白南荒"的境况下写成的。"已联昆弟之姻亲"是指王蓬之弟王适与苏辙次女之婚姻；"第十四小娘子"则指王适之女；苏符系苏轼爱孙，长子苏迈次子。苏符（1086—1156年），字仲虎，随侍苏轼十五年。在苏门中，苏符是苏辙、苏轼之后官级最高，成就最大的成员。政和二年苏辙去世后，恩授入官。南宋绍兴五年赐进士出身，除中书舍人等职，绍兴十年权礼部尚书。其间，曾充贺金正旦使，携陷金子侄苏峤、苏岘归宋。绍兴十六年后还蜀，从此再未出川，于

二十六年辞世，享年70岁，赠左中奉大夫。有制诰表章十卷，文集二十卷。

王蓬与苏辙的诗文交往甚少，只存次韵诗一首。元祐元年十一月，苏辙在朝，始任中书舍人。次年正月八日，苏轼招王蓬饮酒赠诗不久，王蓬拜访苏辙，苏辙留王蓬饮酒叙话。酒席间，苏辙作《次韵子瞻招王蓬朝请晚饮》[13]。

诗云：

矫矫公孙才不贫，白驹冲雪喜新春。

忽过银阙迷归路，误认瑶台寻故人。

访我不嫌泥正滑，留君深愧酒非醇。

归时九陌铺寒月，清绝空教仆御颦。

苏辙是在喜雪迎春的时节挽留王蓬作客饮酒的，在诗中，苏辙赞扬王蓬才气横溢，并提到其芙蓉城遇仙人戏事。

王适：

王适，字子立。终生未仕。元祐四年（1089年）十月二十五日卒，享年三十五岁。依年龄推算，其当生于仁宗至和二年（1055年）。熙宁十年，王适求学于苏轼，时年23岁，伴随苏轼学习三年。之后，又从学苏辙六年。大约元丰二或三年，娶苏辙次女为妻，成为苏门爱婿。

因特殊关系，苏轼与王适的诗文交往较为频繁，仅苏轼就作有诗十五首，文二篇。因为王适与弟弟王遹是同时跟苏轼学习的，通常野外郊游也常常在一起，所以苏轼的诗文，有时是写给二人的，当诗文写给两兄弟时，本文将诗录于王适名下，在王遹处则只提及诗名。

王适的美梦使得其与苏氏的婚姻颇有戏剧性，似有未卜先知之嫌。苏轼在《哭王子立次儿子迨韵三首》诗的自注中曰：

"余为密州，子立未尝相识，忽告同舍生曰：'吾梦为密州婿，何也？'已而果以子由之子妻之。"冯应榴引王符《潜夫论》曰："君子之异梦，非妄而已也，必有事故焉[14]。"可见，王适是在徐州做的梦，当时苏轼在密州任知州。这时他还不认识王适，王适却在梦境中成了他的女婿，的确是怪异之事。如同其兄王蓬芙蓉城遇鬼一样，这也只是一种游戏，以借此表明王适对苏门的追崇。

熙宁十年（1077年）四月，苏轼到徐州任职，其职衔全称为朝奉郎、尚书祠部员外郎、直史馆、权知徐州军州事、骑都尉。从这时起，王适、王遹兄弟二人开始从学于苏轼。

苏轼与王适有关的诗句最早见于元丰二年。本年二月，苏轼与王适、王遹及张师厚饮酒于杏花树下，赋《月夜与客饮杏花下》[15]诗一首。

苏轼在引中说："仆在徐州，王子立、子敏皆馆于官舍。

二王方年少，吹洞箫，饮酒杏花下"。

诗云：

杏花飞帘散馀春，明月入户寻幽人。

褰衣步月踏花影，炯如流水涵清苹。

花间置酒清香发，争挽长条落香雪。

山城酒薄不堪饮，劝君且吸杯中月。

洞箫声断月明中，惟忧月落酒杯空。

明朝卷地春风恶，但见绿叶栖残红。

这是苏轼自己非常得意的诗作之一。作者运用幽雅清秀的诗句，既表现出自己畅快淋漓的心情，也描绘出此时此刻朋友、杏花、明月、美酒、洞箫相互映衬交融、"对月醴歌美清夜"的情景。因此，苏轼对这次与王氏兄弟等饮酒赋诗印象颇深，常有思念和酬唱。

元丰二年四月，苏轼罢徐州，转任湖州知州，王适、王遹也随同到达湖州。苏轼转任湖州的心情是非常荡漾的，闲暇间经常与王氏兄弟等游赏赋诗。四月间曾为学生赋诗二首，其一为《与王郎夜饮井水》[16]。

诗云：

吴兴六月水泉温，千顷菰蒲聚斗蚊。

此井独能深一丈，凛然如我亦如君。

其二为《与王郎昆仲及儿子迈，绕城观荷花，登岘山亭，晚入飞英寺，分韵得"月明星稀"四首》[17]。

诗云：

其一：

昨夜雨鸣渠，晓来风袭月。

萧然欲秋意，溪水清可啜。

环城三十里，处处皆佳绝。

蒲莲浩如海，时见舟一叶。

此间真避世，青篛低白发。

相逢欲相问，已逐惊鸥没。

其二：

清风定何物，可爱不可名。

所至如君子，草木有嘉声。

我行本无事，孤舟任斜横。

中流自偃仰，适与风相迎。

举杯属浩渺，乐此两无情。

归来两溪间，云水夜自明。

其三：

茗水如汉水，鳞鳞鸭头青。

吴兴胜襄阳，万瓦浮青冥。

我非羊叔子，愧此岘山亭。

悲伤意则同，岁月如流星。

从我两王子，高鸿插修翎。

湛辈何足道，当以德自铭。

其四：

吏民怜我懒，斗讼日已稀。

能为无事饮，可作不夜归。

复寻飞英游，尽此一寸晖。

撞钟履声集，颠倒云山衣。

我来无时节，杖履自推扉。

莫作使君看，外似中已非。

从诗中看来，苏轼和学子们完全沉浸在美景之中，显得悠闲、潇洒。诗中"两王子"即指王适、王遹，他赞扬王氏兄弟学道日精，学业日上，诗文崭露头角。同时，苏轼还借此告诫他们，人和文学的修养，"当以德自铭"。

元丰二年七月，因御史中丞李定、御史舒亶、何正臣等诬陷苏轼谤讪朝政，遣皇甫遵前来湖州勾摄苏轼，苏轼遂罢湖州。行前，苏轼与妻子及家人诀别。亲戚朋友多怕受牵连而躲避，唯有王适、遹兄弟将老师送出郊外。苏轼在《王子立墓志铭》中说："余得罪于吴兴，亲戚故人皆惊散，独两王子不去，送余出郊，曰：'死生祸福，天也，公其如天何。'返取余家，致之南都[18]。"王氏兄弟在其恩师危难之际，不畏权贵，挺身而出，送别恩师，安排家眷，他们的忠贞无疑会得到苏轼及亲友们的赞赏。年底，苏轼被责授为水部员外郎、黄州团练副使，本州安置，但不得签书公事。

元丰三年正月初一，苏轼离别京师奔赴贬谪地，于二月一日到达黄州。本月，苏轼作《次韵前篇》[19]。

诗云：

其一：

去年花落在徐州，对月醴歌美清夜。

今年黄州见花发，小院闭门风露下。

万事如花不可期，馀年似酒那禁泻。

忆昔扁舟溯巴峡，落帆樊口高桅亚。

长江衮衮空自流，白发纷纷宁少借。

其二：

竟无五亩继沮溺，空有千篇凌鲍、谢。

至今归计负云山，未免孤衾眠客舍。

少年辛苦真食蓼，老境安闲如啖蔗。

饥寒未至且安居，忧患已空犹梦怕。

穿花踏月饮村酒，免使醉归官长骂。

真是人生苦来多，去年事业蒸蒸日上的处境和潇洒淋漓的心情，转眼间已经成为泡影逝去，面前却是暴风骤雨般的打击，由一名如日中天的官员成为流放者。此时此刻，苏轼仍然以诗舒怀，借此抒发他对敌人的憎恨，对故人故事的怀念和被贬谪后安闲孤苦生活的心情。正如王适兄弟所言："公其如天何"。

元丰四年五月，一直在筠州贬所陪伴苏辙学习的贤婿王适，由居所赴徐州参加秋举，路过黄州看望苏轼。苏轼与侄婿同游武昌西山后，作《武昌酌菩萨泉送王子立》[20]。

诗云：

送行无酒亦无钱，劝尔一杯菩萨泉。

何处低头不见我，四方同此水中天。

苏轼对于侄婿和学生王适的科考寄予很大的希望，他对王适的学问和德性也深信不疑，从他《答李方叔十七首》的第三简中可见一斑。李廌，字方叔，系苏门四学士之一，诗文造诣深厚，在文坛影响较大。李廌和王适是同时在徐州参加本年度科考的。此简之前，苏轼曾致书李廌，"须望鼎甲之捷也。"苏轼的这一书信主要是向李廌介绍王适、王遹兄弟。简文如下：

"侄婿王适子立，近过此，往彭城取解，或场屋相见。其人可与讲论，词学德性，皆过人也。其弟名遹，字子敏，亦不甚相远。承问及儿子，属令干事，未及奉书，王文甫以与简，令持前所留奉纳矣[21]。"

元丰五年春末，王适徐州解试不利，自徐州返筠州，路过黄州再次看望苏轼，苏轼于新建雪堂清夜赏月，作《<归来引>送王子立归筠州》[22]。

诗云：

归去来兮，世不汝求胡不归？

汹北望之横流兮，渺西顾之尘霏。

纷野马之决骤兮，幸余首之未靰。

出彭城而南鹜兮，眷丘陇而增欷。

乱清淮而俯鉴兮，惊昔容之是非。

念东坡之遗老兮，轻千里而款余扉。

共雪堂之清夜兮，揽明月之迁余晖。

曾鸡黍之未熟兮，叹空室之伊威。

我挽袖而莫留兮，仆夫在门歌《式微》。

归去来兮，路渺渺其何极。

将税驾于何许兮？北江之南，南江之北。

于此有人兮，俨峨峨其丰硕。

孰居约而尔肥兮？非糠核其何食。

久抱一而不试兮，愈温温而自克。

吾居世之荒浪兮，视昏昏而听默默。

非之子莫振吾过兮，久不见恐自贼。

吾欲往而道无由兮，子何畏而不即。

将以彼为玉人兮，以子为之璞也。

元丰六年十二月十九日，苏轼生日。王适自筠州寄诗来贺，苏轼作《生日，王郎以诗见庆，次其韵，并寄茶二十一片》[23]。

诗云：

《折杨》新曲万人趋，独和先生《于蒍于》。

但信椟藏终自售，岂知碗脱本无模。

揭从冰叟来游宦，肯伴癯仙亦号儒。

棠棣并为天下士，芙蓉曾到海边郭。

不嫌雾谷霾松柏，终恐虹梁荷栋桴。

高论无穷如锯屑，小诗有味似连珠。

感君生日遥称寿，祝我余年老不枯。

未办报君青玉案，建溪新饼截云腴。

元祐四年（1089年），苏轼以龙图阁学士除知杭州，七月达任上。十月二十五日，王适卒，苏轼闻之悲痛不已，作《哭王子立次儿子迨韵三首》[24]。

诗云：

其一：

彭城初识子，照眼白而长。

异梦成先兆，清言得未尝。

岂惟知礼意，遂欲补诗亡。

咄咄真相逼，诸生敢雁行？

其二：

非无伯鸾志，独有子云悲。

恨子非天合，犹能使我思。

儿曹莫凄恻，老眼欲枯萎。

会哭皆豪杰，谁为感旧诗。

其三：

龙困尝鱼服，羊儇或虎蒙。

忽忽成鬼录，愤愤到天公。

偶落藩墙上，同游羿彀中。

回看十年事，黄叶卷秋风。

苏轼从十多年前认识王适开始回忆，赞扬其诗文秀丽，礼学尽然，咄咄逼人。叙说王适不年而亡，且无子嗣，可悲可叹。回忆十多年前与王适的交往事，历历在目，如同秋风中的黄叶，一逝而过，只能深切地留在记忆中。

苏轼还有一首《次韵王郎子立风雨有感》[25]的诗文，黄庭坚（鲁直）有次韵诗。

诗云：

百年一俯仰，寒暑相主客。

稍增裘褐气，已觉团扇厄。

不烦计荣辱，此丧彼有获。

我琴终不败，无擢亦无酢。

后生不自牧，呻吟空挟策。

揠苗不待长，卖菜苦求益。

此郎独静退，门外无行迹。

但恐陶渊明，每为饥所迫。

凄风弄衣结，小雪穿门席。

愿君付一笑，造物亦戏剧。

朝来赋云梦，笔落风雨疾。

为君裁春衫，高会开桂藉。

在苏轼的文集中有《记黄州对月诗》[26]一篇，此文在《东坡志林》则曰《忆王子立》[27]，作于元祐四年。当年，王适卒，苏轼悲痛万分，又一次表示对王适深切怀念和哀悼。录文如下：

"仆在徐州，王子立、子敏皆馆于官舍，而蜀人张师厚来过。二王方少年，吹洞箫，饮酒杏花下。明年，余谪居黄州，对月独饮，尝有诗云：'去年花落在徐州，对月酣歌美清夜。今年黄州见花发，小院闭门风露下。'盖忆与二王饮时也。张师厚久已死，今年子立复为古人，哀哉！"。

苏轼文集中还录有《王子立墓志铭》一篇，因前文有录文并作注释，这里不再复述。

查苏辙诗集，可见他与王适的唱和诗达四十二首，文一篇。其中，少数诗句与其弟王遹有关。这些诗少数作于南京，大多数作于筠州，即苏辙贬谪地。元丰二年，苏轼得罪于湖州，被责授水部员外郎，黄州团练副使。苏辙力争以己官赎兄罪不可，反受牵连，也被贬为监筠州（治高安县）盐酒税。元丰三年一月，苏辙自南京赴筠州贬所，王适随行，从学深造。在离开南京之前，苏辙为王适作诗三首。

苏辙的第一首诗作于元丰二年深秋。此时，张耒赴寿安尉任过南京小住，携诗呈恩师苏辙，苏辙有次韵诗。张耒离南京时，王适等送行，并作《送张耒赴寿安尉》诗，苏辙作《次王适韵送张耒赴寿安尉二首》[28]。

诗云：

其一：

绿发惊秋半欲黄，官居无处觅林塘。

浮生已尔尘劳侣，病眼犹便锦绣章。

羞见故人梁苑废，梦寻归路蜀山长。

怜君顾我情依旧，竹性萧疏未受霜。

其二：

魏红深浅配姚黄，洛水家家自作塘。

游客贾生多感概，闲官白傅足篇章。

山分少室云烟老，宫废连昌草木长。

路出嵩高应少驻，屏颜新过一番霜。

同年秋，苏辙作《次韵王适兄弟送文务光还陈》[29]。

诗云：

三君皆亲非复客，执手河梁我心恻。

依门耿耿夜不眠，挽袖匆匆有难色。

君归使我劳魂梦，落叶鸣阶自相拥。

君家西归在新岁，此行未远心先恐。

故山万里知何许，我欲因君亦归去。

清江仿佛钓鱼船，修竹平生读书处。

青衫白发我当归，咀嚼式微惭古诗。

少年勿作老人调，被服荣名慰所思。

此时，王适还未婚配，从诗意看来，苏辙似已同意将次女嫁给王适。文务光系文同之子，苏辙长婿。

同年冬，一次下雪天晴后，大雪又至，王适作诗，苏辙作《次韵王适雪晴复雪二首》[30]。

诗云：

其一：

骄阳得一雪，踰尺应更好。

晨兴视窗隙，惊见晴霞杲。

九衢无停迹，狼籍须一扫。

空余浩然气，凛凛接清昊。

余寒薄虚室，一静解群燥。

晨炊晚未供，客馈惭草草。

试脱身上衣，行问酒家保。

孤吟击槁木，大笑称有道。

人生但如此，富贵何用祷。

所思独未见，耿耿属怀抱。

其二：

同云自成幄，风雪来无根。

一为清风卷，坐见东方暾。

重阴偶复合，飞霰满南轩。

油然青春意，已见出土萱。

老病一不堪，惟恃浊酒温。

开户理松菊，扫荡无遗痕。

卷舒朝夕间，谁识造化元。

乾坤本何施，中有神怪奔。

万物极毫末，颠倒何足掀。

老农但知种，荷锄理南园。

元丰三年正月，苏辙自南京赴筠州，过龟山，经邵伯闸。王适作《细鱼》诗，苏辙作《次韵王适细鱼》[31]。

诗云：

群鱼一何微，仅比毛发大。

嬉游极草草，须鬣自个个。

造物赋群形，偶然如一唾。

吞舟虽云巨，其乐不相过。

若言无性灵，还知避船柂。

在中秋之前，苏辙到达贬所，至筠州盐酒税任。中秋，面对清风明月，苏辙作《次子瞻夜字韵作中秋对月二篇一以赠王郎二以寄子瞻》[32]。

诗云：

其一：

平明坐曹黄昏归，终岁得闲惟有夜。

已邀明月出墙东，更遣清风扫庭下。

城上青鬟四山合，门前白练长江泻。

谁家高会吹参差，邻妇悲歌春罢亚。

二年忧患今已过，一夜清光天所借。

西京诗句出苏李，南国风流数王谢。

已随孤棹去中原，肯顾新科求上舍。

读书本自比嵇锻，学剑要须问曹蔗。

清觞滟滟君莫违，佳句骎骎予已怕。

狂夫猖狂终累人，不返行遭亲党骂。

其二：

十年秋月照相思，相从只有彭门夜。

露侵笳鼓思城阙，寒迫鱼龙舞潭下。

厌厌夜饮欢自足，落落襟怀向人泻。

秋深河来巨野溢，水干楼起腾王亚。

北海孔公虽好客，河内寇尹那得借。

是非朝野忽纷纭，得丧芳菲一开谢。

明月多情还入门，流水何知空绕舍。

晨餐江市富鳣鲂，夜宿山村足梨蔗。

坐隅鹏鸟不须问，墙外蝮蛇犹足怕。

娄公见唾行自乾，冯老尚多谁定骂。

诗人的第一首赠与王适，勉励他发奋学习，积极进取，应试登科。同时，也表达了自己在盐酒务上庸庸碌碌，安静休闲，自足自乐的生活。第二首赠与苏轼，除抒发深厚的思兄之情外，并劝慰其兄被诬的事情已过，需镇定自若、谨慎小心，不问他事，不惹是非，安闲度日。这是苏辙到达筠州贬所为王适作的第一首诗。

中秋之后，苏辙还有两首次韵诗。王适食茅栗，作诗，苏辙作《次韵王适食茅栗》[33]。

诗云：

相从万里试南餐，对案长思苜蓿盘。

山栗满篮兼白黑，村醪入口半甜酸。

久闻牛尾何曾试，窃比鸡头意未安。

故国霜蓬如碗大，夜来弹剑似冯欢。

州学新修水阁，王适作诗，苏辙作《次韵王适州学新修水阁》[34]。

诗云：

黄钟巨挺两春容，何幸幽居近学宫。

坐对江山增浩气，力追齐鲁欲同风。

颂诗闻道求何武，家法行看试左雄。

欲伴少年游矍相，奔军惭愧恐词穷。

元丰三年年末，王适作梅花诗，苏辙作《次韵王适梅花》[35]。

诗云：

江梅似欲竞新年，照水窥林态愈研。

霜重清香浑欲滴，月明素质自生烟。

未成细实酸犹薄，半落南枝意可怜。

谁写江西风物样，徐家旧有数枝传。

元丰四年，王适、苏辙都在筠州贬所。新年降雪，王适作春雪诗，苏辙作《次韵王适春雪二首》[36]。

诗云：

其一：

江南春候寒犹剧，细雨风吹作雪花。

中夜窗扉初晃漾，平明草木半低斜。

润催江柳排金绿，光杂山茶点绛葩。

老病不堪乘晓出，纷纷能使发增华。

其二：

春雪飘摇旋不成，依稀履迹散空庭。

山藏複阁犹残白，日照南峰已半青。

初春，王适游真如寺，作诗，苏辙作《次韵王适游真如寺》[37]。

诗云：

江上春雨过，城中春草深。

扰扰市井尘，悠悠溪谷心。

冬郊大愚山，自古蒼蔔林。

微言久不闻，坠绪谁当寻。

道俗数百人，请闻海潮音。

斋罢车马散，万籁具消沉。

新亭面南山，积雾开重阴。

萧然偶有得，怀抱方愔愔。

我坐米盐间，日被尘垢侵。

不知山中趣，强作山中吟。

王适又作新燕诗，苏辙作《次韵王适新燕》[38]。

诗云：

好雨纤纤润客衣，新来双燕力犹微。

似嫌春早无人见，故待帘开掠地飞。

南国花期知不远，中原寒剧未应归。

养雏不怕巢成早，记取朝朝为启扉。

是年三月，王适自筠州前往徐州应试，行前，苏辙作《送王适徐州赴举》[39]。

诗云：

送别江南春雨淫，北方谁是子知音。

性如白玉烧犹冷，文似朱弦叩愈深。

万里同舟宽老病，一杯分袂发悲吟。

明年榜上看名姓，杨柳春风正似今。

除以上次韵诗外，可以说这是苏辙专为王适所作的第一首诗。该诗充分表达了苏辙对女婿考试前的无限期望。他赞扬王适性如白玉，润泽可爱，诗文如朱弦，秀雅流畅。他希望王适像五月的春风杨柳一样，生机勃勃，来年金榜题名。

元丰五年，王适徐州解试不利，到达筠州之前，苏辙作《迎寄王适》[40]。

诗云：

投窜千山恨不深，扁舟夏涉气如烝。

重来疋马君何事，归去飞鸿我未能。

养气经年惟脱粟，读书终夜有寒灯。

安心且作衰慵伴，海底鲲鱼会化鹏。

苏辙在诗中告诫王适不要气馁，要养精蓄锐、勤奋攻读，只要潜心伴随诗人学习，终会如大鹏展翅，前程似锦。

元丰六年元日，王适作诗，苏辙作《次韵王适元日并示曹焕二首》[41]。

诗云：

其一：

井底屠酥浸旧方，床头冬酿压琼浆。

旧来喜与门前客，终日同为酒后狂。

老大心情今已尽，尘埃鬓发亦无光。

江南留滞归何日，万里逢春思故乡。

其二：

放逐三年未遣回，复惊爆竹起春雷。

祈年粗有樽中桂，寄远仍持岭上梅。

莫笑牛狸抵羊酪，漫将崖蜜代官醅。

二君未肯嫌贫病，犹得衰颜一笑开。

该诗的前一首突出地表现出了作者非常沮丧及思乡的情怀，在被贬谪流放的漫长日子里，有家不可归，有国不能报效，终日在无聊中以酒浇愁，唯一的真情是思念故乡。后一首则显现出作者由于二婿的陪伴，还有自安自慰的心情。转眼三年已过，第个四年头已经到来，王适自始至终陪伴左右，三婿曹焕又来完婚，难免使苏辙衰颜一笑。

是年六月之前，苏辙曾为王适作诗三首。王适日落黄昏行于蜀江之上，作诗，苏辙作《次韵王适落日江上二首》[42]。

诗云：

其一：

寒烟幕清江，渔唱扁舟上。

江转少人家，自此知安往。

维舟倚丛薄，明月独相向。

欲晓醉应醒，还逐轻鸥飏。

其二：

稍息南市喧，初上东山月。

潜鱼忽惊踊，饥雁时断绝。

落叶误投簽，繁霜疑积雪。

苦寒良难久，爱此元气洁。

苏辙与王适、曹焕游清居院，步行回居所。苏辙作《同王适、曹焕游清居院步还所居》[43]。

诗云：

身为江城吏，心似野田叟。

寻僧忽忘归，饱食莫携手。

畏人久成性，路绕古城后。

茅茨远相望，鸡犬亦时有。

人远市井罢，日落狐兔走。

回风吹横烟，烧火卷林薮。

草深径渐恶，荆棘时挂肘。

褰裳涉沮洳，斜绝污池口。

投荒分岑寂，欹侧吾自取。

二君独何为，经岁坐相守。

游从乏车骑，饮食厌菘韭。

周旋未忍弃，辛苦亦何负。

归来倚南窗，试把樽中酒。

笑问黄泥行，此味还同否？

王适作春雨诗，苏辙作《次韵王适春雨》[44]。

诗云：

久遭客禁往还稀，风雨萧条只自知。

春色有情犹入眼，客愁无赖巧侵眉。

山僧寄语收茶日，野老留人供社时。

久住不须嫌寂寞，此间偏与拙相宜。

王适游陈氏园，作诗，苏辙作《次韵王适游陈氏园》[45]。

诗云：

宿雨晴来春已晚，众花飘尽野犹香。

舞雩便可同沂上，饮禊何妨似洛阳。

新圃近闻穿沼阔，涨江初喜放舟长。

年来薄领萦人甚，何计相随入醉乡。

苏辙又作《次韵王适东轩即事三首》[46]。

诗云：

其一：

新竹依墙未出寻，墙东桃李却成林。

池塘草长初饶梦，村落莺啼恰称心。

江满船头朝欲转，泥融屐齿莫犹深。

闭门怜子成书癖，试买村醪相伴斟。

其二：

眼看东邻五亩花，茅檐竹户野人家。

过墙每欲随飞蝶，归舍谁怜已莫鸦。

幽客偶来成晚饭，野僧何日寄新茶？

三年气味长如此，归计迟迟也自嘉。

其三：

北园春草径微微，未用频教剪棘茨。

蜂阵纷纷初养蜜，莺巢浅浅欲生儿。

客情流水兼山远，归梦游丝向日迟。

懒病相将浑欲惯，赖君索我强裁诗。

是年闰六月，筠州大水泛滥成灾。王适作诗以记，苏辙亦作《次韵王适大水》[47]。

高安昔到岁方闰，大水初去城如墟。

危谯坠地瓦破裂，长桥断缆船逃逋。

漂浮隙穴乱群蚁，奔走沙砾攟家蔬。

里闾破散兵火后，饮食敝陋鱼虾余。

投荒岂复有便地，遇灾只复伤赢躯。

人言西有蛟蜃穴，闰年每与风雷俱。

漫沟溢壑恣游荡，倾崖拔木曾须臾。

鸡豚浪走不复保，老稚裸泣空长吁。

滞留再与兹水会，沧胥未哂斯民愚。

人生所遇偶然耳，得失何用分锱铢。

元丰六年七月，苏辙作《久不作诗呈王适》[48]。

诗云：

怜君多病仍经暑，笑我微官长坐曹。

落日东轩谈不足，秋风北榷意空劳。

懒将词赋占鸱意，频梦江湖把蟹螯。

笔砚生尘空度日，他年何用继离骚。

是年九月，王适作《寒夜读书》，苏辙作《和王适寒夜读书》[49]。

诗云：

久从市井役，百事废不理。

感君读书篇，惜此寒夜暑。

殷勤附灯烛，黾勉就图史。

逡巡揖虞夏，汗漫驰刘李。

斯文家旧物，早岁夙从事。

一从慕膻腥，中弃如敝屣。

今夕亦何夕，忽如旧游至。

终篇再三叹，推枕不成寐。

人生无百年，所欲知有几。

愚知未必得，奔走若趋市。

微言寄翰墨，开卷入心耳。

胡为弃不收，所逐在难觏。

王适作《新葺小室》诗，苏辙作《和王适新葺小室》[50]。

诗云：

向日堂东一室存，竹为窗壁席为门。

心如白月光长照，气结丹砂体自温。

饭软莫嫌红米贱，酒香故取泼醅浑。

他年一笑同谁说，伴我三年江上村。

苏辙又作《和王适灸背读书》[51]。

诗云：

少年读书处，寒夜冷无火。

老来百事慵，灸背但空坐。

眼昏愁细书，把卷惟恐卧。

寒衣补故褐，家酿熟新糯。

微微窗影斜，暖暖云阴过。

昏然偶成寐，鼻息已无奈。

儿童更笑呼，书册正前堕。

衰懒今自由，不复问冬课。

苏辙又作《同王适赋雪》[52]。

诗云：

北风吹雨雨不断，遍满虚空作飞霰。

纸窗独卧不成眠，茅屋无声时一泫。

乌乌错莫寒未起，庭户空明夜惊旦。

重楼复阁烂生光，绝涧连山漫不见。

夹砌双杉洗更碧，满田碧草埋应烂。

城中闭户无屦迹，市上孤烟数晨爨。

细排玉箸短垂檐，暗结轻冰时入研。

拨灰有客顾尊俎，迹兔何人试鹰犬。

未容行役扫车毂，应有老农歌麦饭。

一来江城若俄顷，四见白花飞面旋。

坐看酒瓮谁敢尝，归踏冰泥屡成溅。

年来桥板断不属，莫出肩舆足忧患。

到家昏黑空自笑，诉妇勤劳每长叹。

床头有酒未用沽，囊里无钱不劳算。

更令雪片大如手，终胜溪瘴长熏眼。

谒告犹能不出门，典衣共子成高燕。

元丰七年，上元夜苏辙作诗，王适也作诗，苏辙又作《次韵王适上元夜二首》[53]。

诗云：

其一：

灯光欲凝不惊风，月色初晴若发蒙。

羁客不眠诗未就，游人半醉夜方中。

荒城熠耀相明灭，野水芙蓉乱白红。

知欲访僧同寂寂，应怜病懒畏爞爞。

其二：

宿雨初干试火城，端居无计伴游行。

厌看门外繁星动，想见僧窗一点明。

老罢逢春无乐事，梦回孤枕有乡情。

重因佳句思樊口，一纸家书百镒轻。

是年二月，王适与苏迟等游陈家园，桥败，苏辙作《王子立与迟等游陈家园桥败几不成行晚自酒务往见之明日雨作偶尔成咏》[54]。

诗云：

桃李城东近不遥，偶闻花发喜相邀。

断桥似欲妨佳思，好雨犹能借此朝。

随分开樽依绿草，偶然信马及余瓢。

重来莫道无闲暇，紫燕黄鹂日渐娇。

是年寒食日，王适游太平寺，作诗，苏辙作《次韵王适一百五日太平寺看花二绝》[55]。

诗云：

其一：

遍入僧房花照眼，细寻芳径蝶随行。

归时不怕江波晚，新有桥虹水上横。

其二：

小槛明窗曾不住，闲花芳草遣谁栽。

但须匹马寻幽胜，携取清樽到处开。

是日还游小云居，作诗，苏辙作《又次韵游小云居》[56]。

诗云：

溪上浮花片片轻，溯流登岸得山行。

僧房幽绝云居小，春日阴晴野色明。

永远林栖真有道，溺沮耕莘亦忘情。

此身此意何年遂，空使常谈笑老生。

是年四月，王适自筠州赴徐州应解试，作诗留别，苏辙作《次韵王适留别》[57]。

诗云：

远谪劳君两度行，复将文字试平衡。

干时岂为斗升禄，闻道应忘宠辱惊。

未了新书谁与读，重留佳句不胜情。

决科事毕知君喜，俗学消磨意自清。

本月，苏辙得旨近地差遣，九月为歙州绩溪令，于十一月离筠州，元丰八年正月到绩溪令任。元丰八年八月入朝，以承议郎为秘书省校书郎。十月擢右谏议。在返京途中，汴河结冰，县令借长船，遣千夫牵舟，破冰而行。时王适将自徐州至，苏辙作《河冰稍解喜呈王适》[58]。

诗云：

留滞江湖白发生，西归犹苦冻峥嵘。

春风未到冰先解，河水初深船自轻。

去国偶然经昼梦，逢人稍欲问都城。

羁鸿共有成行喜，双鲤应将尺素迎。

苏辙又作《河冰复结复次前韵》[59]。

诗云：

懊恼河冰散复生，徂年近已失峥嵘。

身留短舫厌厌睡，目送飞鸿一一轻。

引緯低徊疑上坂，打凌辛苦甚攻城。

东风怜我归心速，稍变杨梢百里迎。

苏辙利用河冰消与解成诗，预示朝气蓬勃的新春已经来临。同时，借以抒发自己苦尽甜来，归心似箭的心情。

元祐四年，苏辙擢升吏部侍郎。是年秋，他奉诏使契丹，次年春南归。到达京城以前，他还不知道王适已于去年十月去世，到家知晓后，悲痛万分。元祐五年，王适之弟王遹收集其兄诗文成册，苏辙为其作《王子立秀才文集引》[60]。

"昔予既壮，有二婿，曰文务光、王适。务光俊而刚，适秀而和。予方从事南都，二子从予学为文，皆长于《诗》《骚》。然务光之文，悲哀摧咽，有江文通、孟东野感物伤己之思。予每非之曰：'子有父母昆弟之乐，何苦为此！'务光终不能改也。既而丧其亲，终丧五年而终。予哭之恸曰：'悲夫！彼其文固有以兆之乎？'

始予自南都谪居江南，凡六年而归，适未尝一日不从也。既与予同忧患，至于涵泳图史，驰骛浮图、老子之说，亦未尝不同之。故其闻道益深，为文益高，而予观之亦益久。盖其与兄弟妻子，严而有恩，和而有礼，未尝有过。故予尝曰：'子非独予亲戚，亦朋友也。'

元祐四年秋，予奉诏使契丹。九月，君以女弟将适人，将鬻济南之田以遣之，告予为一月之行。明年春，还自契丹，及境而君书不至，予固疑之。及家问之，曰：'噫嘻！君未至济南，病没于奉高。'予哭之失声。君大父讳礜，庆历中枢密使，以厚重气节称；考讳正路，尚书比部郎中，乐易好施，得名于士大夫。而君以孝友文章居其后，谓当久远，而中道夭，理有不当然者。况予老矣，而并失此二人，能无悲乎？君之没，女初未能言，而子裔未生。

君弟遹，昔与君客徐，始识予子瞻。子瞻皆贤之。意王氏之遗懿，其卒在遹乎？遹哀君之文得诗若干、赋若干、杂文若干，分为若干卷以示予。予读之流涕，为此文冠之，庶几侯裔能立以畀之。"

王遹：

王遹，字子敏，生于仁宗嘉祐二年（1057年），卒于徽宗崇宁三年（1104年），享年48岁。王遹与兄王适自熙宁十年从学于苏轼三载。之后，王遹进士及第入仕，官至奉议郎。

苏轼与王遹诗文往来较少，仅有二首，并且，两诗都涉及到王适。苏轼与他的诗句最早见于元丰二年二月。在徐州，苏轼夜晚与王遹、王适及蜀人张师厚饮酒于杏花树下，赋《月夜与客饮杏花下》诗一首（诗见前文）。第二首诗为《与王郎昆仲及儿子迈，绕城观荷花，登岘山亭，晚入飞英寺，分韵得"月明星稀"四首》（诗见前文），此诗于元丰二年作于湖州。

苏辙与王通相关的作品中，存有诗二首，文一篇。元丰二年八月，王通、王适送苏轼家人投奔南京苏辙处。九月，苏辙作《登南城有感示文务光、王通秀才》[61]。

诗云：

幽忧随秋至，秋去忧未已。

城南试登望，百草枯且死。

落叶投人怀，惊鸿四面起。

所思不可见，欲往将安至。

斯人定谁识，顾有二三子。

清风皎冰玉，沧浪自湔洗。

窃脂未尝谷，南箕倘微似。

纲罗一张设，投足遂无寄。

田深狡兔肥，霜降鲈鱼美。

造形悼前失，式微惭往士。

憧憧亩丘道，岁晚嗟未止。

西山有茅屋，鉏耰本吾事。

这是苏辙与王氏兄弟交往中所见最早的一首诗，而且此诗只涉及到王通。

同年，苏辙长婿文务光（字逸民）之父文同卒于陈州，秋天，文务光将扶柩归蜀，王通兄弟送行，作《送文务光还陈》诗，苏辙作《次韵王适兄弟送文务光还陈》（诗见前文）。

崇宁三年正月十八日，王通不幸病逝，苏辙作《祭王子敏奉议文》[62]，以示怀念。

文曰：

"维年月日，具官苏辙，仅以清酌庶馐之奠，致祭于故知县奉议王君子敏之灵。昔我在宋，吾兄在徐。君家伯仲，来学诗书。行义不回，词章有馀。我曰可人，缀以婚姻。既亲且友，其行日新。伯氏不淑，殒于方春。君登丙科，又敏于政。惠于上官，民亦不病。矫然众中，气和而正。孝友之善，中发于诚。均其有无，以及孤惸。嫁女娶妇，期不负兄。我居颍川，君令陵台。十日税驾，为我徘徊。受法道师，不近酒杯。我顾君笑，自苦奚为？隙驹逝矣，为乐何时？去我三年，遂病以衰。失官居汝，启处未安。伏枕不兴，将没何言。有志弗从，使我永叹。呜呼！尚飨。"

注释

1.孔凡礼点校，《苏轼文集》卷七十二，杂记，中华书局，1999年。

2.曹玮，字宝臣，真定灵寿人，宋初名将重臣曹彬之子。曾多年守西部边陲，与西夏对垒，战功显赫。天圣间为真定府、定州都总管。王觌使河北见曹玮当在定州，苏轼所记应为实情。

3.陈执中，字昭誉，宋史有传，官至吏部尚书。卒赠太师兼侍中，谥恭襄。

4.孔凡礼点校，《苏轼文集》卷六十三，祭文，中华书局，1999年。

5.陈宏天、高秀芳点校，《苏辙集》《栾城集》卷十五，诗八十五首，中华书局，1999年。

6.孔凡礼点校，《苏轼诗集》卷十六，古今体诗六十一首，中华书局，1997年。

7.孔凡礼点校，《苏轼诗集》卷十六，古今体诗六十一首，《芙蓉城并叙》注释，中华书局，1997年。

8.孔凡礼点校，《苏轼诗集》卷二十七，古今体诗三十九首，中华书局，1997年。

9.孔凡礼点校，《苏轼文集》卷五十七，尺牍，中华书局，1999年。

10.孔凡礼点校，《苏轼文集》卷七十二，杂记人物，中华书局，1999年。

11.王松龄点校，《东坡志林》卷一，送别，中华书局，2006年。

12.孔凡礼点校《苏轼文集》卷四十七，启，中华书局，1999年。

13.陈宏天、高秀芳点校，《苏辙集》卷十五，诗八十五首，中华书局，1999年。

14.孔凡礼点校，《苏轼诗集》卷三十一，古今体诗四十四首，中华书局，1997年。

15.孔凡礼点校，《苏轼诗集》卷十八，古今体诗四十八首，中华书局，1997年。

16.孔凡礼点校，《苏轼诗集》卷十九，古今体诗四十八首，中华书局，1997年。

17.孔凡礼点校，《苏轼诗集》卷十九，古今体诗四十八首，中华书局，1997年。

18.孔凡礼点校，《苏轼文集》卷十五，中华书局，1997年。

19.孔凡礼点校，《苏轼诗集》卷二十，古今体诗五十七首，中华书局，1997年。

20.孔凡礼点校，《苏轼诗集》卷二十一，古今体诗八十六首，中华书局，1997年。

21.孔凡礼点校，《苏轼文集》卷五十三，尺牍，中华书局，1999年。

22.孔凡礼点校，《苏轼诗集》卷四十八，补编古今体诗一百七十五首，中华书局，1997年。

23.孔凡礼点校，《苏轼诗集》卷二十二，古今体诗四十一首，中华书局，1997年。

24.孔凡礼点校，《苏轼诗集》卷三十一，古今体诗四十四首，中华书局，1997年。

25.孔凡礼点校，《苏轼诗集》卷三十，古今体诗六十三首，中华书局，

1997年。

26.孔凡礼点校，《苏轼文集》卷六十八，题跋，中华书局，1999年。

27.王松龄点校，《东坡志林》卷一，记游，中华书局，2006年。

28.陈宏天、高秀芳点校，《苏辙集》《栾城集》卷九，诗七十首，中华书局，1999年。

29.陈宏天、高秀芳点校，《苏辙集》《栾城集》卷九，诗七十首，中华书局，1999年。

30.陈宏天、高秀芳点校，《苏辙集》《栾城集》卷九，诗七十首，中华书局，1999年。

31.陈宏天、高秀芳点校，《苏辙集》《栾城集》卷九，诗七十首，中华书局，1999年。

32.陈宏天、高秀芳点校，《苏辙集》《栾城集》卷十，诗九十六首，中华书局，1999年。

33.陈宏天、高秀芳点校，《苏辙集》《栾城集》卷十，诗九十六首，中华书局，1999年。

34.陈宏天、高秀芳点校，《苏辙集》《栾城集》卷十，诗九十六首，中华书局，1999年。

35.陈宏天、高秀芳点校，《苏辙集》《栾城集》卷十一，诗八十六首，中华书局，1999年。

36.陈宏天、高秀芳点校，《苏辙集》《栾城集》卷十一，诗八十六首，中华书局，1999年。

37.陈宏天、高秀芳点校，《苏辙集》《栾城集》卷十一，诗八十六首，中华书局、1999年。

38.陈宏天、高秀芳点校，《苏辙集》《栾城集》卷十一，诗八十六首，中华书局，1999年。

39.陈宏天、高秀芳点校，《苏辙集》《栾城集》卷十一，诗八十六首，中华书局，1999年。

40.陈宏天、高秀芳点校，《苏辙集》《栾城集》卷十一，诗八十九首，中华书局，1999年。

41.陈宏天、高秀芳点校，《苏辙集》《栾城集》卷十二，诗八十九首，中华书局，1999年。

42.陈宏天、高秀芳点校，《苏辙集》《栾城集》卷十二，诗八十九首，中华书局，1999年。

43.陈宏天、高秀芳点校，《苏辙集》《栾城集》卷十二，诗八十九首，中华书局，1999年。

44.陈宏天、高秀芳点校，《苏辙集》《栾城集》卷十二，诗八十九首，中华书局，1999年。

45.陈宏天、高秀芳点校，《苏辙集》《栾城集》卷十二，诗八十九首，中华书局，1999年。

46.陈宏天、高秀芳点校，《苏辙集》《栾城集》卷十二，诗八十九首，中华书局，1999年。

47.陈宏天、高秀芳点校，《苏辙集》《栾城集》卷十二，诗八十九首，中华书局，1999年。

48.陈宏天、高秀芳点校，《苏辙集》《栾城集》卷十二，诗八十九首，中华书局，1999年。

49.陈宏天、高秀芳点校，《苏辙集》《栾城集》卷十二，诗八十九首，中华书局，1999年。

50.陈宏天、高秀芳点校，《苏辙集》《栾城集》卷十二，诗八十九首，中华书局，1999年。

51.陈宏天、高秀芳点校，《苏辙集》《栾城集》卷十二，诗八十九首，中华书局，1999年。

52.陈宏天、高秀芳点校，《苏辙集》《栾城集》卷十二，诗八十九首，中华书局，1999年。

53.陈宏天、高秀芳点校，《苏辙集》《栾城集》卷十三，诗八十六首，中华书局，1999年。

54.陈宏天、高秀芳点校，《苏辙集》《栾城集》卷十三，诗八十六首，中华书局，1999年。

55.陈宏天、高秀芳点校，《苏辙集》《栾城集》卷十三，诗八十六首，中华书局，1999年。

56.陈宏天、高秀芳点校，《苏辙集》《栾城集》卷十三，诗八十六首，中华书局，1999年。

57.陈宏天、高秀芳点校，《苏辙集》《栾城集》卷十三，诗八十六首，中华书局，1999年。

58.陈宏天、高秀芳点校，《苏辙集》《栾城集》卷十四，诗八十五首，中华书局，1999年。

59.陈宏天、高秀芳点校，《苏辙集》《栾城集》卷十四，诗八十五首，中华书局，1999年。

60.陈宏天、高秀芳点校，《苏辙集》《栾城后集》卷二十一，杂文十三首，中华书局，1999年。

61.陈宏天、高秀芳点校，《苏辙集》《栾城集》卷九，诗七十首，中华书局，1999年。

62.陈宏天、高秀芳点校，《苏辙集》《栾城后集》卷二十，祭文十八首，中华书局，1999年。

二、苏门弟子诗文考

王蘧：

在秦观的《淮海集》中，录有《悼王子开五首》[1]。

诗云：

其一：

我昔官房子，长怀忠穆贤。

里无行马第，山有卧牛阡。

当代三公后，惟君五福全。

桐棺还归祔，追旧几潸然。

其二：

早而金闺彦，顾然玉笋班。

周旋三友益，零落十年间。

轹辘灵輀动，悠扬素旒还。

暮年还抱爱，应复辨追攀。

其三：

萧散竹林风，平生约略同。

官班嵇叔夜，年辈晋安丰。

民咏濡须政，朝推朐腮功。

九原无复作，埋玉恨何穷。

其四：

南浦维舟访，东堂抵榻眠。

后期尤指日，轻别遂终天。

墨妙今初贵，诗名久已传。

清风如未坠，诸子更翩翩。

其五：

已矣知无憾，贤愚共此途。

白驹驰白日，黄发掩黄垆。

和氏终归赵，干将不葬吴。

拿病如可强，尤拟奠生刍。

此诗虽出现在秦观的《淮海集》中，但似不是他的作品，当为贺铸所为。陆游在两处对此作过说明，一是在他的《老学庵笔记》[2]中记有："贺方回所作王子开挽词'和璧终归赵，干将不葬吴'者，见于秦少游集中。子开大观己丑卒于江阴，而返葬于临城，故方回此句为工，时少游已没十年矣。"陆游所记有误，王蘧应卒于大观四年。陆游的《渭南文集》[3]也有类似的记载："跋《淮海后集》悼王子开五诗，贺铸方回作也。子开名蘧，居江阴，既死，返葬赵州临城，故有"和氏""干将"之句。方回诗今不多见于世，聊记之以示后人。放翁。"

通过上述记述，此诗由贺铸所作似应深信不疑，可惜

的是，贺铸的《庆湖遗老诗集》不载，不知是何缘故。这可能是误记王蘧卒年的主要原因。从诗文分析，作者与王蘧相当熟悉，几乎记述了王蘧一生的主要经历和品格，这可能与王蘧和贺铸都具有侠义性格有关。王蘧卒于大观四年，政和元年即第二年秋才归葬于祖茔。由此可知，该诗当为大观四年王蘧过世不久所作。

查张耒所著《柯山集》，存有《王子开朝散早年以疾谢事，还江阴求诗为别三首》[4]。

诗云：

其一：

济物昔所务，捨耕还自非。

骎骎老将至，忽忽意多违。

门有王夫子，柴车谢事归。

令人三叹息，羞涩向尘衣。

其二：

田园何日到，水国先秋寒。

兴来出饮酒，兴罢归杜门。

漫郎游已倦，老眼乱丹铅。

扁舟肯载我，共看雪涛翻。

其三：

避禄免危疾，弃铅得黄金。

须眉蔼如漆，便觉老难侵。

江湖足幽遁，市卒或可寻。

莫思芙蓉子，丹方乱君心。

根据张耒诗"以疾谢事"及相关资料分析，该诗当作于元祐三至四年间。《类证普济本事方》[5]和《续名医类案》[6]记载，王蘧于元祐三年四月在京师为官，任朝散郎，背生痈疽，俗称毒疮，召国医治疗，病情反而越来越重，遂请徐州萧县人张生治疗事。《续资治通鉴长编》载，元祐七年三月，御史中丞郑雍言及此事，王蘧"前岁因病背疮遂乞致仕，偶幸不死，而二年之后复乞从官[7]。"如此，可推测王蘧"以疾谢事"应发生在元祐三或四年间。元祐三年春，苏轼领贡举事，将张耒、黄庭坚、晁补之、刘安世、孙敏行、李公麟等招入麾下，张耒为参详官，在试院连续八年，于元祐六年擢升著作郎。据此可知，此诗当为张耒京师试院任上的作品。

王适：

王适元丰间在筠州陪伴苏辙时，有《风雨败书屋有感》

诗，苏轼次韵，黄庭坚则有《次韵子瞻和王子立风雨败书屋有感》[8]诗。

诗云：

妇翁不可挝，王郎非娇客。

十年为从学，苦淡共尘厄。

燕雀嘻鸿渐，犬羊眠麟获。

遇逢泾渭分，脸梦春冰释。

平生五车书，才吐二三策。

已作谤熏天，金朱果何益。

君穷一窗下，风雨更削迹。

诗工知学进，词苦见意迫。

俗情傲秦赘，妇舍不暖席。

南治从东家，不闻被嘲剧。

师儒并世难，日月过箭疾。

公今未有田，把笔耕六籍。

元丰七年，很可能在王适第二次赴徐州科考期间，王适和贺铸等在徐州郊游，贺铸作《彭城三咏》[9]。

序曰：元丰甲子，予与彭城张仲连（谋父）、东莱寇昌朝（元弼）、彭城陈师中（传道）、临城王适（子立）、宋城王玑（文举）采徐方陈迹，分咏之。予得《戏马台》《斩蛇泽》《歌风台》三题即赋。戏马台在郡城之南，斩蛇泽在丰县西二十里，歌风台在沛县郭中。

《戏马台歌》

秦蛇已中断，刘项方龙战。

叱咤沮风云，睢盱走雷电。

鸿沟一画天地开，楚王洗剑东归来，

新都形胜控淮泗，笼山络谷营高台。

重瞳登览何为者，不知招贤知戏马。

上如激矢下投丸，兰筋霜腕便回盘。

半夜悲歌骓不逝，明日阴陵行路难。

骒牝三千归汉闲，粟豆尤闻蠹县官。

君不见华山之阳古牥牧，春风吹草年年绿。

《斩蛇泽歌》

君不闻泗滨亭长送徒如咸阳，徒夫怀归多道亡。

泽中置酒饮相决，吾亦从此奔芒砀。

阴风萧萧导者惧，前有修蛇怒横路。

酒酣拔剑肯留行，划断蛇蜒不回顾。

河明月出人踵来，彼媪何冤号且哀。

谓遭赤帝屠吾子，语竟莫知安在哉。

真人闻此自心许，茫茫四海吾其主。

虎变龙飞十二年，馘项枭英盖狐鼠。

半夜雄铓飞上天，几见长陵一抔土。

《歌风台词》

汉祖高风百尺台，千年客土生蒿莱。

何穷人事水东去，如故地形山四来。

江淮犹沸鲸鲵血，八十一车枉归辙。

白首逢迎皆故人，牢酒欢呼昔将别。

崝滉迢遥非我乡，死生此地何能忘。

酒阑鸣筑动云物，青衿儿曹随抑扬。

而时可无股肱良，端思猛士守四方。

君不闻淮阴就缚何慷慨，解道鸟尽良弓藏。

同时，贺铸还作《渔歌》[10]一首。

序曰：甲子十二月，张谋父、陈传道、王子立会于彭城东禅佛祠，分渔、樵、农、牧四题以代酒令，予赋《渔歌》。

严公桐江上，吕父清渭滨。

出处两能事，寥寥乎若人。

拥蓑苙笠吴农子，身偶一竿生寄水。

侯庖富馔美鲥鲈，寸鬠分鳞辱刀几。

吾将一钩悬十键，笑依扶桑不计年。

鲵鲸怀饵脱相得，坐使东南饮食鲜。

从贺铸自序可知，以上作品作于元丰七年末。当时，几位密友兴致勃勃郊游访古，分别赋歌，王适及其他人也当有作，可惜无存。

李廌所著《济南集》中有《王子立寄三绝句云常诣夏颐吉卜云宜见君子子立作诗廌次韵》[11]。

诗云：

其一：

久依凤翼与龙鳞，万里青云可致身。

圣主求贤如不及，夜光岂复怒无因。

其二：

富贵自知当自信，耆鲐福并固修长。

阴阳可测非天理，男子人知亦易量。

其三：

三首新诗慰病躯，万金何必是家书。

隔年已有游嵩约，玉趾何时过敝庐。

自元丰六年始，王适的病情越来越严重。为了元丰七年的科考，他仍然发奋攻读，所作《寒夜读书》和《灸背读书》诗即是对当时学习的描述。据诗文"三首新诗慰病躯"考虑，此诗可能作于元丰七年，王适科考落榜之后。

王遹：

元丰二年八月，王遹、王适送苏轼家人到南京小住。恰巧，张耒赴西京河南府寿安尉任，路过南京，携诗呈恩师苏辙。张耒在南京作《泊南京登岸有作呈子由子中子敏逸民》[12]诗。

诗云：

客行岁云暮，孤舟冲北风。

出门何萧条，惊沙吹走蓬。

北涉瀦河水，南望宋王台。

落叶舞我前，鸣鸟一何哀。

重城何喧喧，车马溢四郭。

朱门列大第，高甍丽飞阁。

汤汤长河水，赴海无还期。

苍苍柏与松，冈原常不移。

览物若有叹，谁者知我心？

口吟新诗章，手抚白玉琴。

鸣琴感我情，一奏涕泪零。

子期久已死，何人为我听？

推琴置之去，酌我黄金罍。

幽夏损华姿，流景良易颓。

张耒有诗呈来，苏辙作《次韵答张耒》诗。之后，苏辙又作《登南城有感示文务光、王通秀才》诗（见前文），张耒作《和登城依子由韵》[13]。

诗云：

步登高城望，望望殊未已。

惟时岁将穷，冬孟月魄死。

纷吾方有怀，一坐为三起。

悲歌击枯枿，声与泪俱至。

人生随大钧，命不贷君子。

付之无如何，外垢资内洗。

前知贱终吉，外颇与愚似。

开门张琼瑶，谁者目不寄？

支离冒多福，婵娟畏独美。

举头苍天高，叹此青云士。

酌公芳尊酒，愿公百忧止。

履善神所劳，委置目前事。

李廌的《济南集》[14]存有《送李德载公辅之宣城、王子敏通之宁陵、秦少章之仁和》诗。

诗云：

先生位管辖，四海在陶钧。

顾我门墙土，于焉益情亲。

眷言给鼎味，旨酒侑芳珍。

粲粲春服成，暮春及佳辰。

载咏先生道，兴怀感昔人。

三子果艺达，从政宜牧民。

维舟万里流，喜色照通津。

廌也不速肖，农圃老此身。

同门各骞骞，索居独离群。

诸公廊庙器，行当策高勋。

念此今日欢，无忘病且贫。

解驷傥肯顾，促车清颖滨。

据考，此诗当作于元祐七年五月。查《苏轼年谱》[15]，当年五月，秦觏（少章）自京师赴杭州仁和县主簿，过扬州，拜见苏轼，出示范祖禹送行诗，苏轼和之。对此事，晁补之有和，兄秦观有送行诗。据此推断，李廌送行诗约作于五月，而王通赴宁陵尉亦当在本年五月之前。

崇宁二年，王通失官，居汝州汝海精舍，持斋修道，休神养病。时苏过在郏县为父苏轼守丧，王通邀请苏过来汝州相会，苏过未至，作《与王子敏相别十年，今在汝见招以书，将往从之，闻其斋素卧病，以诗劝之肉食》[16]诗。

诗云：

已矣君休问十年，相逢定怪两华颠。

长卿犹作文园令，苏晋长斋绣佛前。

隐几不堪居士病，在家空学小乘禅。

隙驹安用徒劳苦，为我西来数击鲜。

注释

1.（宋）秦观撰《淮海集》卷三，钦定四库全书电子版。

2.李剑雄、刘德权点校，（宋）陆游撰《老学庵笔记》卷五，中华书局，2005年。

3.宋陆游撰《渭南文集》卷八，钦定四库全书电子版。

4.李逸安、孙通海、傅信点校《张耒集》卷七，五言古诗，中华书局，2005年。

5.（宋）许叔微撰，《类证普济本事方》卷六，钦定四库全书电子版。

6.钱塘魏之琇撰，《续名医类案》卷五十一，钦定四库全书电子版。

7.（宋）李焘撰，《续资治通鉴长编》卷四百七十一，钦定四库全书电子版。

8.刘尚荣校点，《黄庭坚诗集注》卷第十，中华书局，2007年。

9.（宋）贺铸撰，《庆湖遗老诗集》卷一，钦定四库全书电子版。

10.（宋）贺铸撰，《庆湖遗老诗集》卷一，钦定四库全书电子版。

11.（宋）李廌撰，《济南集》卷四，钦定四库全书电子版。

12.李逸安、孙通海、傅信点校，《张耒集》卷九，五言古诗，中华书局，2005年。

13.李逸安、孙通海、傅信点校，《张耒集》卷九，五言古诗，中华书局，2005年。

14.（宋）李廌撰，《济南集》卷二，钦定四库全书电子版。

15.孔凡礼撰，《苏轼年谱》卷三十一，中华书局，1998年。

16.舒大刚、蒋宗许、李家生、李良生校注，《斜川集校注》，卷二十，中华书局，1999年。

第六章　墓志铭的书法与相关问题

已发现的临城王氏家族墓志，最早葬于明道二年（1033年）十月（迁葬），最晚葬于政和元年（1111年）九月甲申，前后延续80余年。这批墓志的内容涉及王氏与眉山苏氏、安阳韩氏、开封向氏、京兆宋氏等当世盛门的姻亲或师友关系，无论文辞，还是书法，都非常精美，在具有较高史料价值的同时，也反映出北宋中后期书法的一些基本特征。

基本情况

临城县文物保护管理所共征集到王氏家族成员墓志铭8方，个人收藏1方，文献中保存墓志铭一篇，他们分属王璘夫妇、王馘夫妇、王蘧及前妻向氏、续妻张氏、王蘧之子王康、王遹夫妇墓志铭及苏轼所撰王子立墓志铭。在上述墓志铭中，宋氏的志盖已佚，王康的墓志铭无志盖，其余七人均志盖双全。王康的墓志铭仅题撰、书人的职衔、姓名，其余8方墓志铭则均署有撰文、书丹、篆盖人的姓名和职衔，王璘、王馘夫妇的墓志铭甚至还标出了镌刻者的姓名。

现依辈份及长次将墓志铭（含王子立墓志铭）的基本情况列为下表：

月甲申（二十四日），因举公之丧与夫人同地，始以奉议郎陈君端礼状乞铭于予（耿南仲）。"后妻张氏墓志铭则言："政和元年九月甲申，诸孤将以公之丧，与夫人合葬于赵州临城县龙门乡两口之原。"可知王蘧是在政和元年九月二十四日与向氏、张氏在临城合葬的。而此前的元祐三年十一月十八日，向氏已先葬于祖茔。另外，王蘧、向氏、张氏、王康及江氏都是于政和元年九月二十四日同日下葬的。

书法分析

众所周知，北宋书法有唐代和晋代两大渊源，前者面貌上以颜真卿为主，但具体技法受褚遂良影响甚深；后者则是对王羲之、王献之父子书风的模拟与追求。即使在神宗、哲宗、徽宗时期卓然立世的苏轼、黄庭坚、米芾、蔡京等四大书家，也未能从根本上摆脱和超越这两大渊数。目前发现的临城王氏家族墓志，大多数上处于宋四家声名渐起乃至流芳海内之际，可奇怪的是，它们的总体风格偏于秀美，笔画偏于瘦健，似乎孔令仪、周延让、宋适、贾炎、巴宜、沈济、韩向等人的书法创作具有某种超越时间、个体差别的默契。析而言之，如果说贾炎、巴宜、沈济、韩向所作俱在政和元年（1111年），其风格之近似不能排除

姓名	卒年	葬年	撰文	书丹	篆盖	刻石	备注
王璘	雍熙元年（984）甲申二月十一日	明道二年（1033）癸酉十月二十九日辛酉迁葬	丁度	孔令仪	孔令仪	邹乂、王守清	有志、有盖
王馘	康定二年（1041）二月十四日癸巳	康定二年（1041）仲冬壬申（十一月二十六日）	王举正	周延让	宋选	彭余庆	有志、有盖
宋氏	庆历七年（1047）二月二十三日戊辰	庆历七年（1047）四月二十八日	宋迪	宋适	宋选	汾阳郭随	有志、盖佚
王蘧	大观四年庚寅（1110）闰八月二十二日	政和元年（1111）九月二十四日甲申	蒋静	贾炎	梁子美	潘震、潘允升	有志、有盖
向氏	元丰二年（1079）三月十二日	先葬于元祐三年（1088）十一月庚申十八日，合葬于政和元年（1111）九月二十四日甲申	耿南仲	巴宜	王勇		有志、有盖
张氏	崇宁三年（1104）六月十三日	政和元年（1111）九月二十四日甲申	孙鳌抃	巴宜	王勇		有志、有盖
王适	元祐四年（1089）十月二十五日	元祐七年（1092）十一月五日	苏轼	不详	不详		《苏轼文集》卷十五录文
王遹	崇宁三年（1104）正月十八日	崇宁三年（1104）四月二十七日	江公望	沈济	贺铸		有志、有盖
江氏	崇宁四年（1105）五月二十五日辛酉	政和元年（1111）九月二十四日甲申	江公望	沈济	贺铸		有志、有盖
王康	大观四年（1110）庚寅七月二日	政和元年（1111）九月二十四日甲申	韩向	韩向			有志、无盖

王蘧墓志称蘧卒于大观"庚寅闰八月二十二日"，政和元年九月祔葬祖茔。其前妻向氏墓志铭称："政和元年九

刻工因素的话，那么，时代早的多的周延让、宋适为何也有此类似追求？我们只能认为这是一种普遍的审美标准和

审美追求的体现。

究竟是什么原因造成了这一现象？求本溯源，这很可能与北宋特有的书法形式——"院体"有关。陈槱《负暄野录·小王书》说："世称'小王书'，盖称太宗皇帝时王著也。本学虞永兴书，其波磔加长，体尚妩媚，然全无骨力。……今中都习书诰敕者，悉规仿著字，谓之'小王书'，亦曰'院体'，言翰林院所尚也。"又引黄伯思说云："僧怀仁集右军书唐文皇制《圣教序》，近世翰林辈学此，目曰'院体'，自唐世吴通微兄弟已有斯目。"可见所谓"院体"，实际上和明代的"台阁体"、清代的"馆阁体"类似，都是通行于翰林院等带有文化性质的官方机构的书法风格。然而，据黄说，"院体"指的是《集王圣教序》风格的行书；而另一方面，王著所善"院体"既然被广泛应用于"书诰敕"，显然还应该包括楷书，而且是近承虞世南，远绍王献之的的寸楷，亦即小楷。也就是说，北宋"院体"楷书的基本风貌应该是"波磔加长"。这9方墓志铭尽管书法风格秀美程度有别，但都笔画披拂，以散逸为姿态，显然在"院体"范畴之内。

当然，把它们定性为"院体"，并不意味着它们的艺术品质完全一致。以时代先后言之，王璘、王龤墓志铭笔画比较肥润，有颜真卿楷书，特别是《多宝塔》的气息，宋氏墓志铭则运笔轻灵，撇捺纷披，极有韵致，很接近褚遂良，但笔画同样比较粗壮，反映出颜真卿对宋代书法的深刻影响。就此而言，这3方墓志显然更多地延续了唐人的传统。而这，又与当时宋四家书风尚未成熟的特定历史背景相吻合。耐人寻味的是，到政和元年时，四家书风早已风靡海内，向氏、张氏、王通、江氏诸志却依旧轻盈灵秀，捺笔逸出，"院体"意味极其浓烈。之所以出现这种情况，恐怕与"瘦金书"和"院体"在审美取向方面的一致性不无关系[1]。不过，同时下葬的王蓬和王康墓志铭尽管总体上也偏瘦偏秀，却各有特点：前者瘦而偏紧，有欧体风味；后者秀美散逸，且末笔肥厚，有上挑之势，流露出苏轼笔意的影响。

与墓志铭相比，志盖的篆书风格要复杂一些：王璘墓志盖下笔犹疑，"王"以外诸字均欠精审，说明孔令仪于篆法不甚谙熟；王龤墓志盖转折略带方势，线条也偏于短硬，加上结构拘谨，所以给人以生涩之感；王通、江氏两盖工稳流美，然无奇趣；向氏、张氏二盖线条转换不佳，重心亦欠稳定，有散涣处，加之笔力较弱，不免有怯懦之失；惟王蓬墓志盖圆润健肆，颇显大度，在诸盖中装饰效果最佳，艺术成就最高。据志铭自题，王蓬墓志篆盖系徽宗朝重臣梁子美手笔。梁氏生平详见后文，但他在大名府留守任上磨去柳公权所书《何进滔德政碑》，改刻宋徽宗御撰《五礼新仪》却是人尽皆知，极富争议[2]。仔细比较，

不难发现《五礼记碑》篆额（图39）与王蓬墓志篆盖实出一人之手[3]。考虑到媚君邀宠的心态，梁子美做出这样的行为并不奇怪。

图39.梁子美大观王礼记碑篆额

渊源方面，除王龤之外，这些志盖在不同程度上都受到过徐铉的影响[4]。至于王龤墓志盖的渊源，则很可能与释梦瑛有一定关系。按，梦瑛是北宋初年高僧，号宣义，衡州（今属湖南）人。善书，尤工玉箸，风格瘦硬，虽远承李阳冰的传统，而伤于拘谨，无爽利之致。今西安碑林有其《千字文》（图40）及《江淹拟休上人诗》，分别刻于

图40.梦瑛《千字文碑》局部

乾德三年（965年）和五年，俱篆书，后者更有十八体之多。二作中宫紧收，字势纵长，然与《说文》时有乖互，故赵崡《石墨镌华》卷五谓"其十八体书多出臆测"。梦瑛曾游历关中，关中名士如陈希夷、宋白等皆有诗称述之。很可能就是因为这层渊源，关中名门子弟宋选在学习篆书时，才在有意无意间忽略了淳化四年（993年）郑文宝重刻于长安的徐铉所摹《峄山碑》[5]，而以梦瑛书迹为首选范本。

书家考订

作为家族墓志，不仅志主，就连那些作者同样具有极强的家族联系，如宋氏墓志铭撰文、书丹、篆盖均出侄辈之手，江氏墓志铭撰文者江公望系其堂兄。至于贺铸，虽与诸志主无亲属关系，但他曾在王氏的家乡临城做过官，与王蓬、王通等有交游，故能提笔为王通夫妇撰文悼念或作篆铭石[6]。在此意义上，尽管周延让、巴宜、沈济仅有数事可稽，孔令仪、王勇则生平无考，难以确定与王氏家族的关系，而与王氏家族为友人应该是没有什么问题的。

今依时代先后，将王氏家族墓志书家略作考订。

宋选、宋适都是北宋名臣京兆宋湜的侄孙。《宋史》卷二八七本传载湜善书，且谓其"笔法遒媚，书帖之出，人多传效"，则宋适、宋选书法当有家学渊源或至少有一定的家学背景。宋选、宋适生平不显，然《宋史》本传载咸平二年（999年）宋湜卒后，朝廷封赠子孙，"以侄孙选同学究出身"，陈均《宋九朝编年备要》卷十二谓庆历三年（1043年）十月"时以高易简、祖无择、王鼎、宋选、杨畋分使诸路，既而又选京朝官刘纬、周沆、李上交、高惟几、梁蒨、张固、王绰、王罕、曹颖叔为之"，李焘《续资治通鉴长编》卷一五九庆历六年（1046年）秋七月乙酉遣主客员外郎宋选"往河东路收籴军储"，卷一七六至和元年（1054年）八月辛丑诏以"盐铁判官、主客郎中宋选为契丹生辰使供备库副使"；王馥葬于庆历元年（1041年）年底，时选官"朝奉郎，守殿中丞，通判天雄军府，兼管内河堤劝农同群牧事，上骑都尉，赐绯鱼袋"；庆历七年（1047年）四月壬申，宋氏下葬，时选官"朝奉郎，尚书主客员外郎，轻车都尉，赐绯鱼袋"。综合这些史料，可以初步判断出宋选以门荫入仕（或获得入仕资格），历官则以管理农业、盐铁等经济类事务的职司为主。

至于宋适，宋氏墓志称其官为"太庙斋郎"，王令《叔祖左领军卫将军致仕王公行状》谓王乙次女"嫁项城主簿宋适[7]"，韩琦亦与宋适有诗酒唱和[8]。据王昶《金石萃编》

卷二七，《吊比干文碑》后有宋元祐五年（1090年）碑阴记，系"左朝请郎知卫州吴处厚记，右承务郎通判宋适立"，则宋适亦官至地方大员。

又，按照惯例，墓志署名应循撰文、书丹、篆盖之序，而宋氏墓志却是篆盖、撰文、书丹。何以三人同辈却出现这一情况？根据文献记载，宋选在庆历初就已出任地方经济要员，宋适担任类似职务却要晚至少40多年，说明这种反常的顺序安排很可能与年龄因素有关。换句话说，宋选要比宋迪、宋适大得多。这样一来，宋选篆盖稍嫌生硬，学习渊源以外，恐怕与年老体衰也有一定关系。

周延让，康定二年（1041年）底官"朝奉郎、守太子右赞善大夫、骑都尉"。据《续资治通鉴长编》卷一五三，庆历四年（1044年）十一月甲子"殿中丞周延让监宿州税"。邵经邦《弘简录》卷一八七《江修复小传》所云："……与苏舜钦游，坐预进奏院祠神会落职，监察蔡州商税。同坐者章岷、刁约、周延让、徐缓、周延隽，皆有名士。"殆同时事。余不详。

梁子美（1046—1123年），字才甫，东平人，仁宗朝宰相梁适孙。子美有干才，虽以门荫入仕，而哲宗绍圣（1094—1098年）中历官四川、湖南、广西，皆有能名。徽宗即位后，累迁河北都转运使，为迎合上意，乃购北珠以进，后世以为辽、金"海东青"之纷争即滥觞于此，而子美竟由此位至通显[9]。大观元年（1107年）正月，由户部尚书拜尚书右丞；三月，迁左丞；六月，为中书侍郎。二年八月，出知郓州，移大名府。为王蓬墓志铭篆盖之事，就发生在这一时期。政和三年（1113年），子美坐事责居单州，寻起知青州。越三年，乃再度出知大名府，著名的磨唐碑改刻御撰《五礼新仪》以媚上便发生在第二年即政和七年。宣和四年（1122年），以疾罢为开府仪同三司，提举嵩山崇福宫。次年卒，年78。史籍未言子美擅书，但从磨改唐碑一事来看，他对书法并不陌生[10]。又，黄彭年等《畿辅通志》卷一五二引孙星衍《寰宇访碑录》卷八，谓直隶定州有大观三年四月《知定州梁子美劄（札）子》，行书，可见梁氏并非由郓州径移大名，而是经过了定州的"中转"。至于具体迁转时间，则有待进一步考订。

贾炎（1059—1116年），字长卿，真定获鹿（今河北鹿泉）人，仁宗、英宗朝宰相贾昌朝从子[11]。以昌朝荫入仕，政和中，以显谟阁待制知应天府，徙郓州、永兴，复徙知延安。与陕西宋军统帅童贯论钱法及疆事不合，乃以养母为名求内徙[12]，遂迁颍州，转河阳，至政和五年六月迁邓州，寻徙知永兴军，入对称旨，留为工部侍郎。不久，童贯签书枢密院河西、北两房，朝臣多贺之，炎独不往。寻卒，赠银青光禄大夫。据毕沅《关中金石记》卷六、孙星衍《寰宇访碑录》卷八所记其子公杰宣和六年（1124年）四月补刻于今陕西朝邑饶益寺的两件贾炎政和间题名，贾炎知延安府乃政和三年五月前事，迁知邓州则发生在政和五年六月。又考《宋史》卷二〇《徽宗纪二》，政和元年九月，"郑允中、童贯使辽，以李良嗣来，良嗣献取燕之策，诏赐姓赵"；卷二一《徽宗纪三》谓政和五年"二月庚午，以童贯领六路边事"，六年"春正月戊子，……以童贯宣抚陕西、河北"，七年三月乙未，"以童贯权领枢密院"，十二月庚午，"以童贯领枢密院"。卷四六八《童贯传》言："政和元年，进检校太尉，使契丹。……使还，益展奋，庙谟兵柄皆属焉。遂请进筑夏国横山，以太尉为陕西、河东、河北宣抚使。俄开府仪同三司，签书枢密院河西、北两房。不三岁，领院事。"以"不三岁，领院事"校之，"签书枢密院河西、北两房"当在政和五年之末。如此，则炎之亡当在政和六年。此志紧峭挺拔，颇存骨力，其前后不附童贯之节，卓然可见也。

巴宜，生平不详，李焘《续资治通鉴长编》卷四八七载绍圣四年（1097年）五月"权发遣提举秦凤等路常平巴宜"转官事，卷四八九又载同年六月"权发遣提举秦凤等路常平巴宜添差权发遣陕西路转运判官"。关于他任职西北的时间，《续资治通鉴长编》未载，据陈次升《上哲宗论知人疏》，知在元祐元年（1086年）[13]；至于下限，据《续资治通鉴长编》卷四九四、五〇〇、五〇一可知，至少到元符元年（1098年）八月底时，他还在陕西对夏前线为官。巴宜生平事迹，文献仅此数条，而据向氏、张氏二志，政和元年（1111年）九月他官"朝请郎、守卫尉少卿、骑都尉、赐绯鱼袋"，已为京官矣。

贺铸（1052—1125年），字方回，号庆湖遗老，卫州人，太祖孝惠皇后族孙，以外戚恩荫出仕，曾经监临城酒税。居官悒悒不得志，乃以承议郎致仕，隐居镇江。其人生来长身耸目，面色铁青，人称"贺鬼头"，然博学强记，尤擅填词，世称"贺梅子"。铸无书名，而有书帖杂见《群玉堂法帖》，与蔡京、米芾等当世名家皆有深交[14]，桑世昌《兰亭考》卷十二有其《咏兰亭诗》[15]，可见铸于书道自不陌生。今镇江焦山有其建中靖国元年（1101年）题名（图41），五行，行七字；传世又有一件无年代题名（图42），行书，四行，行六字。二作都是贺铸与友人共同游览所留，书风大体相近，有苏、黄风气，或为贺氏亲书。王通夫妇墓志贺铸署衔均为"承议郎致仕"，正是他隐居镇江期间的作品。

王通夫妇墓志书丹者沈济官"承议郎、尚书司门员外郎、武骑尉"，然生平记载甚少，且无实际事迹。惟郑

图41.镇江焦山贺铸题名

图42.贺铸题名

樵《通志》卷六三《艺文略一》下收济撰《龙图》、《河图洛书解》各一卷，俱属《易》类；史能之《咸淳重修毗陵志》卷十一谓为元祐三年（1088年）李常宁榜进士，以词科进[16]。此外，北宋名士郭祥正《青山续集》卷二收《送甥沈济秀才下第南归》一诗，按，郭祥正（1035—1113年）字功甫[17]，当涂（今属安徽）人，擅诗，风格俊逸，《宋史》卷四四四有传。据此可知沈济是毗陵（今江苏常州）人，出身于文化修养深厚的家庭，对《易经》有心得，又不乏文采，故能以词科入仕。

王康墓志撰文、书丹均系韩向。韩向生平、族望不详，据志文官"朝奉大夫、直秘阁、权京东路计度转运副使兼劝农使、上骑都尉、赐紫金鱼袋"。与此同时，王蘧妻向氏、张氏墓志均称："女六人，长适朝奉大夫、直秘阁、权京东路计度转运副使韩向，次适朝散郎、新通判河州军州事鞠嗣复，次续适韩向，次适奉议郎、签书彰德军节度判官厅公事韩肖胄，两未行。"考韩肖胄字似夫，相州安阳人，曾祖韩琦，祖韩忠彦，都曾拜相。韩向与之同姓，官位亦颇显赫，不排除他也是韩琦后人或族人的可能。若此说无误，王康墓志流露出的苏轼风味便可以通过韩、苏两家的私谊得到合理解释。

镌刻及相关官署考订

王璘墓志葬于明道二年，"中书省玉册官，御书祗候"邹义、王守清合刊。此前，王守清曾于大中祥符八年（1015年）二月刻《北岳醮告文》[18]，邹义曾于乾兴元年（1022年）与他人合刻《增修中岳庙碑》[19]。二碑均系皇命敕建，王、邹二人能当其任，足以证明他们都是斯道高手。王璘墓志由他们刊刻，可谓得人。

又，王翦、宋氏墓志分别为彭余庆、郭随所刊。据著录，洛阳所出庆历四年（1044年）《王拱辰妻薛氏墓志》的刊刻，即是"中书省玉册官"逯灵龟、王克明与彭氏三人合作的结果，彭氏不仅排名居末，而且同样署"中书省玉册官"之衔[20]。郭随署籍"汾阳"，事迹无考。不过，井陉庆历六年六月《淮阴侯碑》、元氏皇祐二年（1051年）《新建县学记碑》，系"汾阳进士郭拱"所刊[21]。二郭同为汾阳籍人士，年代、作为亦相去不远，或许会有某些关联？惜材料不足，姑存疑。

王璘墓志谓书丹者孔令仪的官职为"翰林书艺，文林郎，守少府监主簿，御书院祗候"，其中文林郎为文散官之末阶，少府监主簿为阶官，非实职，仅有级别意义。值得注意的是"翰林书艺"和"御书院祗候"二职。考御书院在宋代为翰林院下属，至迟设于宋太宗太平兴国六年（981年），建炎三年（1129年）罢，绍兴十六年（1146年）

复置，三十年又废，后不复置[22]。职能方面，御书院主要负责诏命、国书及节庆帖子等官方书写事务，官员则包括待诏、书艺、祗候等由高到低的三级。同时，御书院官员，特别是祗候，在书写之外，有时也承担碑志的刊刻工作[23]。

不过，御书院虽然从属于翰林院，但是翰林院也同时设有负责书法、绘画等专门事务的待诏一职，且以书法获职的翰林待诏不乏兼御书院祗候者[24]。至于"翰林书艺"，史籍虽无确切记载，李焘《续资治通鉴长编》卷六六所载大中祥符元年（1008年）二月庚申诏书，却明确提到"翰林书艺"杨昭度和"御书待诏"盛量的名字，可见"翰林书艺"之确有实职。既然如此，孔文举以"翰林书艺"兼"御书院祗候"，应该是当时的定制或通例。

邹义、王守清等人的署衔中，"御书祗候"已见前文，而"中书省玉册官"则有必要略作疏解。顾名思义，玉册官即镌刻"玉册"这一古代重要官仪道具的刻工。从文献记载来看，此官始于唐代，最初似属少府监；中唐以迄北宋前期，则为中书省属官，御书院官员如祗候或兼掌其责。元丰五年（1082年）改定官制，玉册官转属少府监文思院，但职责未变，而且仍不时由御书院的后继机构——翰林书艺局的官员来行使[25]。值得注意的是，镌刻玉册的同时，玉册官也逐渐被用于重要碑志的刊刻，因此唐宋碑志颇多出自玉册官之手者，如为柳公权镌刻多件作品的邵建初、邵建和兄弟即居此职。这说明该机构对当时的书法发展具有一定现实意义。

据志文，王蘧晚年居"常州之江阴县"，而大观三年（1109年）十月二十七日，潘震、潘允升父子同刊《江阴县寿圣禅院素像记》[26]；崇宁二年（1103年）四月，"毗陵"潘震刻《江阴县季子墓碑》[27]。江阴在毗陵东北，二地距离不远，据此不仅能够肯定王蘧墓志的刊刻者即毗陵潘氏父子，而且可以推知该志系先刻于江阴然后再运至河北下葬者。

其他

艺术价值之外，王蘧、王康墓志还为我们提供了关于北宋书法教育的宝贵信息。前者说："（蘧）工楷字，自成一家。"后者称："（康）自少端谨，学诗为文，作大字如成人。"临城王氏中、晚唐时以武功仕成德军，然武事之余，不废文史之学，故自王翦大中祥符年间（1008—1016年）进士及第以来，几乎每代都有人通过科举途径出来做官。在传统教育体制中，书法因与识字相关而处于关键地位。虽然我们今天未曾看到王氏家族成员的书法作品，但考虑到王氏与眉山苏氏、安阳韩氏、京兆宋氏等名门望族的姻亲或师友之谊[28]，诸家子弟在书法方面相互交流，相互影响，特别是王家子弟接受具有文坛、书坛双重领袖地位的苏轼的影响，应该是很有可能的事情。

又，《苏轼文集》卷十五收《王子立墓志铭》，考王子立即王蓬的弟弟王适，卒于元祐四年（1089年）十月二十五日，元祐七年十一月五日下葬，苏轼为撰墓志铭。王适终身未仕，但学问、文章极佳，尝问学于苏轼、苏辙兄弟，苏辙更妻之以女[29]。既有如此渊源，苏轼兄弟为其撰文、赋诗自不奇怪，但书丹是否同样出自苏轼或苏家、苏门子弟之手呢？果真如此的话，《王适墓志》的书法在王氏家族墓志中无疑将是一个异数。

注释

1. "瘦金书"是宋徽宗御创，"院体"为"诰敕"所用，都是远承二王的具有官方性质的书体。

2. 赵明诚《金石录》卷三十，参金文明《金石录校证》，广西师范大学出版社，2005年，515—516页。

3. 今有人有以为《五礼记碑》篆额为蔡京所书者，但未指明根据。参钟维《大名五礼记碑刍议》，《文物春秋》2004年6期，127—128页。

4. 北宋初年，出身南唐的徐铉曾因擅篆而奉诏校订《说文解字》30卷，故其篆书对宋代乃至后世影响巨大。参曹宝麟，《中国书法史·宋辽金卷》，江苏教育出版社，1999年，13—15页。

5. 张彦生《善本碑帖录》，中华书局，1984年。

6. 王蓬辞世后，贺铸有《王子开挽词》传世，说："合璧终归赵，干将不葬吴。"

7. 王令《广陵集》卷二九。

8. 韩琦《安阳集》卷十四《次韵和宋适推官压沙惠诗》，卷十五《次韵和留守宋适推官游宴御河二首》。韩琦曾官大名留守，则宋适所官殆即大名留守推官。

9. 《宋史》卷二八五《梁适传附子美传》。

10. 《五礼新仪碑》通称《御制大观五礼之记碑》，早已剥蚀不清，古来著录俱未言其者，而今人有持梁子美甚至宋徽宗书丹说者，然无根据。古代著录参黄彭年等《畿辅通志》卷一四九·十六上—十七上，光绪印本；梁子美说参石永士等《河北金石辑录》，河北人民出版社，1993年，331页；宋徽宗说参钟维《大名五礼记碑刍议》，《文物春秋》2004年6期，128页。

11. 毕沅《关中金石记》卷六《贾炎饶益寺题名》按语以为"昌朝子"，此从《宋史》卷二八五昌朝传附传。

12. 雍正本《畿辅通志》卷七二。

13. 陈次升《说论集》卷一，文渊阁四库全书本。

14. 蔡絛《铁围山丛谈》卷四载元符末，蔡京在镇江时，米芾、贺铸来访，京书"龟山"大字，为铸携去。米芾怒，以故与铸告绝数岁始和解。后刻此二字于龟山寺，米芾自书其侧曰："山阴贺铸刻石也。"

15. 诗云："坐想兰亭通曲水，行闻上巳接清明。明年强健陪嘉集，定夺三舠赋不成。"

16. 道光二十二年丹徒包氏刻本。

17. 郭祥正享年79，生年据《青山集》卷二〇《癸酉除夜呈邻舍刘秀才》首句"六十明朝是"推算。癸酉岁即宋哲宗元祐八年（1093页）。

18. 曾毅公辑《石刻考工录》，书目文献出版社，1987年，38页。

19. 曾毅公辑《石刻考工录》39页。

20. 李献奇等《洛阳新获墓志》，文物出版社，1996年，143页。

21. 曾毅公辑《石刻考工录》43页。

22. 李慧斌、于宁《宋代御书院制度考》，《青岛农业大学学报》（社会科学版）2008年2期，66—69页。

23. 李慧斌、于宁《宋代御书院制度考》，《青岛农业大学学报》（社会科学版）2008年2期，67—68页。

24. 河北曲阳北岳庙淳化二年（991页）《北岳安天王庙碑》，便由"翰林待诏将仕郎兼御书院祗候"黄仲英书丹。

25. 任江《略论唐宋玉册官制度——以碑志资料为中心》，《四川文物》2007年6期，45—60页；李慧斌、于宁《宋代御书院制度考》，《青岛农业大学学报》（社会科学版）2008年2期，68—69页。

26. 曾毅公辑《石刻考工录》61页。

27. 曾毅公辑《石刻考工录》59页。

28. 谢飞、张志忠《〈王康墓志铭〉、〈向氏墓志铭〉、〈张氏墓志铭〉浅释》，《文物》2009年8期。

29. 谢飞、张志忠《〈王頵墓志〉〈江氏墓志〉考》，《文物》2008年2期。

王 氏 家 族
墓志铭及拓片

1、王璘墓志铭

志盖：长60、宽62.8、厚16.5厘米。铭3行、9字：大宋故王府君墓志铭。
篆盖：孔令仪

志石：长60、宽61、厚18.6厘米。志文30行，满行35字，共964字
撰文：丁度
书丹：孔令仪
刻石：邹义、王守清

大宋贈秘書少監王府君墓誌銘

朝散大夫行尚書屯田員外郎知制誥權判史館事兼陽縣開國男食邑三百戶賜紫金魚袋宋庠撰

翰林書藝文林郎守少府監主簿　御書院祗候孔舜書并篆盖

府君諱璘字溫其其常山人代為北州望族曾祖諱傑器識雄遠材略遂茂李唐之世兵柄在
方籍甚元進之扶鐵真定也列于麾下以戰獲立功咨革泉驤之鋒氣歇自任祖諱盛考諱
⋯⋯

夫零贈秘書少監王府君墓誌銘

朝散大行書兵部員外郎知制誥權刑史部流內銓尚書

邢部登開檢院諡軍齊陽縣開國男食邑三百戶賜紫金魚袋

丁度撰翰林書藝文林郎守少府監主

簿御書院祗候孔籲書并篆蓋

府君諱璘字溫其常山人代為北州

望族曾祖韓傑器識雄遠材略遂茂

李唐之世兵柄在方鎮王元逵之枝

铖真定也列于庵下以战狻立功名

掌枭骑之鋒气敢自任祖讳盛考讳

忠信服儒笃学饰行稱于州里罪世

不顯皆身退而家肥華缨榮禄故不

及焉姓平昌郡孟氏府君中正温恕

雁讓孝谨涉道皆学研幾燭理為文

長于奏記悖悖振藻爲其古風酷

好司馬遷史記班固范曄漢書皆自

手寫備巾箱之玩博涉眾藝號為罪

給周顯德中染光廷授節守之連守

郡稔茲之名召置戎幕儒服後容府

于趙望增重罳署本郡上佐掌臨城

關市之賦安車候時所益居最慕其

風土因而家焉五遷下襄荐仍世故

魁壘之士多在外藩太祖之受命也

疇咨延訪惟恐不及亟詔諸侯咸得

論奏光祉以公與故八佐使祁延昭
薦名于朝會嘛柵之爰步趍旣梗冑
曰吾村備時用不克利見王庭其道
然欵寒歟退居衡廬薦終焉之志歟
宏文史究覽古今其為學也號為宏
富其履行也篤于友悌而骨臆結約
孟屈于命雍熙甲申歲二月十一日
感疾而終年六十三夫人天水趙氏

華宗淑喆姻黨宜之繼室田氏以慈

仁裕家道以柔明脩桓範逮封京兆

郡太君五男長曰義方事昭成太子

于宮邸歆為親信曰德方以經行脩

明至泗州盱眙縣令曰仲方曰馥曰

駰仲方洎駰無祿早世惟第四子文

預英雄之譽十備皇王之用雜理憲

法以孤峻任職叅制財利以精敏應務

歷天章閣待制今為尚書左司郎中

樞密直學士知益州天子倚之方任

士流推其國器女三人長適趙郡康

維翰次適侍禁段毗次適真定寶琮

式是柔儀俱享遐紀孫八人曰漢大

學館學究令即亡矣曰猷越州會

播縣主簿曰正己右班殿直曰正平

故潯州桂平縣主簿曰正規試將任

監主簿曰匹思故將作監主簿曰匹
臣試將作監主簿曰正路太常寺太
祝積德垂裕懷才競爽遠大之望未
易量焉夫楊名顯親孝子之心也初
贈府君廷尉評凡六追命至麟臺少
列密學以鳳閣凶連失怙恃弗克
茵鼎之養未遑封樹之事謀及龜筮
歲刊癸酉卜地于臨城縣龍門鄉之

两口原经启宅穸用宁体觇露帝请
告力营襄事冬十月辛酉自曾门而
下十有四丧启泉垆而迁祔焉且岸
谷之爽不可以不识篆兹乐石且无
愧辞铭曰

越赵之间　古称哥士　地且深厚
朴多挥美　英英王君　抱道怀文
颉颃之姿　越世逸群　笙仕侠邦

剡賓王國　疾癢數奇　吁嗟懿德

有美令嗣　乃熾而昌　永懷顧復

孝思不忘　睠睠鮮原　陵隰幷樹

刻銘下泉　傅信終古

中書省主冊官御書柱僅郎　　王

審清刻

2、王黻墓志铭

志盖：长103、宽102、厚18厘米。铭4行、16字：宋故赠户部尚书谥忠穆太原王公墓铭。

篆盖：宋选

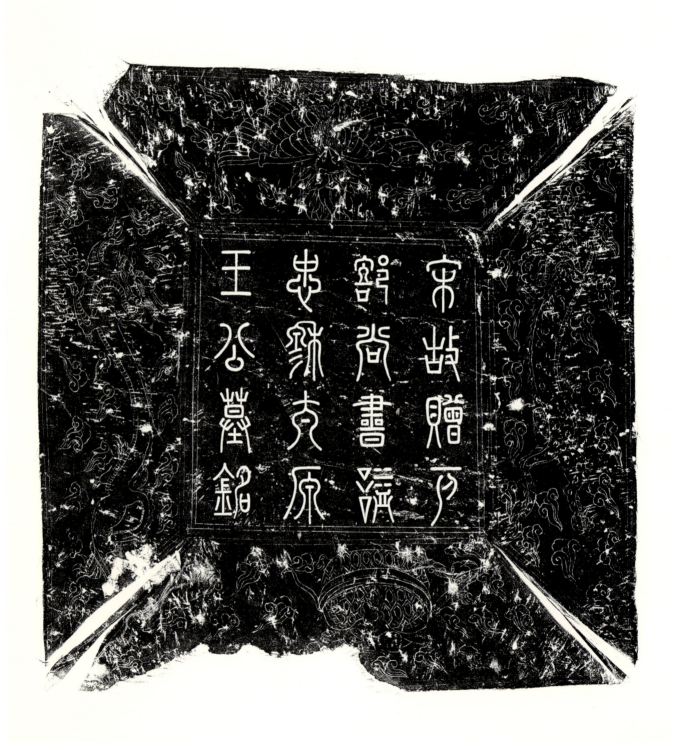

宋故赠□
鹤尚书谥
忠献克原
王公墓铭

志石：长93、宽92、厚18.5厘米。志文42行，满行44字，共1494字。
撰文：王举正
书丹：周延让
刻石：彭余庆

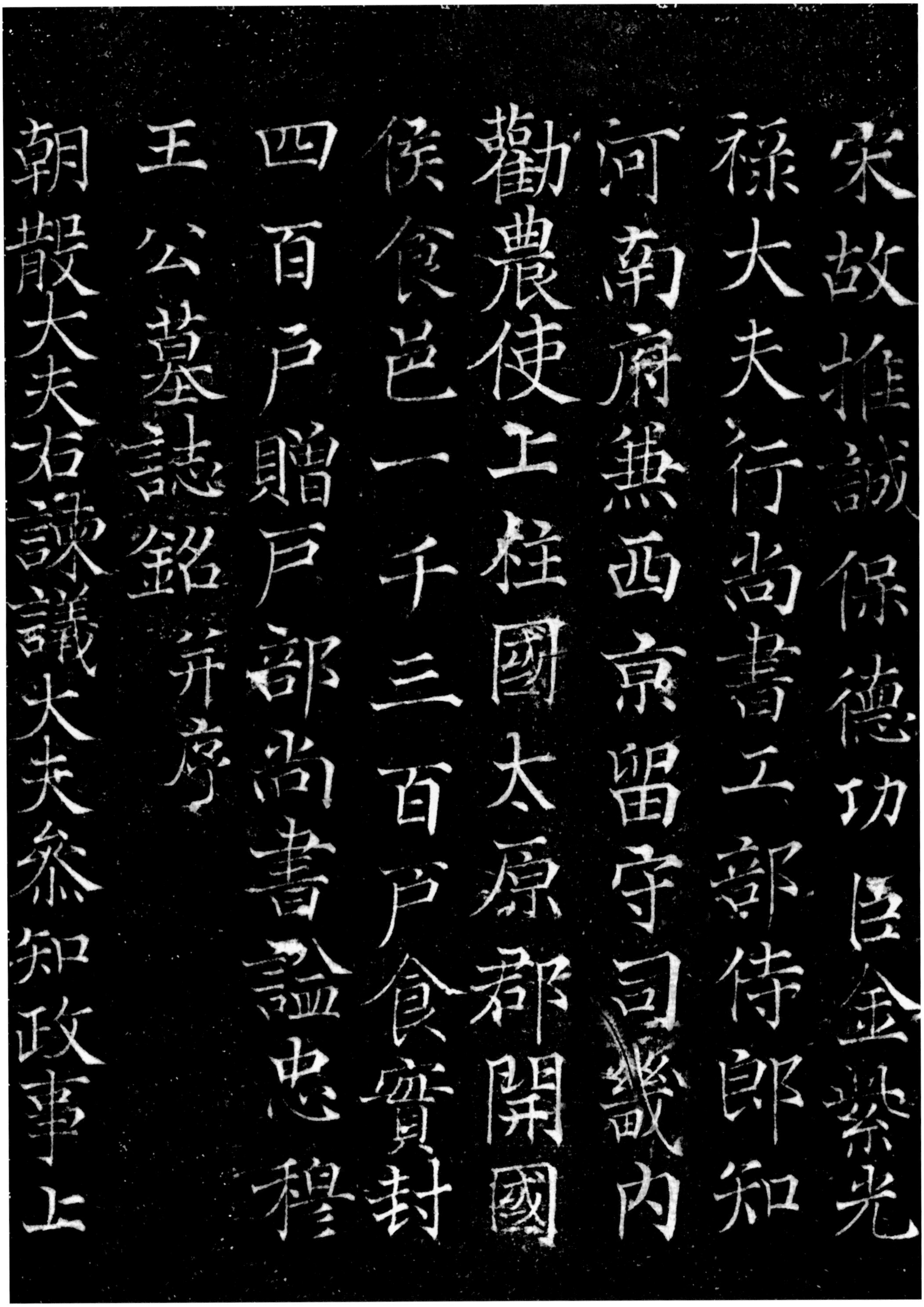

宋故推誠保德功臣金紫光

祿大夫行尚書工部侍郎知

河南府兼西京留守司㡬内

勸農使上柱國太原郡開國

侯食邑一千三百戶食實封

四百戶贈戶部尚書謚忠穆

王公墓誌銘并序

朝散大夫右諫議大夫叅知政事上

護軍祁縣開國伯食邑八百戶賜

紫金魚袋王舉正撰朝奉郎守殿

中丞通判天雄軍府兼管内河堤勸農同

羣牧事上騎都尉賜緋魚袋宋選篆

蓋朝奉郎守太子右贊善大夫

騎都尉周延讓書

歲直辛巳春十月癸巳河南守

五部侍郎太原王公率著令親

謁漢光武祠于屬邑未畢貳拜
風眩暴作為將仕者吏掖以興
寮掾前視之反取良劑進而疾
加遂革肩輿還府即日不起享
年六十有四詔至上深矜悼為
不視朝一日以地官卿印綬告
第優賜賻布錄其子孫洎傷姻
凡七人哀榮終始恩典兼渥

公諱駿字摠之趙州臨城人曾
王父盛王父忠信烈孝瑯皆以
素風醇行見稱州閭卷智蔵用
木違仕宦建公顯達以帝傅帝
師洎紫微令之崇品追賞三代
而曽王母李氏王母孟氏妣田
氏又徹陵曽楚三國錫小君之
號公七歳而孤嶄如異稟及長

沈毅敏植專治儒術未嘗預家
事宗黨或非之公晏然不恤通
貫墳籍於班氏史尤邃雅好孟
軻仁義之談閒爲文章贍麗有
規格既冠或趣其于祿公自冲
天驚人必學優乃舉屑屑旅進
吾不取爲俄丁內艱以善居閒
自爾安貧講道志業彌勵大中

祥符初負笈擔登計偕上都
槥玉發采束囊錐露穎珎質利器
寢為人知幸聖皇帝觀策造秀
公以詞氣蒙賞識擢居甲等解
褐簽州觀察推官改著作佐郎
知弁州祁縣卅將任公中正表
公治迹為諸縣最滿歲通判湖
州登朝為秘書丞太常博士以

课选提点梓州路刑狱事增秩

屯田员外郎入补户部判官赐

朱绂命为淮南转运使留不遣

判磨勘司未几黄侍御史知杂

事换三品绶判吏部铨遂度支

员外郎充户部副使会曹襄阵

公得罪公坐里人以司封员外

郎出知湖州旋移苏州召为盐

铁副使。先是许民入蜀粟边郡，
官以盐茗缗钱若衆货高其直，
移给於佗所，京师坐贾僧其质，
灘规时轻重以取亏蠃龙阁
待制马季良奏请官自创局以
筦其利。季良方贵衆多傅会无
异辞。主计书者依违久不断。公
俱执不可，卒罢其事。上知之他

益州贰卒一夕焚营杀马驾

寻受左司郎中枢密直学士知

慎之意废之非便由是复置焉

上言国家设官纠振所以示明

此诏省诸路提点刑狱之职公

刑院亦领吏铨加刑部郎中前

制判大理寺提举京诸司知审

日面谢飞于褒激迁天章阁待

将校图籍变公话朝名捕行遵

比决遣外无知者暇日访文翁

蜀室延者儒说经以勤厉学徒

蜀民状其善政颇留三载外其

以闻头札嘉奖代还道除右谏

议大夫同知枢密院事谕年

祭知政事又谕年超拜二部侍

郎知枢密院书于时党卷叛命

王師問罪按邊鎮調兵食曾無

虛日公總冠樞近機籌所寄陽

恪盡痒知燕不為屬識蓬鄉卒

同列奏事有不合公以累罷往

鼙洛郊使筭宫鑰表則方面帝

益盍佇民斯具瞻謂當論道綱

誨以呲元化遄迩奄忽末如命

何公姿儀碩儼舉動方重外若

莊峻中存覽裕簡言默識韻宇
沖遠用純誠介節自結明主內
外煩使休有厭勞終以彌綸事
業備股肱心呂之任若夫綢繆
左右密勿夙夜周傾靜晦臭遠
燋聞身居大位不為親族干橫
賞徇公約己靡有悔疚前後三
持節撫淮服澗陬蜀邰莘將幣

至虏帳三乘輶軿餞郲國使一
主賓館之禮盖材獻望寶國之
輝光者歟累階金紫策勳八柱
兵賦千三百戸真食四百室功
臣非錫推誠保德之號寵章福
履亦去厚矣娶宋氏故樞密副
使是之女封仁壽郡夫人子男
二人曰正思將作監主簿曰已

路右贊善大夫女二人長適殿
中丞張景山次適國子□士向
綏而正思泊景山之壼皆早世
帷仁壽即吾男之子也公初就
舉以文贊先君中令先君二見
許其速到時仁壽未纓甫擇嘉
對先君因以公名字語宋族遂
卜妻焉既而公為柄臣仁壽以

魚軒象服享從夫之貴託如先

君言今年仲冬壬申歸葬其鄉

祔先塋之原將葬奉常易名忠

穆禮也琬琰之列弌昭遺躅感

慨疇昔直書無讓銘曰

貳卿昂昂蘊粹含章德直

方亏縣儒致位以道經世

王佐器亏佩玉華紳紫階

要津爲爾臣子左符伏軾
鎮靖偃息殿蕃國子乃贊
持衡乃職本兵績炳明于
安厝介壽宜荷圖舊棟玉
構亏命之不融數亦有窮
喪宗之子九京歸祔刊石
表墓發賢輔亏袁餘慶列石

3、宋氏墓志铭

志石：长61、宽59、厚10厘米。志文32行，满行32字，共748字。
撰文：宋迪
书丹：宋适
篆盖：宋选

宋故安康郡太夫人宋氏墓誌銘 并序

姪朝奉郎尚書主客員外郎輕車都尉賜緋魚袋 選 撰文
姪新授將仕郎守陳州項城縣令 迪 書丹
姪太廟齋郎 適 篆蓋

夫人姓宋氏　曾王父□□而下皆有顯德為時名臣　女子音容不常當為公侯之配方髫總　政事王公化基王於　夫人婉擇所宜歸一日夢人為肺腑之窺且孫其多治宋氏家事文闗以　夫人都美贇骨英偉	贈兵部尚書忠穆王公之妻	夫人之生　司空嘗語族人曰兹雖　夫人享封仁壽郡　今夫人妻馮後擧進	夫人以疾終春秋五十有六子二人長道國子博士

樞家副使贈司空之女	夫人芝生	司空薨	司空嘗以婚事記參知	贈兵部尚書忠穆王公既薨識其異詰旦有布	今夫人妻馮後擧進上乘喜以金錢雜寶	夫人以謙素之風多所朝助	迪抱釭長跪	宜壽而昌留裕厥後	為配開人善人之路信其不充	往為無疾信其不將	子孫令賢

汾陽郭題篆

宋故安康郡太夫人宋氏墓誌銘

并序 姪朝奉郎尚書主客員外郎輕車都尉

賜緋魚袋選象蓋 姪新授將仕郎守陳州

頊城縣令 迪 撰文 姪太廟齋郎 适

書丹

夫人姓宋氏樞密副使贈司空之

女贈工部尚書忠穆王公之要曾

王父而下皆有顯德為時名臣夫

人之生司空嘗語族人曰族雖女子
音容不當當為公侯之配方髫總
司空薨母夫人肯以婚事託僉知
政事王公化基王於可空為肺附
之觀且矜其孤多治宋氏家事之
闕以夫人都美臂娜擇所且歸一日
夢人為訝門下號尚書公既落頬識
其異詰旦有布衣請見氣骨英偉

肖所夢者耶先妣禩公因以今夫
人妻焉後舉進士擢甲科至景祐
中知樞密院事及薨果贈戶部尚
書夫人享封仁壽郡進封安康郡
太夫人從子耆也慶曆七年二月
戊辰以疾終春秋五十有六子二
人曰正思守將作監主簿曰正路
殿中丞溫粹敬教克紹先烈女二

人長適國子博士張景山次歸西
染院使向綬長女暨正思皆早亡
孫五人尚幼未立夫人性純重不
事修廱門雖日貴盛九服用弗計
一若寒儒家治閨閫不嚴其色勒
不蕭恭而雍雍無間言卒至小兒
女子無敢報高語出聲戲媟其傍
初皇工始有儲嗣夫人與外内命

婦皆進賀中禁上來喜以金錢雜
寶玩嚴擲殿陛侍從其所取謂之
利市縣是多相奪攘喧忿不恭夫
人獨避之立廡下无一有上數
顧問宦者進對曰禁臣之妻上特
歎美賜予優異宗族廉不稱道忠
扔公居要位也夫人以誠素之風
多所朝助公常語人曰吾俟是貴

仕而不危厥仁壽之助也夫今德
若是而享年不糒豈其命欤豈其
命欤句考壽後六十有四月閒龜
協祥歸祔扵先忠穆公之封正路
以夫人之娅子地為知行實之評
者欒然泣涕為銘迪柜棺長號楊
延悼思備紀述故不敢讓嗚呼士
之服儒語口以道其業履一小善

足信於人固爲異行而爭相輕重

况婦人能謹身正家盛德若此而

通識遠趣資先公之賢如炎康者

卒其銘曰

家人能爲　或嚴而離　行人能

思　或勉而違　夫人其賢　燁

和而不渝　爲配聞人　謹嚴以

輔　訓于睦婣　庶飲止著善

人之賦，宜壽而昌，今胡不淑，

烏天道之不將，信其不克，曷

裕厥後，子孫令賢，往焉無疚，

汾陽郭隨隽

4、王薳墓志铭

志盖：长103、宽101、厚17厘米。铭3行、12字：宋故中奉大夫太原王公墓铭。
篆盖：梁子美

宋故中奉大夫充显谟阁原王公墓铭

志石：长103、宽101、厚18。志文共58行，满行66字，共3594字。
撰文：蒋静
书丹：贾炎
刻石：潘震、 允升

宋故中奉大夫提舉杭州洞霄宮上柱國臨

城縣開國伯食邑九百戶賜紫金魚袋王公

墓誌銘

朝奉大夫充顯謨閣待　制提舉杭州洞霄

宮飛騎尉文安縣開國男食邑三百戶賜紫

金魚袋蔣　靜　撰

中大夫充顯謨閣待制知鄆州軍州事提舉本　州學事及管內

監牧勸農使充京東西路安撫使兼提舉本路兵馬巡撿公事騎

都尉文安　縣開國男食邑三百戶賜紫金魚袋貫　炎　書

資政殿學士奉大夫知大名府兼北京留守司公事提舉本府學

事繼內勸農使充大名府路安撫使馬步軍都總管上柱國安定

郡開國公食邑三千九百戶食實封柒伯戶梁　子美　篆

蓋

公王氏諱遽字子開趙州臨城縣人初諱迴

字子高犯外祖名奏易今諱贈中書令諱璘

楚國太夫人田氏者公之曾王父母也工部

侍郎知樞密院事贈司徒諡忠穆諱緩安康

郡太夫人宋氏者公之王父母也比部郎中

知濮州贈金紫光祿大夫諱正路咸寧郡太

君宋氏普寧郡太君李氏會寧郡太君李氏

者公之孝姑也忠穆又祥符初舉進士決魁

科

真宗皇帝見而異之擢任至提點梓

州路刑獄遠事

直為時名臣公風骨秀整童幼穎悟讀書闕

仁宗更踐二府重厚諒

卷文義畢通忠穆公慶之泰授祕書省校書

郎積十有七遷累官至中奉大夫勳上柱國

開國臨城縣爵伯食邑九百戶賜佩服三品

少嘗与當世之所謂豪傑者游學皆相繼登

第兩公數不利於有司歎曰命也家世以忠恪

報國苟稽之以行義奚必科舉耶乃

調監杭州北郭稅杭東南都會風物浮侈仕

官者多禧恒公年少且世家子乃未明而起

職修錄義稅廳 孫公汚器之部使者薦其材

丹調監婺州酒前此課不登官吏朝夕懼罪去

公未閱月盡得所以息耗之原而吏為區處歲

額輒倍丁金熬公憂居喪胃立聚察盡察州

酒徐守趙公睬韓公贄咸江公為能悍吏攝

五邑事乃盡革前人之苛窘而剽悍者不復

肆其姦民以安堵熙寧初　朝廷議修役

法及農田水利悍逐路豢酌以便民宗東

轉運判官王子淵辟公會議書成執政謂公

建明為多將用之兩公以　會寧君在徐暴病

亟調齊州章丘令以歸在道聞計水漿不

入口食勧行路終喪知淮陽軍平郵縣事

既至杖一悍吏而忠少股栗析一豪民之疑

獄而被殺者幽憤獲申由是姦吏畏公如神

明百姓愛公如父母而邑以大治轉運判官

劉定方以察寃為己任而後得薦訪得柔

農夫為廻車徑去以公治得薦於朝章

公棐繼領漕事少所許可而知公獨深深既

薦之又其後每見必以下邳之治延譽

廟堂之上而循吏之名筆兵考滿知開封

府鄢陵縣事項陳知倫寧鄢當興學養士而

後來者廢之至公復興遂繼有登第者邑

人謝公公歸美知倫而了無德色鄉兵講武

公曰督其習故藝絕為　　　王畿十九邑之

最有　　旨引入　　庭闕　　天子嘉

歎官其出倫者六人而公亦不以為己功

議者多之　　哲宗皇帝登遐之明年公解

鄢陵會　朝廷議給市易局廢戶部畫旨以公為在京市易務點檢官未幾公以背涯抗章謝仕已而瘡痏居數年夷部尚書蘇公頌錢塘太守林公希等數人舉公丼仕　朝廷將例市易固列之賞擢公寺監行且貴公而公雅有江山興詣都堂自列不願䁔京師乃除知秀州時公資格雖次任通判而嘗被　朝廷選委有減年酬賞及陞擢寺監等例不就而從守一州未為過當然

有謂公與執政為嫻家而得便郡者乃攺知

無為軍軍左帶巨江歲苦水患乃復熙寧所

興永安去思兩圩又作新橋一圩合為田萬

餘頃歲補糶賦十二三往時江水暴漲必潰

城而入公大築北嶺水乃不至細民盛夏取

河以飲勞不補渴公鑿井達道十有二始不

病汲百姓德公刻石以紀三坊比公召杜兩

名其嶺曰盝公嶺井曰太守泉代還知夔州

下車謂僚屬曰

朝廷以嘗經守土者蒞

夔蓋欲雅晉承宣之職而惠此遠俗也故公治
夔純尚益弟至有累月不一笞杖而民吏去愚今
上即位就除本路轉運判官夔部僻陋上供之
數比他路最下而日前猶患不給或有司取具
臨時則無名抑配必仰是於民及公主計益萬
州錢監之薪鐵而鑄鐋加舊徹 大寧官覽之
漁欲而亭戶復業由是斂不及民而經置率先
諸路三被減年之賞昔慶曆中天章閣待制王
質爲湖北漕獨不進羨餘而其賦寬平故佗路

不勝憤懣為荊湖之人自若蓋知所以藏於民
之道也及公漕夔工供既乏乃有以貢羨餘致
旌擢勉公者公以為已楚窮陋力加振卹僅免
凍餒償欲衷致贏餘為進身計誠所不忍鄉將
朝延所以望使者之意也率亦不貢建中靖國
元年狂人趙諗謀反於渝州渝令之恭州也事
覺公急遣購捕而馳詣渝州比到諗及同謀岩
已乾擒而提點刑獄楊梴方一初寬假及公臨
問諗辭對不軌而所獲鎧甲旗幟檄書等皆亂

明甚公罵之乃并其黨鉗錮訊治獄既其櫬送

諗等京師下御史闕實及諗等棄市楊挺弁死

制獄前後兩路官吏亦坐不覺察而獨公

有旨原罪向使公赤心不盡而不即至渝

則大惡容有僥倖而包藏禍心後而圖之猶拾

讅也崇寧癸未施州安碓寨夷獠向文強帥其

屬冦邊公被旨監督官軍捉殺間命

倍道直擣賊窠宪賊窠乃弃其地道去於是有

持級為文強首者郡以告公亦以聞于

朝且巳　記公進策其兩諫者繼至言文強

猶在官吏惶遽不知所為公曰徐之乃面授右

班嚴直范繼用等方略而厚以金帛誅文強之

族向再進以兵絲入果縛文強弁具黨生致節

下兩進築松是亦畢得生地幅負五百里為寨

二為臨五為舖十有三占隴勒江東西與澧州

接境實控制溪洞之喉襟也方官軍入界夷民

畏威或弃家而走公即封戶揭榜諭之邊業逮

託事秋毫不犯而民大以公為仁文強已誅而

殘黨猶有存者公又喻而降之邊境乃寧初

羈縻官田洪熙繹以文強首儒賞至是當奪公

謂田氏之族甚多而共照殊齟䶒施以恩猶

足爲吾捍蔽僮奪之恐又生一文強也乃上章

乞置而不問用恩邊患又懇貸守臣不察厯級

且係黑者眾願一切澗洗　上皆從之一方

之人相與太息非公不能解甲冑安田畂而郡

自守臣而下得脱吏議者不啻數十人皆把酒

相慶且以迨讋逐爲公之力巇在四川最爲選

俦士大夫憚川陸之險郡邑負關十四五官有

廢事吏不任責公上章乞本部官例減舉者

使易於陞進則調者罪矣　上又後之公

前後章跡殫竭忠赤切於事情其深仁郵物

允當上意故有所不奏奏即建可

以討蕩切進官一等就陞本路轉運副使兩

招降文強殘黨有

盲復進二官代還

陛對　天子問勞且曰趙諭旦惡非卿事

幾不正施州拓土五百里都不費朝廷一錢

公仕官連塞至於白首方幸一親　慮尺兩

上之眷語如此當無一言為自謀計但

推功歸帳力道范繼用之多而已而繼用尋貳

將領故授隰抵懺者莫不以公為拙其君子於

是知公之賢也

公前雖有進官三等之命至是

吏部用格僅遷公左朝議大夫一官而堂除提

舉舒州靈仙觀既

對之明日得盲特

許轉行又

上語執政以謂靈仙之除返

頼譴責遂授公右中散大夫權管句此京雷

司御史臺公事時公官年雖三七十有四而

寶七十精神猶照人及諸都堂曰事諸公驚

眄相謂曰誤矣蓋初以億廢謂公老不任事而

豪之闕局故也而公語所親曰吾以祖考餘

蔭致身卿列兩曾郡寄疑特使節將頭童齒豁

尚貪祿倖乎遂丐提舉杭州洞霄宮得之會

皇帝恭受 八寶霈恩加左中散大夫於

是訪集族屬之孤貧泛舟束下抵常州之江陰

縣居駕圖門內外不繩千指子孫場徑森然蒲

前乃環坐告以先世之清風兩遂致善士教之

儒業俾濟前人之美也洞霄歲滿朝廷猶
錄拓土之功特許再任時官制初去之在之別
而更定名帥遂易左中散為中奉大觀戌予予
宮祠獲請已毋來居暨陽間得与公邂逅觀公
視聽精明兩笑語終日未嘗有倦色一日訪予
頗忽忽不樂予疑其將病已而果然遂以庚寅
閏八月二十二日卒於私第之正寢享年七十
有四臨終戒諸子恬孤遺躬孝謹餘無他語而
神色安治公樂易長者而行已甚恭其為監司

於所部不以澄挹為遠幅於同列雖位居其上
反下之若叅佐懸人益以此戴公嘗過雍丘見
舊同官之女窮困流落為嘆悼泣下出槖金俾
之嫁之且在發也同事有陳君者中喝且死交
游匯廬氣之危己皆謝絕莫敢顧公獨自候其
門為調視湯劑遽其歿出錢二十萬率僚友賻
送其官陳氏德之持舊蓄包生所畫竟乃天下
之名手其直不貲以謝公拒弗受其居江陰
嫻舊之貧者賙之死而無以周身者棺歛之節

操可稱而風雨莫庇者至為新其舍宅歲或饑
食富民開糴以邀儲官市賑救道路有餒死必
轝䓞于市而平其直以齒之獲濟眾其教
尚風義而振人急難頖又有如此者故公之歿
邑人慕思焉平居喜圖史尤熟三國志其兩漢
晉書六代皆手自抄節至老未嘗釋卷工楷字
自成一家其文有古律詩三百四十二首施州
開遺錄十卷娶向氏文簡公之裔封齊安郡君
次張氏建安郡君前卒子男八人曰□□試將作

監主簿䇔世曰京通仕郎常州無錫縣丞曰康䇔仕郎越州山陰縣尉曰奭䇔仕郎邢州內丘縣丞曰康將仕郎蘇州崑山縣尉前公兩月卒曰庶假承事郎曰廣後公五十六日序尚幼女六人其二嫁朝奉夫夫直秘閣權京東路計度轉運副使韓嚮一嫁朝散郎通判河州軍州事鞱嗣復一嫁奉議郎簽書彰德軍節度判官廳公事韓肖貴二在室孫男五皆學尚未仕孫女四有歸者一昔金熈會寧繼殘毃無贏粮一門百口仰給於公兩撫養六妹悉歸名族教

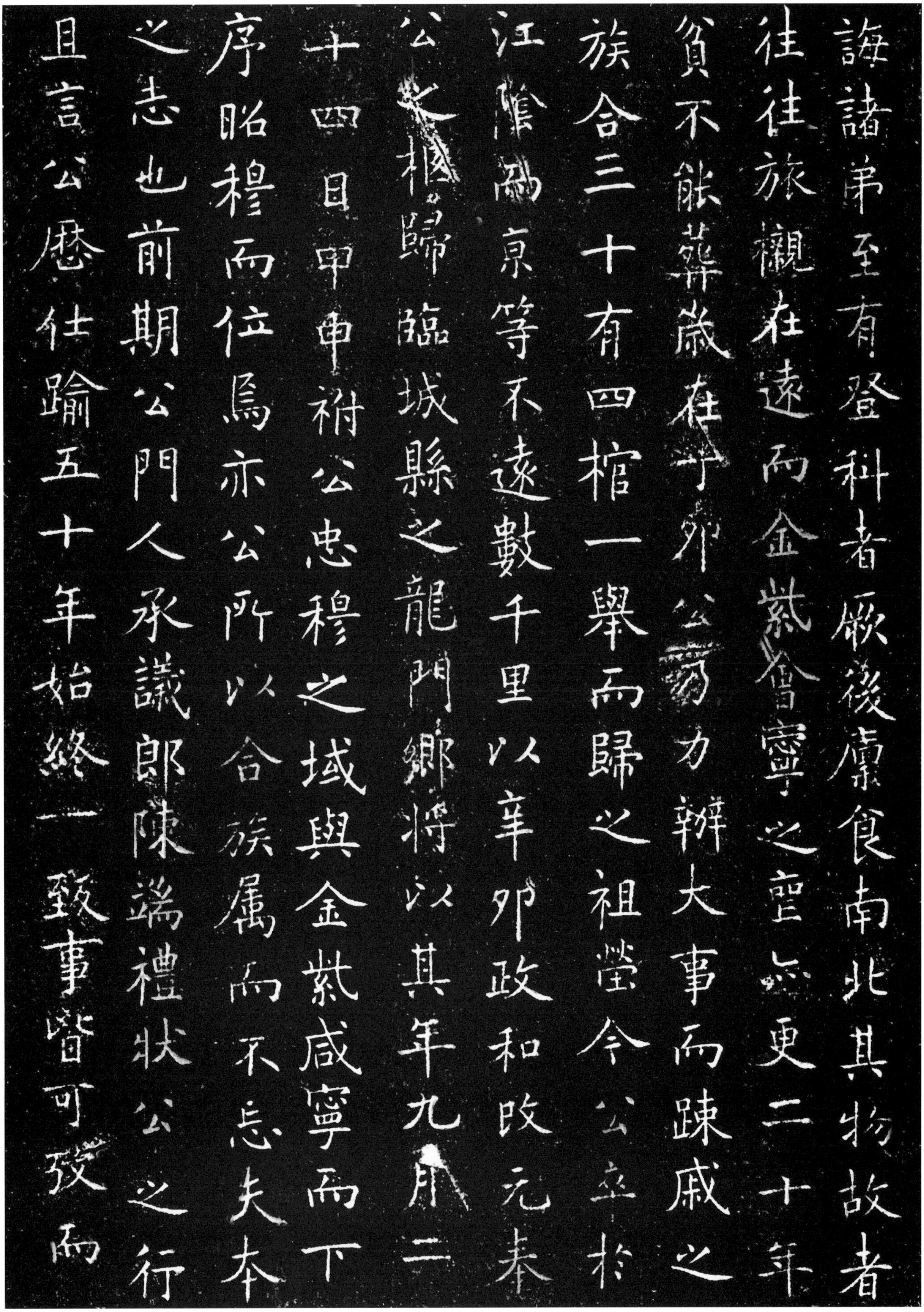

誨諸弟至有登科者厥後廪食南北其物故者往往旅櫬在遠而金谿會寧之塋亦更二十年貧不能葬藏在于外公劬力辦大事而疎戚之族合三十有四棺一舉而歸之祖塋今公卒於江陰而京等不遠數千里以辛卯政和改元奉公之柩歸臨城縣之龍門鄉將以其年九月二十四日甲申祔公忠穆之域與金谿咸寧而下序昭穆而位焉亦公所以合族屬而不忘夫本之志也前期公門人承議郎陳端禮狀公之行且言公歷仕踰五十年始終一致事皆可發而

知而公塔韓嚮復謂公仕久不偶不太見其設
施晚年領漕已楚始幸朝廷屬任而事功
乃有可觀如此使其得志之盡殆亦未可量也
宜不可以無書而京等持是遠門泣請曰先子
厚與公遊不幸至於大故遠日且至而欲求信
銘非執事其誰哀憐乃採掇其大者為之銘曰
予嘗讀國史稱忠穆公之涖蜀其政大體不
為苛察而人慕之意其後必有興者及觀公所
至遺愛施州之後其事尚義而猶有仁心以克
振其家聲則雖爵位不逮其祖而壽考安榮過

之矣嗚呼子開德厚是培不竭其才而耻於自
媒鬱焉臨城忠穆之塋式遏公行而備以斯銘

潘震行男允升刊

5、向氏墓志铭

志盖：长82、宽81.5、厚13厘米。铭3行、9字：宋齐安郡君向氏墓铭。
篆盖：王勇

宋齐安宋郡君府氏墓铭

志石：长81.5、宽81.3、厚14厘米。志文33行，满行33字，共900字。
撰文：耿南仲
书丹：巴宜

宋故齊安郡君向氏墓誌銘

朝奉郎守國子司業黃□□

朝請郎守衛尉少卿騎都尉賜緋魚袋□宜書

朝議大夫充徽猷閣待制河北路計度都轉運使勸農使護軍賜紫金魚袋王□篆蓋

王嘉王侍講驍騎尉賜紫金魚袋耿南仲撰

齊安郡君向氏者尚書左藏庫副使諱綬之孫左□□贈太尉諱傳正之女也弱不習戲事天資詔警過事能審處如成人父奇之以歸王氏婦道事其舅姑慈祥內夫人必曲折庇之以告乆公出居所封三日□使汾治難宴寢近玩物物繼綮新若淮陽將軍食撫其幼嘗再從子也夫人退歸於家欽聖□□皇后春秋尚御饌指且衆家事仰給公夫人均親聚撫損服御貲遣必致其興室家媚內外宜之料理之姑事夫人無倦禮優異戚里歆艷中饋樂職如山讎□□□□客未嘗商有上末忠撫其歲時燕見以好賢與馬馭馭夫人昕夫人諸妹所歸盡世華脫工族事內夫人必不以告乆宮省所居所封三日日育試將作監主簿未仕而卒曰京通判州事勤閒復次續適韓饠夫人由藥兩主簿

贈太尉諱傳正之女也弱不習戲事天資詔警過事能審處如成人父奇之以歸王氏婦道事其舅姑慈祥

不僂李氏之官舍享年四十有二子男八人封三元豐二年三月十二日以疾卒于淮陽軍事

未僂也始封嘉興縣君曰庶假承事郎次宥卒曰襄辛卯幼次男六人長曰明奉大夫直秘閣次

下邳縣丞卒曰褒假承事郎越州山陰縣尉曰賢辛卯□越州山陰縣尉假郎次適朝散郎

郎常州無錫縣尉轉運判官韓嶠次適朝散郎新通判河州軍事鞫闞復次韓嶠適韓嶠

郎蘇州崑山縣書書彰德軍節度判官廳公事韓肖胄其一歸郎兩女子並早世郎再娶張

權京東路計度轉運副使韓嶠詮謹詢許四人其一歸郎郎武政和元年九月

次適奉議郎籤書彰德軍節度判官廳公事許女四人其一歸郎兩政和元年九月

上夫人所生也孫男六人同地始以表謹郎陳君端禮狀乞銘於予鳴呼男子之行其

甲申因舉公之韓與夫人同地始以予於臨眎養其從來遠也有如萬分一幸而得之

韓述貴不肖之韓表祿久而後發所以玆跡養其從來遠也有如萬分一幸而得之

功過行如玉煙珠氣必乆而後發所以非有伏節死誼之事其隱有

則秘行書特書君子奠遷焉公諱遷字子閒官至中奉大夫是為全德大雅之老所臨有

德秘行如玉煙珠氣必乆而後發所以

益弟之政銘曰

其大國都掖彼齊安德則有餘萬有千歲

熟無邑封欽聖之娣有貴如是弗驚弗佟尚從公遊

文簡之孫施及諸姑匪由慈順其則不遠

牢木蔥舊

凡厥有家職此或疎為婦為母爰求女憲

龍門之上

宋故齊安郡君向氏墓誌銘

朝奉郎守國子司業賜之王嘉

王侍講驍騎尉賜紫金魚袋耿

南仲撰朝請郎守衛尉少卿騎

都尉賜緋魚袋巳宜書朝議大

夫充徽猷閣待制河北路計度

都轉運使兼勸農使護軍賜

紫金魚袋王勇篆蓋

齊安郡君向氏者尚書左僕射
同中書門下平章事諡文簡諱
敏中之曾孫國子博士贈太尉
諱傳正之孫左藏庫副使諱綬
之女也幼不習戲事天資韶警
過事能審處如成人父固奇
為選對甚嚴年十七乃以歸王
公及為王氏婦逮事其舅曼姑恭

順慈祥春秋烝嘗偹必親而
睦其族媜內外宜之後君舅捐
館舍蕭然垂橐食指且衆家事
忠仰給於公夫人貶損服御賀
黌瓆象佐公料理之姑飯夫人
亦飯姑不食夫人亦不食撫其
夫之弟妹襁貧抱携至有室家
寧藉其子也夫之諸妹䀻歸盡

當世華腴工族傾資遺致人人
均腆公好賢下士士多歸之興
馬駷駷相屬也每饌客未嘗商
有之於內夫人必曲折亢具不
以告必當病力猶自絮美中饋
樂職如此欲聖憂肅皇后於夫
人為再從妹歲時燕見宮省眷
禮優異咸里歆艷而夫人退歸

於家諱晨自律曾不傳奉儀矩
整暇平生無疾言遽色所居一
日必使氾治雖宴寢追玩物物
蠲潔新若未觸也始封嘉興縣
君公寢顯追徙今封云元豐二
年三月十二日以疾辛于淮陽
軍下邳縣之官舍享年四十有
二子易八人長曰育試將作監

副使韓縝次適朝散郎新通判
夫直祕閣權京東路計度轉運
曰序尚幼女六人長適朝奉大
縣尉卒曰庶假承事郎曰賡卒
兵縣丞曰康將仕郎蘇州崑山
山陰縣尉曰奭登仕郎邢州內
州無錫縣丞曰褒登仕郎越州
主簿未仕而卒曰京通仕郎常

河州軍州事鞫嗣復次續適韓
嚮次適奉議郎簽書彰德軍節
度判官廳公事韓肖冑兩未行
公當再娶張夫人由爽而上夫
人所生也孫男六人詠詮諶謨
詢許孫女四人其二歸將仕郎
漢州郪城縣主簿韓述曺元祐
三年十一月庚申已葬於趙州

臨城縣龍門鄉兩口原矣政和

元年九月甲申因舉公之譽與

夫人同地始以奉議郎陳君端

禮狀乞銘於予嗚呼男子之行

其功過賢不肖之辨表襮於外

易以孜討者也至於婦人女子

非有俠節死誼之事其隱德秘

行如玉煙珠氣必久而後發所

以區跡睐養其從來遠也有如

萬分一幸而得之則再書特書

君子奚遂焉公諱遴字子閒官

至中奉大夫是為全德大雅之

老所臨有益弟之政銘曰

孰封無邑其大國都婉彼

齊安德則有餘文簡之孫

欽聖之姊有貴如是弗驚

弗修燕其尊章施及諸姑

匪由慈順職业或踈凡欽

有家爰求女寔為婦為母

其則不遠宲木蔥舊尚龍門

之上萬有千歲尚從公

遊

6、张氏墓志铭

志盖：边长82、厚14厘米。铭3行、9字：宋建安郡君张氏墓铭。
篆盖：王勇

志石：边长81.3、厚16厘米。志文32行，满行33字，共908字。
撰文：孙鳌抃
书丹：巴宜

宋故建安郡君張氏墓誌銘

中奉大夫直龍圖閣提點淮南東路刑獄公事兼本路勸農使輕車都尉賜

紫金魚袋孫龍拓撰

朝請郎守衛尉少卿騎都尉賜緋魚袋已宜書

朝議大夫充徽猷閣待制河北路計度都轉運使薰衛農使諢運賜紫金

魚袋王勇篆蓋

中奉大夫臨城王公諱遽字子開之繼室曰張氏世為常州江陰人當高皆隱德丘林
不求聞達父諱澄始肆進士業不幸早世初夫人之生有其氣豪磄怨彌覆盧上過者
賦歎咸謂貴之祥夫人天性柔慧不類凡女子既邯隨具毋劉鞠於樂氏族望
至都下乃以歸華而夫人耳濡目染自貴珍澗問籍鄉人之之婚無當劉意者久之儲夫人
公仕官凡二十有四年勤儉率下慶恒餒饌戚疏多宜感有節適佗日謂公日堞似有娶
高者族屬有資宴之古人笑而僮者也公頗許之何其後卒如之王
居者族屬有資宴之古人笑而僮者也公頗許之何其後卒如之王
工賜以忠容故其見道人宗本得死生之說遂捐貨泉千萬即其所建法紮王雪也將終神氣
氏自遂客經當登宥宜事葦亦勤誦詩冒翰墨弃華持戒律紮王雪也將終神氣
不俟仁契笈有助云後以公顯命三年六月十三日以疾卒于蘘州轉運副使之官含享年八
讀之能室調文縣形金翠之飾悬設慢不御組繡屏膏沐奉持戒律紮玉雪也將終神氣
經之識者以謂棠安縣丞而卒曰康將仕郎蘇州崑山東路計度轉運副使韓嚮次適朝散郎
四十有二始封建安郡君公初娶向氏子男三曰庶卒曰慶假承事郎曰庶假縣尉卒
將作監主簿未及仕而卒後以公顯徙封常州無錫縣丞曰襄登仕郎越州山陰縣尉卒
奧登仕郎邢州內正縣丞卒曰康將仕郎蘇州崑山東路計度轉運副使韓嚮次適朝散郎
曰康尚幼女六人長適朝泰大夫將仕郎繼述青餘人詮謐諤彰德軍節度判官廳公事
新通判河州室由康而下夫人所生也次續適祕閣奉議郎簽書彰德軍節度判官廳公事
其一適將仕郎漢州郭縣主簿龍門鄉而口之原前期乞銘於予頃奉使蘘部與
之蓁與夫人合英柎趙州臨城縣龍六人為詳是宜銘曰
人其一適將仕郎漢州郭縣主簿龍門鄉而口之原前期乞銘於予頃奉使蘘部與
韓肖曹兩居室由康而下夫人所生也次續適祕閣奉議郎簽書彰德軍節度判官廳公事
子開實與顯兌計事且復厚善以故知夫人為詳是宜銘曰

齊兩御之始婚媾芳內德茂芳　奔委禽馬推莫受芳　強委禽馬推莫受芳
之蓁與夫人合英柎故知夫人　乘慧不凡妙自勞芳　哺飫燠寒唯恐後芳
趙然訪道絕氣垢芳　鳴鳩均一無薄厚芳　何不淋理莫究芳
不正者存斯則壽芳　膏沐不御捐組繡芳　窀穸埋醴對不朽芳
子開實　傳信行遠敕可久芳
不正者存斯則壽芳

宋故建安郡君張氏墓誌銘

中奉大夫直龍圖閣提點淮南

東路刑獄公事兼本路勸農使

輕車都尉賜紫金魚袋孫蕡抃

撰朝請郎守衛尉少卿騎都尉

賜緋魚袋臣宜書朝議大夫充

微猷閣待制河北路計度都轉

運使兼衞農使護軍賜紫金

魚袋王勣篆蓋

中奉大夫臨城王公諱蓬字子

開之繼室曰張氏世為常州江

陰人曾高皆隱德丘林不求聞

達父滬始肆進士業不幸早世

初夫人之生有異氣旁礴鬱葱

彌覆廬上過者戚歎咸謂誕貴

之祥夫人天性柔慧不類凡女

子既孤隨其母劉鞫於樂氏樂

氏族望高華而夫人耳濡目染

益自貴珍洲問藉藉鄉人爭欲

請婚無當劉意者久之攜夫人

至都下乃以歸公入門而媼御

皆喜已兩族嫻美其賢子姓樂

其均諸婦安其慈也從公仕官

凡二十四年勤儉率下慶恆餒

饟戚踈多賓咸有節適佗曰謂

公曰婣妅有娶居者族屬有貧

竇者可忞收致館之而給其終

身公宦成名立當与此曹均饗

上賜以盡餘曰此求之古人幾

無兩僅有者也公頷許曰不㢡

言之何其後卒如之王氏自忠

穆公登宥家而金熙暨公相繼

通顯子孫固不病祿仕然夫人

日夜課諸子學不倦遂宦故其

子有數預鄉物者雖女子輩亦

勤誦習翰墨弈弈可觀夫人實

使然晚讀帳仁契經當見道人

宗本得死生之說遂捐貨泉千

万即其所建法藏一區以為樓

經之室琱文縣彤金翠之飾懸

設寢不御組繡屏扆沐奉持戒律棨王雪也將終神氣不撓識者以謂或有助云崇寧三年六月十三日以疾卒于蘷州轉運使之官舍享年四十有二始封崇安縣君後以公顯徙封建安郡君公初娶向氏子男蓋八人曰育試將作監主簿未及仕而

卒曰京通仕郎常州無錫縣丞
曰襄登仕郎越州山陰縣尉曰
奕登仕郎邢州内丘縣丞曰康
將仕郎蘇州崑山縣尉卒官下
曰庶假承事郎曰賓卒序尚
幼女六人長適朝奉大夫直秘
閤權京東路計度轉運副使韓
嚮次適朝散郎新通判河州軍

州事鞠嗣復次績適韓嚮次適
奉議郎簽書彰德軍節度判官
廳公事韓肖胄兩居室由康而
下夫人所生也孫男六人詠詮
諶謨詢許皆治學有聞孫女四
人其一適將仕郎漢州郫城縣
主簿韓述胄餘未行政和元年
九月甲申諸孤將以公之匶與

夫人合葬於趙州臨城縣龍門

鄉兩口之原前期乞銘於予予

順奉使虁部與子開寶聯計事

且復厚善以故知夫人為詳是

宜銘銘曰

顯允夫人內德茂兮柔慧不

凡妙自务兮强委禽焉推莫

受兮百兩御之始婚媾兮

鴟鳩均一無薄厚兮哺飤煩

寒唯恐後兮趍然訪道絶豪

垢兮膏沐不御捐組繡兮

云何不湔理莫究兮不亡者

存斯則壽兮傳信行遠孰可

久兮窆碧埋辭對不朽兮

7、王遹墓志铭

志盖：边长82、厚15厘米。铭3行、9字：宋奉议郎王君墓志铭。
篆盖：贺铸

志石：边长82、厚15厘米。志文34行，满行34字，共994字。
撰文：江公望
书丹：沈济

宋故奉議郎王君墓誌銘并序

朝奉郎管句南京鴻慶宮武騎尉賜緋魚袋江公望撰

承議郎尚書司門員外郎武騎尉沈濤書

承議郎致仕賀鑄篆蓋

君諱道字敏仲姓王氏世為臨城人曾大父工部侍郎知樞密院事贈司徒謚穆敏號為太父贈太師中書令諱怡於君為元考忠穆公徒門贈金紫光祿大夫正於君為父贈為勳業書在國史諱誼於濮州贈金紫光祿大夫於君為士夫稱之生君器在君幼孤為童稽已不摩克志勵操西鄉邑學遊宦樂讀書益勵設然不為科舉士之衝羈紱勉養其氣無錯滿耽行於盤根錯節所以養兵年兄第進士擢信州司法軍賛以故累雷寧守孫下邦縣升喜天府寧邑水於故易士之遇日集則已一身所歷山額雅卒而二年顧君治狀工列君間所過立斷至於萬良撥所推官防禦推官進退則立斷至於萬良撥君竟重無一人含怨而去者朝廷愛惜狂凶訟無狂獄君才念攝府登封縣封縣令魚知君豪愛勉急之有藏之所者君豪為政夫興廊之陵臺及魚知縣夫永安縣廟堂有知君者

其誰知何代為公族卒於中貴瞻臨事裕如也君風止可觀眼如致精理韶潤哲白自是風紋物強承之飾兼衍精含以道術自持泊然不貴世事一日得疾興豪如平常演前疾草神觀不亂物

剛柔之間居汝海西以語會竟無一語兩口宋氏咸寧郡太君李氏晉寧郡太君李氏會

二十五日以四月二十七日葬京城龍門鄉兩口原母宋氏咸寧郡太君李氏普寧越宗寧四年五月家人聞汝海西以語會後者竟無一語兩

四月二十五日薨萊縣君男三人居唐廣矣卒二女先君而卒蘐以水議郎陳瑀天性純瑀為政不得薛君天性純至沒圖末嘗一

禮西嘉行狀干蘇君乞銘于江公望於水塔平昔推相知厚義不得辭君之莊其子蘐以子如己子師與交皆王氏之遺懿

天下端人善士明友故舊能作近詩以見翰林蘇公弟侍郎輒以曰美田且非其種而樹之

孝篤於人愛視長兄之疾不解帶藥不嘗不進次兄撫遺腹子如己子師與交皆王氏之遺懿

莫言以又貨利以其能故能作近詩以兄弟侍郎輒曰美田且非其種而樹之

其在居乎嗚呼天不假之年而止於斯少卿銘曰

堂堂天樞妙幹忠穆何為我墓土不詮永安之祿

廛士口後年弗克德

茂貽爾則慶莫裕後

宋故奉議郎王君墓誌銘并序

朝奉郎管句南京鴻慶宮武

騎尉賜緋魚袋江公望撰承

議郎尚書司門員外郎武騎

尉沈贍書丞議郎致仕賀鑄

篆蓋

君諱通字子敏姓王氏世爲

趙郡臨城人贈太師中書令璘

朴君為曾大父工部侍郎知樞
密院事贈司徒諡忠穆駿於
君為大父比部郎中知濮州
贈金紫光祿大夫正路於君
為元考忠穆公器節勳業書
在國史流風餘習至君元考
雖未盡見於設施然樂善好
士士夫稱之生君宜其光啟

克大於其後矣君幼孤為童

稺巳不羣克志勵操不為科

舉學遊坴門太守蘇公軾一

見而器之遇之如平生學曰

益進操節曰益勵兩預鄉書

兩黜於春官自誓曰予不利

於今舉則巳矣行為遠引深

遯之計達則行所學不達則

取足於一身其樂顧不泰哉
明年與第進士授信州司法
叅軍以故易應天府寧陵主
簿邑當水陸之衝奔走鞅掌
無寧日凡職事困悴所不
辭雷守孫公升喜士類愛惜
人才命攝府椽以掌遺完養
其氣秩滿遷瀛州防禦推官

知華州下邽縣下邽為繁劇

狂獄凶訟無日無之操刃行於

監根錯節間所過立斷至於

善良擾之如子時朝廷發近

郡夫興鄜延進築之役君董

役往返凡二年顧佗邑之者

如歸君竟事無一人舍役而

亡者為政有文理皆此類也雞

帥李公琮列君治狀上之部
使者繼之君於進取未嘗容
心雖薦者莫知其誰何代還
薦貢溢格欧宣德郎覃恩加
奉議郎知河南府登封縣廟堂
有知若者強君掌教公族卒
以貧辭除知開封府考城縣
未行欧知河南府陵臺令魚

知永安縣事陵寢所在中貴
絡繹過之稍失撙則事有出
於意表而非防閑之所及者君
憂之有剛柔之節天材優贍
臨事裕如也君風止可觀眼
如點漆膚理韶潤皙白自是
風塵表物間居汝海精舍以
道術自持泊然不累世事一

日得疾興豪如平常淹月疾

革神觀承亂家人間所以語

後者竟無一語而卒實崇寧

三年正月十八日也享年四

十有八以其年四月二十七

日葬于臨城龍門鄉兩口原

母宋氏咸寧郡太君李氏普

寧郡太君李氏會寧郡太君

妻江氏蓬莱縣君男三人廬
唐廣廣爰卒二女亦先君而
卒越崇寧四年五月二十五
日蓬莱君卒政和元年九月
二十四日將合葬於君之兆
其子廬以永議郎陳瑞禮所
纂行狀幷書乞銘于汪公望
君於公望為妹壻平昔椎相

知厚義不得辭君天性純孝

篤於友愛視長兄之疾通夕

不解帶藥不嘗不進次兄卒

撫遺孤子如己子所與交皆

天下端人善士朋友故舊非

大故不弃賓客至至隨豐約必

具籩豆以盡歡至沒齒未嘗

一言以及貨利學有窺襟無

作近體詩以自見翰林蘇公

試況之曰美田且非其種而

植之莫不猥大況以其種而

益之以灌漑其生遂易量

我蘇公弟侍郎轍亦曰王氏

之遺懿其在君乎嗚呼天不

假之年而止於斯乎銘曰

堂堂天樞妙斡忠穆

藉

茂貽爾則　後年弗克德　爲哉永安之祿　藉士口允屬臨漢

茂貽爾則　後年弗克德　厚土不誣　慶莫裕　天何

8、江氏墓志铭

志盖：边长80、厚15厘米。铭3行、9字：宋蓬莱县君江氏墓铭。
篆盖：贺铸

宋蓬莱縣君江氏墓誌銘

志石：长80、宽78、厚18厘米。志文22行，满行22字，共433字。
撰文：江公望
书丹：沈济

宋故蓬萊縣君江氏墓誌銘

兄朝奉郎管句南京鴻慶宮武騎尉賜緋魚袋公望撰

承議郎尚書司門員外郎武騎尉沈濟書

承議郎致仕賀鑄篆蓋

蓬萊君江氏予季父隱德不仕嘗語其母

劉氏曰吾女審重似我袁愛之必擇其良擇之三年得其配

子敏而嫁之子敏慷慨磊落蓬萊君婉淑懿柔實得手饋以進

歸王氏舅姑無餘慍子敏好士喜賓客又輕財

恂恂如侍舅姑側徹祭無晉容子敏為政主嚴而贊以慈為

施予饔餼周給家無儲子敏世無怨德亦內助之力遇婢

治主斷而輔之審重范色子敏死教子有法度在母家為洲

妾以恕喜怒不見顏色子敏死為令母享年三十有七雖不得年而

女適人為賢妻子之日崇寧四年五月辛酉也子敏其夫

死亦可不憾矣死之官至奉議郎所封之邑也葬之日原葬之宅地也

遘字也蓬萊君子臨城縣龍門鄉兩口原葬之宅地也

和元年九月甲申也生三男子蘆唐廣二女者世衰苦柳聞鳳翔

有好道術女子者禮致兩師事學辟穀燒骨立當曉之

曰辟穀非道但能莫求知解泯絕萬緣離女妾心即是真

性雖未能了然於死生之際亦脫然矣廉唐性資美好學

甚力能克其家者請銘於舅氏舅氏釣臺江公望也茲以

為銘

宋故蓬萊縣君江氏

墓誌銘兄朝奉郎管

句南京鴻慶宮武騎

尉賜緋魚袋公望撰

承議郎尚書司門貞

外郎武騎尉沈濟書

承議郎致仕賀鑄篆

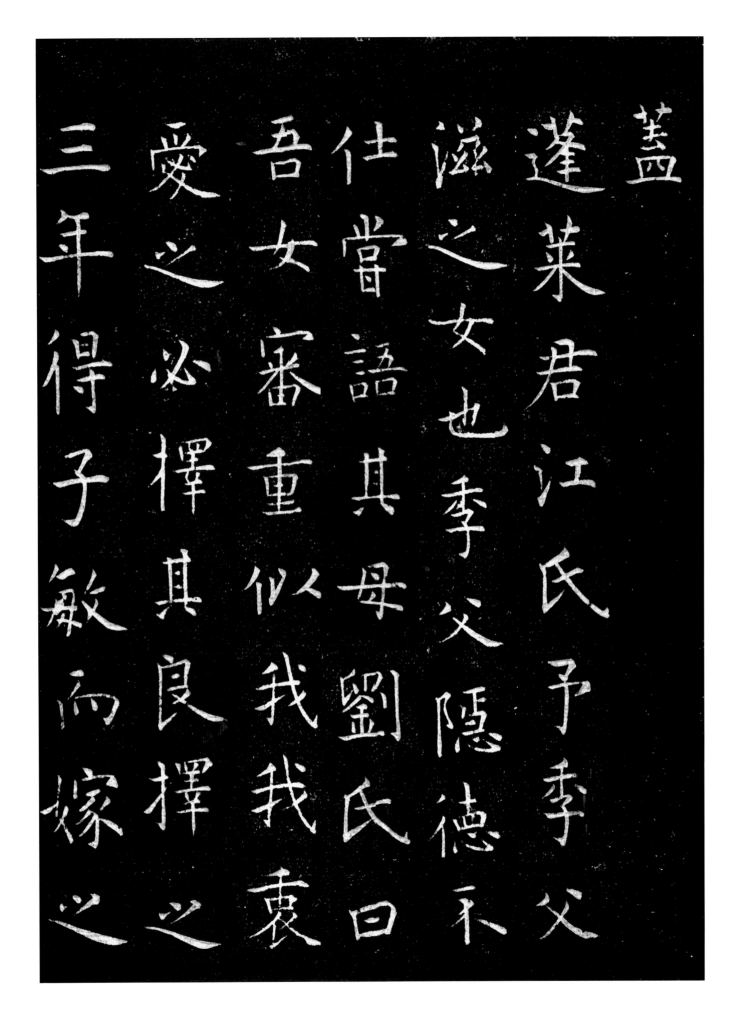

蓋蓬萊君江氏，予季父滋之女也。季父隱德不仕，嘗語其母劉氏曰：吾女審重似我，我衷愛之，必擇其良，擇之三年，得子敏而嫁之。

子敏懍慨磊落蓬莱

君婉淑懿柔實得其

配歸王氏舅姑蠻沒

念已以供婦職每歲

時祭享手饌以進卹

恂如侍舅姑側徹祭

無替容子敏好士喜

賓客又輕於施予襄

饎周給家無於貳子

敏為政主嚴而贊以

慈良為治主斷而輔

之審重逵子敏世無

惪德点內助之力遇

婦妾以怒喜怒不見

顏色子敏死教子有

法度在母賢家為子女有

適人為母妻毓為子

令母享年賢三妻毓

雖不年年十毓有

不母得享而死有子

憾死年年子十渊子

矣之而三有洲子

不死死妻毓渊為女

年而十有子女

不年毓子七為

四年五月辛酉也子

寧可七女有

崇宁可

敏其夫適字也蓬莱

君子敏官至奉議郎

所封之邑也葬之日

政和元年九月甲中

也臨城縣龍門鄉兩

口原葬之宅北也生三

男子廙廣二女與

廣皆蚤世哀苦禾能

柳聞鳳翔有好道術

女子者禮致而師事

學辟穀憔悴骨立當

曉之曰辟穀非道但

熊莫求知解泯絶萬

緣離女妄心即是真

性雖未能了然於死

生之際亦未脫然矣廬

唐性資美好學甚於力

能克其家者請銘於

舅氏舅氏鈞臺江公

望也茲以為銘

9、王康墓志铭

志石：边长57、厚12厘米。志文17行，满行19字，共284字。
撰文：韩向
书丹：韩向

故行仕郎蘇州崑山縣□尉□君墓誌銘 并序

朝奉大夫直祕閣權廣東路計度轉運副使□□□□□撰

君諱康字□國姓王氏□□越人曾祖嚴忠□□□

前農俟上騎都尉□□□□裱薦嚮擢計□□

郎知樞密院事贈司徒諡忠穆祖正路比部郎中

贈金紫光祿大夫父遠中奉大夫中奉公維室是

安郡君張氏養即建安次子也自少端學詩為

文作大字如成以賞延入官補假承務郎既試

吏易將仕郎為襄州崑山尉警捕不懈民賴以安

莊重農慎同事咸得其懽心守將薦其才謂成遠

業得疾未幾卒於官舍之正寢實大觀庚寅七月

初二日也享年二十五娶蔡氏生一子尚化乃以

明年九月甲申葬於趙州臨城縣龍門鄉祔中奉

公之塋君克承請銘於嬌予娶君之姊雒□故相知

義不得辭銘曰

公既仕以世祿

俶短□致 福不永年 往從其先

寧歐將仕郎蘇州崑山縣尉

王君墓誌銘 并序

祕閣權東京路計度轉運副

使兼勸農使上騎都尉賜

朝奉大夫

金皆袋韓縉撰 并書

君諱康字彖國姓王氏 豐為

趙人曾祖骰工部侍郎知樞

密院事贈司徒諡忠穆祖正

路比郡郎中贈金紫光祿大
夫父遼中奉大夫中奉公繼大
室建安郡君張氏癤師建安
次子也自少端謹學詩為文
作大字如成人以賞延入官
補假永務郎既試吏易將仕
郎為贑州崑山尉警捕不憚
民賴以安莊重畏慎同事咸

得其懷心守將薦其才謂成
遠業得疾未幾卒於嘗令之
正嬛寶大觀庚寅七月初二
日世享年二十五娶蔡氏生
一子天化乃以明年九月甲
申葬於趙川臨城縣龍門鄉
祔中奉公之塋君兒弟請銘
於衢予娶君之姊雅故相知

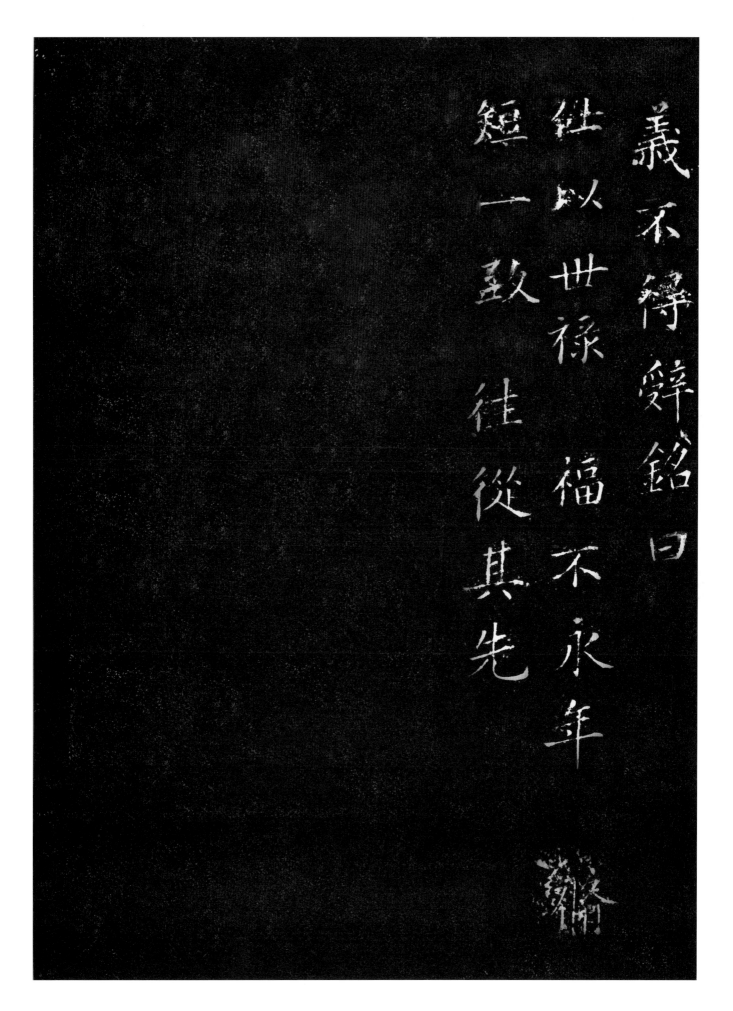

義不得辭銘曰

往以世祿福不永年

短一致往從其先

后　记

旧石器考古学研究工作是我的本行，或者称为专业。

1997年下半年，我受命到河北省文物局做文物保护管理工作。此前的16年，因一头扎进河北省旧石器时代田野考古调查、发掘和研究领域，注定取得了一些成绩和心得。工作性质改变后，有关老本行的工作也从根本上发生了变化，由一线队员变为场外指导，但泥河湾的研究工作仍在继续。

在管理工作之余做点什么？刚刚开始思考，就有美差送上门来。1997年11月，北京收藏家协会会员宋高伦先生给省主要领导写信，建议在河北建立"苏东坡赏石艺术馆"。此件被收入省委、省政府主办的"人民建议"中。时任省委副书记的卢展工同志作出批示，请省文物局了解情况，研究可行性。在调查处理此事的过程中，使我第一次接触苏轼及雪浪石，知道了鼎鼎有名的大文豪苏东坡的郡望原来是河北，祖籍在栾城，并且被其深层含义深深打动。

自此，我开始着手搜集有关苏轼及其家族，特别是其与河北的相关资料；搜集中国赏石及苏轼在赏石史上的作用和地位等方面的资料。同时，展开了与苏轼有关的文物古迹的调查。

对于开展"苏轼与河北"的专题研究，实地考察工作的重要性毫不亚于史料查阅工作。至2002年的5年中，二十多次到定州，十来次到曲阳，五六次到栾城，几次到临城……，收获是令人十分满意的，发现在河北这块地方，与苏轼及其家族有关的事迹和古迹真是不少。例如定州塔，名气很大，号称天下第一塔，可谁也不知晓苏轼是否攀登过此塔。对此，我在《苏东坡与定州料敌塔》一文中是这样交代的：

"东坡是否登临料敌塔引起我的注意。我想，东坡帅定武时，料敌塔已建成40年，高大雄伟的宝塔不可能不引起风流倜傥之诗人的雅兴，光顾登临，吟诗题记，一览古城风貌；即便是为军事需要，作为州官也不可能不凭高了解敌情，部署防务。但遍查东坡的诗文和地方志书，均无记载，使人感到困惑难解。"

"2000年8月28日，我们到定州察看塔顶宝刹修缮情况，当我攀到三至四层的踏道时，其西侧的墨书题记让我蓦然惊喜，'东坡'二字映入眼帘，这无疑是苏东坡登塔

的铁证。因工作任务，匆匆上攀。当上得塔顶，塔刹越到眼前时，顿觉失重，混混欲坠，惊出一身冷汗，慌忙下塔时，已忘却了题记位置。观摩和拍照是后来补做的。""题记曰：'（塔）绝顶西南面塔身有东坡题字，正北门扇上有浮休（张舜民号）题字。宣和三年闰月二十二日。祥符王□得之，襄阳□璋国宝。来者不可不一到绝顶也'"

如此，就建立起苏轼与定州塔的联系。

随着资料的积累和相关古迹调查，我于2002、2003和2004年分别发表了《定州众春园考》、《苏东坡与定州料敌塔》和《苏东坡与济渎岩》三篇小文，增强了完成《苏轼与河北》研究的信心。

为更加完美地反映苏轼及其家族在河北活动的史实及所做出的贡献，我决定要以史实为主线，以古迹为依托，在日后编写出《苏轼与雪浪石》、《苏轼与河北》和《苏轼定州诗文赏析》三本小集子，并粗略列出了编写大纲。但因平日无训练，积累差，文学功底微薄，觉得后者是无法完成的，只能请高人出手。决心已定，便着手编写《苏轼与河北》，很快，首章"苏自栾城"几近完成了。

北宋临城王氏家族墓志铭的发现，打乱了我的如意算盘，使之成为我们研究《苏轼与河北》过程中的副产品。

可以说，苏轼与临城有着不解的文化姻缘，除王氏家族这层关系外，最早引起我注意的是雪浪石与临城的内在联系。定州现存的雪浪石有两个，一曰"前雪浪石"，为黑石白脉的侵入岩，系苏轼任知州时发现，制芙蓉盆，置于书斋前，名其室曰"雪浪斋"。作"雪浪石诗"、"雪浪石铭"。一时，文人墨客争相赋诗，艺林画师纷纷摹刻，成为有宋一朝赏石文化盛事。苏辙、黄庭坚、张耒、晁补之、秦观、参寥子、李之仪等都有诗留存，使其有了深厚的文化内涵，以至成为中华名石流传百世。乾隆皇帝大凡经过定州，必前往欣赏，并留下八和雪浪石诗及其他相关诗句。

另一曰"后雪浪石"，系石灰岩，又称北太湖石，上有"雪浪"二篆字。此石是乾隆年间赵州守李文耀在临城县衙门前所掘得，并将此事报告直隶总督方观成，方氏建议将此石放在北京御花园内。乾隆帝闻之不准，并亲自考证，写出《御制雪浪石记》。乾隆帝认为，此石为片石，不是苏轼所为者（炮石），是好事者自定州运达临城的（未必）；既然篆有"雪浪"题记，不应放置北京，而宜放置

在定州众春园雪浪石之后。最终，乾隆帝将苏轼发现的雪浪石御题为"前雪浪石"，临城发现者为"后雪浪石"，前后摆置。

既然临城与雪浪石有关，又知王氏家族祖籍临城，不免到临城出差就会多注意些，并将所闻告诉该县同仁，请他们注意了解情况。该县文物局副局长兼文保所所长张志忠先生是个有心人，他不仅事业心强，业务精通，还非常善解人意，成全他人。听到我关心的题目后，做了很多调查研究，并陪我数次考察相关的文物古迹。2005年，临城县文物保护管理所征集到王氏家族第一批墓志铭后，首先被告知的是我，因为他知道我会对此感兴趣。同时，他也开始了对王氏家族相关问题的调查和研究。不几日，当他将王翼和江氏墓志铭拓片拿到我办公室后，我们立马商定共同对这批珍贵资料进行研究。到2008年上半年，我们俩完成了所有墓志铭的考证，即四篇研究论文。

此前，我们觉得汇集的材料越来越多，应在研究的基础上，编著一部《北宋临城王氏家族墓志》专著，以便使所掌握的资料更完整、更全面地公布于世人。随即，这项工作便开展起来。在本书编写过程中，我们不时请从省博物馆暂借省文物普查办公室工作的杨超同志帮忙，被他本人学识水平和工作态度所征服，我们又邀请他加入编著本书的行列。因此，本书的主要作者计三人，谢飞、张志忠和杨超。

本书的写作大纲由我编订，计有六个章节。张志忠除做大量调查、走访、组织碑志拓片工作外，承担了第一章的编写任务；杨超除完成部分碑石录文、大部文稿校对工作外，完成了第三章前两部分即墓志铭注释和相关人员传记的审定工作；第六章墓志铭的书法与相关问题的研究，是我们聘请河北师大教授赵生泉完成的，这当是他研究领域中的强项；引言、第二章、第三章第三部分、第四章和第五章由我本人捉刀，并负责全书的统稿工作。

其实，《北宋临城王氏家族墓志》是一部王氏家族资料集，几乎囊括了我们所知其家族的全部材料。除支撑本书的墓地和墓志资料外，我们还试图通过对临城县自然、历史文化遗产，养育王氏家族的两口村、王氏家族世系、亲族，家族中各个成员事迹，家族成员与士子们的诗文往来及生活背景等问题的考证和分析，从史学、文学、考古学、文物学的不同视角，尽可能展现王氏家族及其成员的社会地位、生活情趣和个人魅力。我想，由此有可能更加突出本书的个性。

本书系集体研究成果，除编著者外，不少同仁为此付出过心血。邢台市文物管理处李恩玮处长、石丛枝副处长、张平先生，柏乡县文保所所长史云征先生，内丘县文物局长李五魁等同志高质量地完成了王氏家族墓地申报省保单位资料、保护范围和建设控制地带划定及考古调查勘探工作，并承允使用资料；北京苏学专家孔凡礼先生曾予以热心指导；河北省历史研究会会长孙继民先生不厌其烦，亲自审阅墓志铭录文；河北大学教授姜锡东、冯红、梁松涛，河北省古代建筑保护研究所高工孙荣芬，河北省《文物春秋》编辑部张金栋，河北省文物保护中心雷金铭，河北省文物研究所郝建文，河北省博物馆张慧、陈玉海，邢台市闫士杰、檀彦坤，临城县文保所索丽霞、王信忠、申海珍等同志，都为此作出过贡献。为此，我们感激至深。

河北省文物研究所、临城县委县政府十分重视该研究课题的开展工作，所长韩立森、县委书记宋向党、政府县长李群江等有关领导给予了足够的关心和指导，从而保证了这一研究工作的顺利实施。

中国社会科学院考古研究所研究员徐苹芳先生在百忙中仔细审阅书稿，对本书的基本构架提出中肯修改意见，是对我们的极大支持和鼓励。同时徐先生所做的序也为本书增了光，添了彩。本书还大量参阅了孔凡礼先生编撰的《苏轼年谱》、《苏辙年谱》和龚延明先生编著的《宋代官制辞典》。

文物出版社的段书安先生、李莉女士平时对我帮助很大，这次又承担了本书的编辑工作，付出诸多心血，并使本书顺利出版。对上述先生及同仁们的支持，感谢之情难以言表。

谢 飞
2009年7月1日